TRAINING

Hauptschule / Realschule / Gesamtschule

Deutsch 9./10. Klasse

Marion von der Kammer

STARK

© 2022 STARK Verlag GmbH, Claudius-Keller-Str. 3c, 81669 München, info@stark-verlag.de
www.stark-verlag.de
1. Auflage 2017

Inhalt

Autorin: Marion von der Kammer

Hinweise zur Plattform MySTARK

Arbeitest du gerne am **Computer** oder **Tablet?** Der Test am Ende dieses Bandes steht dir auch digital zur Verfügung. Auf der Umschlaginnenseite findest du einen **Link** zu der Plattform **MySTARK** und deinen persönlichen **Code**, mit dem du Zugriff auf die interaktiven Aufgaben hast.

Auf der Plattform **MySTARK** findet du:

- Einen **interaktiven Abschlusstest**, den du direkt am Computer oder Tablet bearbeiten kannst. Dieser wird sofort ausgewertet, sodass du gleich eine Rückmeldung erhältst, wie gut du deine Sache gemacht hast.
- Ein digitales Glossar zum schnellen Nachschlagen der **wichtigsten Fachbegriffe**.

Vorwort

Liebe Schülerin, lieber Schüler,

mit diesem Buch kannst du den **Stoff der 9. und 10. Klasse trainieren**. Du verschaffst dir damit ein solides **Basiswissen** über alle wesentlichen Inhalte des Deutschunterrichts. So erwirbst du nicht nur die Voraussetzungen für die Abschlussprüfung am Ende der 10. Klasse, sondern auch die Grundlagen für die Oberstufe, falls du das Abitur anstrebst. Das Buch besteht aus vier Teilen:

- In den **10 Kapiteln** erwarten dich vielfältige Texte mit Aufgaben zu allen Bereichen des Deutschunterrichts. Die **Merkkästen** liefern dir das nötige Basiswissen und geben hilfreiche Erklärungen mit Beispielen.

  Zum Trainieren der verschiedenen **Grundkompetenzen** bestehen die Kapitel aus diesen Abschnitten:
  - *Textsorten kennen* (Textsorten und ihre Merkmale)
  - *Epochen kennen* (Vorstellungen und Werte von Schriftstellern)
  - *Den Autor kennen* (Leben und Schaffen bedeutender Schriftsteller)
  - *Lesestrategien entwickeln* (Verfahren zum richtigen Umgang mit Texten)
  - *Den Text verstehen* (Leseverstehen)
  - *Die Sprache untersuchen* (z. B. Wortarten, Satzbau, Satzarten)
  - *Richtig schreiben* (Rechtschreibung und Zeichensetzung)
  - *Sich schriftlich äußern* (Verfassen von eigenen Texten)

  Schwierigere Aufgaben sind mit diesem Symbol gekennzeichnet. Wenn du sie lösen kannst, hast du schon große Fortschritte gemacht.

- Am Ende kannst du mit dem **Test** dein Können in Deutsch unter Beweis stellen. Du hast dabei zwei Möglichkeiten: Entweder löst du den Test **handschriftlich** oder auf **MySTARK**. Das Ergebnis zeigt dir, ob du die Kapitelinhalte gut verstanden und behalten hast.

- Anhand der **Lösungen** überprüfst du, wie erfolgreich du gearbeitet hast. Sieh aber erst nach, wenn du versucht hast, die Aufgaben selbstständig zu lösen!

- Die wichtigsten **Fachbegriffe** kannst du am Ende des Buches oder im digitalen Glossar auf MySTARK nachschlagen.

Viel Spaß und Erfolg beim Üben wünscht dir

Marion v. d. Kammer

Tipps für das Arbeiten mit diesem Buch

- Nimm dir die einzelnen **Kapitel nacheinander** vor, denn der Schwierigkeitsgrad steigt nach und nach an.
- Bearbeite auch die **Aufgaben** innerhalb eines Kapitels **der Reihe** nach. Sie sind so zusammengestellt, dass du beim Bearbeiten schrittweise alle Voraussetzungen erhältst, um am Schluss die schwierigste Aufgabe – das Verfassen eines Textes – gut zu bewältigen. Ein Hin- und Herspringen innerhalb der Aufgaben empfiehlt sich deshalb nicht.
- **Gründlichkeit geht vor Schnelligkeit!** Es geht nicht darum, alle Aufgaben möglichst schnell zu lösen, denn du willst ja etwas dabei lernen. Das funktioniert nur, wenn du sorgfältig arbeitest.
- Bei Recherchen im Internet solltest du nicht nur bei Wikipedia nachlesen, sondern auch andere Internetseiten aufrufen. Nur wenn du **verschiedene Quellen** benutzt, kannst du sicher sein, **alle wichtigen Informationen** zu erhalten.
- Nimm immer **Bezug auf den Text**, um **deutende Aussagen** zu belegen. Verweise also auf Textstellen, um nachzuweisen, dass deine Überlegungen stimmen.
- Lege dir ein **Portfolio** an, also eine Mappe, in der du deine **wichtigsten Arbeitsergebnisse abheftest**, z. B. über die Autoren aus dem Abschnitt „Den Autor kennen". Füge auch wichtige Informationstexte ein, z. B. über die Epochen. Auf diese Weise schaffst du dir für den Deutschunterricht dein eigenes „Nachschlagewerk", das du außerdem jederzeit ergänzen kannst.

Das kann ich! – Dein Kompetenzcheck

Anhand des Kompetenzchecks kannst du deine Fähigkeiten im Fach Deutsch **selbstständig überprüfen**. Auf diese Weise erkennst du deine **Stärken und Schwächen** – und das ist wichtig für deinen Lernprozess. Denn nur wenn du dich selbst richtig einschätzt, kannst du gezielt das üben, was dir noch Schwierigkeiten bereitet, und deine Leistungen so weiter verbessern.

Geordnet nach den großen Bereichen des Faches Deutsch – **Lesen, Sprachwissen, Schreiben** – führt die Checkliste alle im Buch behandelten Teilkompetenzen auf (z. B. „Thesen bestimmen"). Dabei ist jeweils auch angegeben, auf welchen Seiten du dazu etwas lernen und üben kannst. Für jede Teilkompetenz nimmst du in der Liste eine Einschätzung deiner Fähigkeiten vor.

Am besten gehst du so mit dem Kompetenzcheck um:

- Zuerst bearbeitest du in einem Kapitel einen bestimmten Abschnitt.
- Anschließend schlägst du den zugehörigen Lösungsteil hinten im Buch auf und überprüfst, welche Aufgaben du richtig bearbeitet hast.
- Erst danach nimmst du im Kompetenzcheck deine Selbsteinschätzung in der entsprechenden Teilkompetenz vor. Kreuze dazu die passende Spalte an:

  Das kann ich gut und sicher.
  Alle deine Lösungen sind richtig.
  → Du kannst dich gleich dem nachfolgenden Abschnitt zuwenden.

  Hier bin ich nicht immer ganz sicher.
  Du hast hin und wieder einen Fehler gemacht.
  → Sieh dir noch mal gezielt die Aufgaben an, die du falsch gelöst hast, und versuche zu verstehen, warum eine andere Lösung richtig ist.

  Das habe ich anscheinend noch nicht richtig verstanden.
  Viele deiner Lösungen sind falsch.
  → Lies in dem Kapitel noch einmal gründlich den entsprechenden Erklärungstext durch. Löse danach die zugehörigen Aufgaben ein zweites Mal. (Decke deine ursprünglichen Antworten einfach ab.)

- So gehst du Abschnitt für Abschnitt vor – bis du alle Kapitel behandelt hast.

Auf diese Weise erhältst du eine **Übersicht** über die von dir bearbeiteten Kapitel und Aufgaben und über deine Kenntnisse auf den jeweiligen Gebieten.

Lesekompetenz

Lesekompetenz	Seite(n)	☺	😐	☹
Textsorten kennen				
Sachtext	3 f.	☐	☐	☐
Novelle	22	☐	☐	☐
Essay	49 f.	☐	☐	☐
Sonett	68 f.	☐	☐	☐
Journalistische Textsorten	86	☐	☐	☐
Parabel	100 f.	☐	☐	☐
Modernes Volksstück	117	☐	☐	☐
Glosse	133 f.	☐	☐	☐
Epochen kennen				
Die Epoche des poetischen Realismus	23	☐	☐	☐
Die Epoche des Naturalismus	37	☐	☐	☐
Die Epoche der Romantik	66	☐	☐	☐
Die Epoche des Expressionismus	67	☐	☐	☐
Lesestrategien entwickeln				
Den Titel berücksichtigen	4 f.	☐	☐	☐
Hintergrundinformationen einholen	25 f.	☐	☐	☐
Die Rolle des Erzählers beachten	38 f.	☐	☐	☐
Thesen bestimmen	51	☐	☐	☐
Die Struktur eines Textes beachten	87	☐	☐	☐
Den Kern von Aussagen bestimmen	101 f.	☐	☐	☐
Dialoge richtig lesen	118 f.	☐	☐	☐
Wortbedeutungen aus dem Textzusammenhang erschließen	135	☐	☐	☐
Geschichtskenntnisse nutzen	149 f.	☐	☐	☐

Sprachkompetenz

	Seite(n)	☺	😐	☹
Die Sprache untersuchen				
Wortformen im Satz *Die Funktionen von Demonstrativpronomen* *Demonstrativpronomen geschickt nutzen* *Superlative beachten* *Der Konjunktiv Präteritum* *Das Partizip*	 56 f. 58 f. 107 f. 108 f. 157 f.	☐	☐	☐
Sätze *Mit Konjunktionen und Adverbien Zusammenhänge aufzeigen* *Konditionalsätze formulieren*	 10–15 126 f.	☐	☐	☐
Sprache *Erzählerbericht und Figurenrede unterscheiden* *Die Sprache der Figuren analysieren* *Dialekt* *Politische Korrektheit* *Probleme mit politisch korrekter Sprache* *Sprachvarietäten unterscheiden* *Sprachwandel*	 30 f. 31 f. 124 f. 139 140 141 142	☐	☐	☐
Stilmittel *Sprachbilder sicher unterscheiden* *Der Zeilensprung als Besonderheit* *Wiederholungen als Stilmittel* *Ironie verstehen* *Tempuswechsel beachten*	 55 f. 78 110 143 f. 156 f.	☐	☐	☐
Redewiedergabe	42 f.	☐	☐	☐
Aktiv und Passiv *Aktiv und Passiv unterscheiden* *Vorgangspassiv und Zustandspassiv*	 93 94	☐	☐	☐
Einen symbolischen Sinn verstehen	29	☐	☐	☐
Aktives Zuhören	127 f.	☐	☐	☐

Schreibkompetenz	Seite(n)			
Richtig schreiben				
Probleme bei der Groß- und Kleinschreibung	16 f.	☐	☐	☐
Konsonantenverdopplung	32 f.	☐	☐	☐
Getrennt- oder Zusammenschreibung?	44 f.	☐	☐	☐
Vorsicht mit dem Dehnungs-h!	79 f.	☐	☐	☐
Bindestrich-Schreibungen	95 ff.	☐	☐	☐
Fremdwörter richtig schreiben	144 f.	☐	☐	☐
Das Fehlerprofil bestimmen	159 f.			
Zeichensetzung *Kommas richtig setzen* *Ein Semikolon verwenden* *Einen Gedankenstrich verwenden* *Den Apostroph richtig verwenden*	 59 ff. 111 112 f. 128 f.	☐	☐	☐
Sich schriftlich äußern				
Dem Verfasser/Der Verfasserin eines Textes ein Feedback geben	18	☐	☐	☐
Eine literarische Figur charakterisieren	34	☐	☐	☐
Einen Prosatext in einen Dialog umwandeln	46	☐	☐	☐
Ein Bewerbungsschreiben verfassen	62 ff.	☐	☐	☐
Ein Gedicht analysieren und interpretieren	81 f.	☐	☐	☐
Einen Kommentar schreiben	98	☐	☐	☐
Einen Perspektivwechsel vornehmen	114	☐	☐	☐
Den Inhalt einer Dramenszene zusammenfassen	130	☐	☐	☐
Eine textgebundene Erörterung schreiben	146	☐	☐	☐

Kapitel 1: Das Glück der Unerreichbarkeit (Auszug)

Wege aus der Kommunikationsfalle

Von Miriam Meckel[1]

Lästige Erledigungen verschiebe ich gerne. Seit Wochen fehlte mir ein Halogenlämpchen. Abends war die rechte Seite meines Schreibtischs nur noch dunkel. Schließlich fuhr ich an einem Samstagmorgen mit der U-Bahn in die Stadt und stieg am Neumarkt aus. Direkt auf der anderen Seite des Platzes befindet sich eines der großen, alteingesessenen Lampen- und Elektrogeschäfte von Köln. Dort haben sie eigentlich alles. Es gelang mir noch, die Straße zu überqueren, da klingelte mein Mobiltelefon. Es war die Hausverwaltung, die mich tags zuvor nicht erreicht hatte, um mit mir zu klären, ob ich einen Nachmieter für meine Wohnung gefunden hätte. Hatte ich. Ja, ich würde ein Fax schicken mit den Unterlagen. Ja, gut, dass jetzt alles geregelt ist. Das ging schnell.

Ich hatte das Handy noch nicht wieder verstaut, da klingelte es noch mal. Diesmal war es ein Kollege. „Hast du kurz Zeit?", fragte er, es müsse dringend

1 Miriam Meckel (geb. 1967) ist Kommunikationswissenschaftlerin. Sie ist Direktorin am Institut für Medien- und Kommunikationsmanagement an der Schweizer Universität St. Gallen und seit Oktober 2014 auch Chefredakteurin des Magazins „Wirtschaftswoche". Daneben schreibt sie Bücher, insbesondere über die Auswirkungen der Neuen Medien auf den Alltag der Menschen. Im Jahr 2008 erlitt sie einen Burn-out; das ist ein nervlicher Zusammenbruch infolge lange andauernder Überlastung.

die Gliederung des gemeinsamen Aufsatzes besprochen werden. „Eine Minute“, sagte ich und meinte „keine Minute“. Ich war unter Zeitdruck. Außerdem ist es prinzipiell unsinnig, ein anspruchsvolles Thema zwischen Tür und Angel zu besprechen, im Lärm der Stadt, das Quietschen der Straßenbahn im Hintergrund. Ich bat dann doch noch um Aufschub und erklärte meine Situation. Er wollte keinen Aufschub gewähren, habe er doch nur noch die nächsten drei Stunden, um seinen Teil des Artikels zu schreiben. Dann müsse er nach Paris fliegen, und dann nach London, und dann … sei der Abgabezeitpunkt verstrichen. Ich diskutierte also geschlagene zwanzig Minuten mitten auf der Straße die Gliederung und die inhaltlichen Schwerpunkte des Aufsatzes. Zwischenzeitlich musste ich ins Telefon schreien. Denn es wurde immer lauter um mich herum; die samstägliche Einkaufswelle war längst angerollt.

Als das Gespräch endlich beendet war, entdeckte ich einen kleinen gelben Briefumschlag auf dem Display meines Mobiltelefons. Zwei Nachrichten waren während des Telefonats eingegangen. Die erste erinnerte mich daran, dass ich bereits seit zehn Minuten im Café an der Apostelstraße hätte sitzen müssen, weil ich dort verabredet war („Wann kommst du denn? Warten hier.“) Die zweite Nachricht lautete: „Meldest du dich heute gar nicht?“ Es war 11:10 an einem Samstagvormittag, ich hatte mich bislang nicht gemeldet. Der Tag hatte noch 12 Stunden und 50 Minuten, aber an der privaten Front war er bereits kommunikativ verloren.

Genau in diesem Moment piepste mein BlackBerry, um mich an eine Telefonkonferenz (Englisch: *Conference Call*) zu erinnern, die – ausnahmsweise – auch am Samstagmorgen möglich sein sollte, denn es gab drängende Probleme. Ich hatte auch einige: Dieses Telefonat hätte bereits in dem besagten Café stattfinden sollen, nachdem ich das Halogenlämpchen gekauft, ein Weilchen nett mit meinen Freunden geplaudert und einen Kaffee getrunken hätte. Nun fand auch die Telefonkonferenz auf dem Bürgersteig vor dem Lampenladen statt. Ich war sauer auf das Gerät, das zu dem Zeitpunkt piepste, den ich selbst festgelegt hatte. Ich war nass geschwitzt, denn es waren fast dreißig Grad, und das Mobiltelefon klebte an meinem Ohr. Menschen drängten sich an mir vorbei und redeten rücksichtslos in voller Lautstärke, obwohl ich doch telefonieren musste.

Mehrfach überkam mich die unbändige Lust, den anderen Teilnehmern der Telefonkonferenz das Wort abzuschneiden und eine knappe und präzise Zusammenfassung zu präsentieren, um endlich den Gehsteig verlassen zu können. Als das nach mehreren Anläufen nicht gelungen war, legte ich einfach auf und stellte mein Mobiltelefon ab. Über den BlackBerry schickte ich schnell eine Mail an einen Kollegen, der noch an der Telefonkonferenz teilnahm:

„Mein Akku schmiert ab, bitte entschuldige mich bei den Teilnehmern.“ Ich dachte: „Wenn jetzt noch irgendjemand anruft, bringe ich ihn um.“

Dann betrat ich den Lampenladen. Eine ältere Verkäuferin steuerte auf mich zu: „Wat kann isch für Sie tun?“ Ich kramte mein kaputtes Halogenlämpchen aus dem Rucksack und hielt es ihr hin. „Dat hammer nisch“, sagte sie gut gelaunt. „Sie sind doch ein Lampenladen?“, fragte ich spitz. „Jawoll“, antwortete die Frau. „Und Sie verkaufen Lampen und Zubehör?“ Ich nahm selber meine leicht gepresste Tonlage wahr. „Jawoll“, wiederholte die Frau und ließ sich in ihrer guten Stimmung nicht beirren. „Aber Sie haben keine Halogenlampen?“, fragte ich, fast schon kreischend. „So isset: die hammer nisch.“

Ich verspürte ein Beben in mir. Dann sagte ich zu der freundlichen älteren Dame „Schlampe!“, drehte mich auf dem Absatz um und verließ das Geschäft.

An jenem Tag habe ich festgestellt, dass ich etwas ändern musste. [...]

Textsorten kennen

Arten von Sachbüchern kennen

- Bei dem gegebenen Textauszug handelt es sich um den ersten Abschnitt aus einem **Sachbuch**.
- Mit einem Sachbuch wendet sich der Verfasser/die Verfasserin an interessierte Laien: Entweder **informiert** er/sie über ein **Thema** oder erteilt **Ratschläge**, wie bestimmte Aufgaben erfüllt oder Lebensprobleme bewältigt werden können.
- Ein Sachbuchautor/Eine Sachbuchautorin kann ein Thema **neutral** und **sachlich** darstellen und sich als Person ganz zurücknehmen, er/sie kann sich aber auch auf **eigene Erfahrungen** beziehen.
- Um verstanden zu werden, reichern die Verfasser*innen ihre Darstellung häufig mit **Beispielen** an.
- Manchmal werden die Leserinnen und Leser auch **direkt angesprochen**.

1 Mit welchem Thema befasst sich Miriam Meckel in ihrem Buch „Das Glück der Unerreichbarkeit“? Kreuze die passende Aussage an.

Miriam Meckel befasst sich mit diesem Thema:

☐ Problemlösung durch rasches Herstellen von Kontakten
☐ Zunahme von Stress durch ständige Erreichbarkeit
☐ Verlust der Privatheit durch die elektronischen Medien
☐ Zeitdruck durch falsche Planung von Aktivitäten

2 Wie stellt die Verfasserin ihr Thema dar?
Kreuze an, welche Aussagen zutreffen und welche nicht.

		trifft zu	trifft nicht zu
a	Sie informiert rein sachlich über den Umgang mit elektronischen Medien.	☐	☐
b	Sie schildert eigene Erfahrungen aus ihrem persönlichen Alltag.	☐	☐
c	Sie gibt den Leserinnen und Lesern Ratschläge für den Umgang mit den modernen Medien.	☐	☐
d	Sie beschreibt ihr eigenes Verhalten auch selbstkritisch.	☐	☐
e	Sie reichert ihre Darstellung mit Beispielen an.	☐	☐
f	Sie spricht ihre Leser*innen gelegentlich direkt an.	☐	☐

Lesestrategien entwickeln

Den Titel berücksichtigen

- Der Titel verrät in der Regel schon einiges über den zu erwartenden **Inhalt** eines Sachbuchs.
- Häufig ist die Überschrift zweigeteilt: Der **Haupttitel** benennt das Thema meist etwas **allgemein**. Dem schließt sich oft ein **Untertitel** an, der die Absicht des Autors/der Autorin **genauer** benennt. So wissen die Leser*innen schon vorab, was sie erwarten können.
- Es ist wichtig, dass du dir Titel und Untertitel immer genau ansiehst. So verstehst du von vornherein, welche **Ziele** der Autor/die Autorin verfolgt.

3 Sieh dir Titel und Untertitel des Buches an und überlege, welche Informationen die Leserinnen und Leser damit bereits erhalten. Kreuze alle Aussagen an, die zutreffen.

☐ Viele Menschen wollen ständig erreichbar sein.
☐ Ständige Erreichbarkeit kann Probleme bereiten.
☐ Wer nicht immer erreichbar ist, fühlt sich besser.
☐ Man sollte sein Handy hin und wieder ausschalten.
☐ Es werden Lösungsmöglichkeiten versprochen.

4 Notiere die Titel zweier weiterer Bücher von Miriam Meckel und bestimme die Vorabinformationen, die die Leser*innen dadurch erhalten.

Hinweis: Du kannst z. B. die Homepage der Autorin im Internet besuchen.

Buch 1:

Buch 2:

Den Text erschließen

5 Die Verfasserin beschreibt die Erlebnisse eines bestimmten Tages. Nenne den Wochentag und den ungefähren Zeitpunkt.

Wochentag:

Zeitpunkt:

6 Miriam Meckel beginnt mit einem Geständnis: „Lästige Erledigungen verschiebe ich gerne.“ (Z. 1) Warum ist dieses Geständnis erstaunlich?

Hinweis: Berücksichtige das Verhalten, das sie ansonsten zeigt.

7 Wie sah ihre Planung für diesen Tag aus? Nummeriere die geplanten Aktivitäten in der richtigen Reihenfolge.

Hinweis: Zwei Aktivitäten musst du die gleiche Nummer zuweisen, weil sie gleichzeitig stattfinden sollten.

	in einem Café sitzen und einen Kaffee trinken
	ein Halogenlämpchen kaufen
	an einer Telefonkonferenz teilnehmen
	mit Freunden plaudern

8 Notiere zwei unerwartete Aktivitäten, die sie zusätzlich erledigt hat.

1

2

9 Wie viel Zeit vergeht zwischen dem ersten Anruf und dem Betreten des Elektrogeschäfts? Schätze den Zeitraum ein und kreuze an.

Es vergingen ungefähr ...

- 15 Minuten.
- 45 Minuten.
- 30 Minuten.
- 60 Minuten.

10 Wie beschreibt die Verfasserin ihr Verhalten während ihrer Gespräche am Mobiltelefon? Bestimme wieder die richtige Reihenfolge.

	Sie diskutierte.
	Sie versuchte eine Besprechung abzukürzen.
	Sie legte einfach auf.
	Sie schrie zwischendurch ins Telefon.
	Sie bat um einen Aufschub.
	Sie stellte ihr Mobiltelefon ab.
	Sie beantwortete rasch eine Frage.

11 Auf die Frage ihres Kollegen, ob sie „kurz Zeit“ (Z. 12) habe, antwortete sie: „Eine Minute“ (Z. 13 f.). In Wirklichkeit meinte sie, „keine Minute“ (Z. 14). Warum sagte sie etwas anderes, als sie wirklich dachte? Kreuze die Aussage, die am ehesten passt, an.

- ☐ Sie hoffte, dass ihr Kollege sich kurz fassen würde.
- ☐ Sie mochte ihm nicht sagen, was sie wirklich dachte.
- ☐ Sie fühlte sich dazu verpflichtet, mit ihm zu sprechen.
- ☐ Es war ihr ein Bedürfnis, ihm zu helfen.

12 Was meint die Verfasserin damit, wenn sie sagt, sie habe „geschlagene zwanzig Minuten“ (Z. 21) telefoniert?

Sie hielt den Zeitraum für …

- ☐ angemessen.
- ☐ lang.
- ☐ kurz.

13 Wie beurteilst du die Dauer dieses Gesprächs? Begründe deine Meinung.
Hinweis: Berücksichtige den Inhalt des Gesprächs.

Ich halte die Dauer des Gesprächs für …

- ☐ angemessen.
- ☐ lang.
- ☐ kurz.

Begründung: ______________________________

____

____

____

____

14 An einer Stelle räumt Miriam Meckel ein, gelogen zu haben. Formuliere die Lüge, die sie erzählt hat, mit eigenen Worten.

____

____

15 Um ihre Situation zu beschreiben, verwendet die Verfasserin an einer Stelle ein sprachliches Bild: „[...] an der privaten **Front** war er (der Tag) bereits kommunikativ verloren." (Z. 32 f.)

a Nenne den Sachbereich, aus dem dieses Sprachbild stammt.

b Erkläre, was dieses Sprachbild über die Stimmung der Verfasserin aussagt. Beende den angefangenen Satz.

Sie fühlt sich fast so, als

16 An einer Stelle sagt die Verfasserin, sie habe auf das Piepsen ihres BlackBerrys verärgert reagiert (vgl. Z. 41). Erkläre, warum ihr Ärger eigentlich unverständlich ist. Berücksichtige den Textzusammenhang.

17 „Menschen drängten sich an mir vorbei und redeten rücksichtslos in voller Lautstärke, obwohl ich doch telefonieren musste." (Z. 43 ff.) Was hältst du von dieser Aussage? Schreibe deine Meinung auf und begründe sie.

18 Welche Aussagen treffen auf die Verkäuferin im Lampenladen zu und welche auf die Verfasserin? Kreuze an.

		Verkäuferin	Verfasserin
a	Sie ist gut gelaunt.	◯	◯
b	Sie spricht Dialekt.	◯	◯
c	Sie ist verwundert.	◯	◯
d	Sie fängt an sich aufzuregen.	◯	◯
e	Sie lässt sich nicht beirren.	◯	◯
f	Sie wird unverschämt.	◯	◯

19 Die Verfasserin sagt am Schluss: „An jenem Tag habe ich festgestellt, dass ich etwas ändern musste." (Z. 64) Schreibe auf, was sie hier beschlossen hat. Formuliere den Satz aus Sicht der Verfasserin in der Ich-Form.

____

____

20 Glaubst du, dass sie ihren Vorsatz einhalten kann? Begründe deine Meinung.

☐ Ja, ich glaube, dass Miriam Meckel ihren Vorsatz einhalten kann.

☐ Nein, ich glaube nicht, dass Miriam Meckel ihren Vorsatz einhalten kann.

Begründung: ____

____

____

____

____

____

____

____

Die Sprache untersuchen

Mit Konjunktionen und Adverbien Zusammenhänge aufzeigen
Zeige nach Möglichkeit den Sinnzusammenhang zwischen Sätzen mithilfe von **Konjunktionen** oder **Adverbien** auf.

Satzverbindende Konjunktionen:
Sie gehören **nicht** zum Satz, sondern bilden eine Art Scharnier zwischen zwei aufeinanderfolgenden Sätzen. Man unterscheidet **nebenordnende** und **unterordnende** Konjunktionen:

- **Nebenordnende Konjunktionen** (z. B. *und, oder, denn*):
  - Sie **verbinden Hauptsätze** miteinander und bilden eine **Satzreihe**.
  - Die **Teilsätze** einer Satzreihe werden durch **Komma** voneinander getrennt.
  - Ausnahme: Vor den Konjunktionen *und* sowie *oder* kann das Komma auch entfallen.

Satz 1 (Hauptsatz)	, Konj.	Satz 2 (Hauptsatz)

- **Unterordnende Konjunktionen** (z. B. *als, weil, wenn*):
  - Sie leiten einen **Nebensatz** ein und bilden zusammen mit dem zugehörigen Hauptsatz ein **Satzgefüge**.
  - Im **Nebensatz** rückt das **finite Verb** (das gebeugte Verb) ans **Ende**.
  - Der **Nebensatz** kann **auch am Anfang** stehen.
  - Die **Teilsätze** eines Satzgefüges werden immer durch **Komma** voneinander getrennt.

Satz 1 (Hauptsatz)	, Konj.	Satz 2 (Nebensatz)

oder: Konj.	Satz 1 (Nebensatz)	,	Satz 2 (Hauptsatz)

Satzverbindende Adverbien (z. B. *deshalb, dann, trotzdem*):
Sie verbinden **zwei Hauptsätze** miteinander und bilden eine **Satzreihe**. In diesem Fall ist das Adverb immer **Teil des zweiten Satzes**. Da solche Adverbien eine ähnliche Funktion erfüllen wie Konjunktionen, nennt man sie auch **Konjunktionaladverbien**.

Satz 1 (Hauptsatz)	,	Satz 2 (Hauptsatz mit Adv.)

Hinweis: Als einzige Wortart sind **Adverbien zugleich Satzglieder**. Deshalb können sie sowohl **am Anfang** als auch **in der Mitte des zweiten Satzes** stehen.

Überblick über Konjunktionen und Adverbien:

kopulativ (reihend)	**Konjunktionen:** und, auch … **Adverbien:** außerdem, auch, zudem …
temporal (zeitlich)	**Konjunktionen:** als, während, nachdem, bevor **Adverbien:** inzwischen, unterdessen, schließlich, anschließend, da*, dann, danach …
kausal (begründend)	**Konjunktionen:** weil, denn, da* … **Adverbien:** deshalb, deswegen, darum …
modal (die Art und Weise betreffend)	**Konjunktionen:** indem, dadurch dass … **Adverbien:** so, genauso, folgendermaßen …
konsekutiv (eine Folge aufzeigend)	**Konjunktionen:** dass, sodass … **Adverbien:** folglich, infolgedessen …
adversativ (entgegengesetzt)	**Konjunktionen:** aber, während (dagegen) … **Adverbien:** dagegen, hingegen, allerdings, jedoch, doch, stattdessen, (nicht …,) sondern …
konditional (eine Bedingung nennend)	**Konjunktionen:** wenn, auch wenn, falls … **Adverbien:** sonst …
konzessiv (einräumend)	**Konjunktionen:** obwohl, obgleich, wenngleich … **Adverbien:** dennoch, immerhin, trotzdem …
lokal (örtlich)	**Konjunktionen:** / **Adverbien:** hier, dort, da, daneben, darüber …

**Hinweis:* Das Wort „da“ kann sowohl Konjunktion als auch Adverb sein.

21 Markiere die satzverbindenden Wörter und ordne sie der Wortart zu (Konjunktion oder Adverb?). Bestimme dann die Satzkonstruktion (Satzreihe oder Satzgefüge?).

		K oder A?	SR oder SG?
a	Wenn man sein Handy nie ausschaltet, wird man zu den unmöglichsten Zeiten angerufen.	____	____
b	Man darf sich dann nicht darüber wundern, dass man sich gestört fühlt.	____	____
c	In Cafés oder Restaurants sitzen Freunde manchmal zusammen, aber sie reden nicht miteinander.	____	____

d Stattdessen starren sie auf das Display ihres Smartphones, weil sie auf einen Anruf oder eine Kurznachricht warten. ____ ____

e Vor einer Kinovorführung spielen viele Besucher mit ihren Handys, allerdings schalten sie die Geräte zu Beginn des Spielfilms meist aus. ____ ____

f Sie finden den Spielfilm wichtiger, deshalb verzichten sie in dieser Zeit auf jeden Kontakt mit der Außenwelt. ____ ____

22 Untersuche den dritten Absatz des Textes (Z. 25–33) in Bezug auf die Satzstrukturen. Gehe so vor:

a Markiere alle satzverbindenden Konjunktionen und/oder Adverbien.

b Bestimme dann die Satzstrukturen. Achte auf die genaue Formulierung.

Die Verfasserin verwendet ...

- ☐ ausschließlich unverbundene Hauptsätze.
- ☐ sowohl unverbundene Hauptsätze als auch Satzreihen und Satzgefüge.
- ☐ sowohl Satzreihen als auch Satzgefüge.
- ☐ ausschließlich Satzgefüge und unverbundene Hauptsätze.

23 Unterstreiche jeweils das Wort, das zwei Sätze verbindet, und ordne es der passenden Wortart zu. Verwende Abkürzungen:

- **n K** (nebenordnende Konjunktion)
- **u K** (unterordnende Konjunktion)
- **A** (Adverb)

a Im Alltag setzen viele Menschen unterschiedliche Prioritäten, denn sie lassen sich von ihren Interessen leiten.	
b Während sie eingehende E-Mails oftmals sofort öffnen, schieben sie unerwünschte Hausarbeit immer wieder auf.	
c Aufräumen und Saubermachen stoßen bei den meisten nur auf ein geringes Interesse, dagegen sind viele von ihnen fast den ganzen Tag online.	
d So ist es kein Wunder, dass sie auf jede eingehende Nachricht sofort reagieren.	
e Eine unaufgeräumte Küche haben sie aber nicht ständig im Blick, deshalb bleiben Berge von schmutzigen Tellern oft stundenlang stehen.	

24 Stelle den gemeinten Zusammenhang zwischen den folgenden Satzpaaren ausdrücklich her. Verwende dafür Konjunktionen oder Adverbien.

a Viele Schülerinnen und Schüler schalten ihr Handy nie aus. Sie wollen immer erreichbar sein.

b Auch in der Schule ist das Handy oft eingeschaltet. Es ist dort verboten.

c Das wird aber von den Lehrerinnen und Lehrern selten bemerkt. Die Jugendlichen haben den Vibrationsalarm eingeschaltet.

d Kontaktaufnahmen erfolgen oft lautlos. Die Lehrkräfte ahnen nichts davon.

e Eingehende Nachrichten sind meist ein Grund zur Freude. Sie können auch für Verdruss sorgen.

f Das Handy kann der empfangenden Person sogar richtigen Ärger bereiten. Sie wird von anderen gemobbt.

g Nicht immer freuen sich Jugendliche über eingehende Nachrichten. Ihr Handy möchten sie nicht ausstellen.

25 Überarbeite den folgenden Text, indem du dort, wo du es für sinnvoll hältst, Zusammenhänge zwischen aufeinanderfolgenden Sätzen herstellst.

Miriam Meckel beschreibt zu Beginn ihres Buches einen ihrer typischen Vormittage: Sie war auf dem Weg zu einem Lampenladen. Sie wollte endlich eine Halogenlampe kaufen. Das Lämpchen in ihrer Schreibtischleuchte war seit Wochen kaputt. Unterwegs klingelte mehrmals ihr Handy. Es kam immer wieder zu Störungen. Einmal telefonierte sie zwanzig Minuten lang mitten auf der Straße. Sie empfand den Verkehrslärm als sehr störend. Vorbeigehende Passanten unterhielten sich laut. Sie fand das sehr unangenehm. Sie schrie mehrmals ins Telefon. Sie wurde von ihrem Gesprächspartner verstanden.

Richtig schreiben

Probleme bei der Groß- und Kleinschreibung

Bei der Groß- und Kleinschreibung werden häufig Fehler gemacht. Das liegt meist daran, dass die typischen Nomen-Begleiter nicht beachtet werden. Es genügt nicht, dass du allein auf die Artikel achtest, denn es gibt noch andere Wörter, die als Nomenbegleiter eine Signalwirkung haben:

Weitere Begleitwörter von Nomen	Beispiele
Possessivpronomen	***mein/dein*** *… Lächeln*
Demonstrativpronomen	***dieses*** *Rauschen, jenes Lachen*
Zahlwörter	***zwei/drei*** *… Antworten*
Indefinitpronomen	***wenig/viel/kein*** *Vergnügen*
attributiv verwendete Adjektive	***leises*** *Weinen,* ***inneres*** *Beben*

26 Finde eine Erklärung dafür, dass ein Schüler diese Fehler bei der Groß- und Kleinschreibung gemacht hat.

Ich kann mir gar nicht vorstellen, wie die Menschen früher ohne Smartphones
zurechtgekommen sind. Was haben sie nur gemacht, wenn sie verabredet waren
und ihr Bus mal Verspätung hatte? Sie konnten dann die Betroffene person, **R**
mit der sie zu einer Bestimmten zeit verabredet waren, gar nicht anrufen, um **R**
ihr zu sagen, dass sie sich verspäten würden. Und sie konnten auch nicht ihre
Eltern anrufen, um ihnen eine Wichtige nachricht zukommen zu lassen. Natürlich **R**
konnten die Eltern ihre Kinder auch nicht ständig kontaktieren, und das
bedeutete, dass die Jungen Leute früher unabhängiger waren. So hat jeder **R**
Fortschritt auch den einen oder Anderen nachteil. **R**

27 Im folgenden Text hat die Schreiberin einige Fehler in der Groß- und Kleinschreibung gemacht. Streiche die falsch geschriebenen Wörter durch und schreibe sie rechts richtig auf. Markiere außerdem die typischen Nomenbegleiter oder ergänze sie, wenn das möglich ist.

Das liebe Handy …

Handys sind heute aus dem alltag nicht mehr wegzudenken. Inzwischen sind die meisten Menschen sogar im besitz eines Modernen Smartphones. So können sie nicht nur anrufe entgegennehmen und Eingehende SMS oder WhatsApps lesen, sondern auch Jederzeit ins Internet gehen. Viele nutzer sind fast den ganzen Tag online; das betrifft vor allem Jugendliche. Auf diese weise kommt nie langeweile auf: Wer an einer Haltestelle auf seinen Bus warten muss oder an der Supermarktkasse in der Schlange steht, checkt zum zeitvertreib einfach seine Kurznachrichten oder schreibt selbst welche.

Allerdings ist der ständige blick aufs Handy nicht Ungefährlich. Im Straßenverkehr kann es deshalb leicht zu unfällen kommen. Deshalb ist es Autofahrern auch verboten, während des fahrens zu telefonieren – es sei denn, sie Verfügen über eine Freisprechanlage.

Es stellt sich natürlich die frage, ob es wirklich nötig ist, auch unterwegs ständig zu telefonieren. Anrufer können schließlich einfach eine nachricht hinterlassen. Die lässt sich auch zu einem späteren Zeitpunkt lesen. Aber anscheinend sind einige Menschen so Neugierig, dass sie keine geduld haben, so lange zu warten.

Sich schriftlich äußern

Dem Verfasser/Der Verfasserin eines Textes ein Feedback geben

Manchmal möchte man dem Verfasser/der Verfasserin eines Textes sagen, was man von seinen/ihren Gedanken hält. Entweder will man mitteilen, dass man **zustimmt**, oder man will **widersprechen**. Meist geht man dabei von **eigenen Erfahrungen** aus.

Einen Brief an den Verfasser/die Verfasserin eines Textes **strukturierst** du so:

- In der **Einleitung** beziehst du dich zunächst auf den Text. Sage, dass du den Text gelesen hast, und erkläre, dass du dir dazu Gedanken gemacht hast, die du mitteilen möchtest.
- Im **Hauptteil** äußerst du als Erstes deine grundlegende Meinung zum Text. Anschließend **setzt du dich** mit den Überlegungen des Verfassers/der Verfasserin **auseinander**.
- Am **Schluss** ziehst du eine Art **Fazit:** Sage noch einmal, wie der Text auf dich gewirkt hat, und äußere dich dazu, ob du einen Nutzen daraus ziehen kannst.

28 Reagiere mit einer E-Mail auf Miriam Meckels Text aus ihrem Buch „Das Glück der Unerreichbarkeit". Schreibe ca. 500 Wörter (→ Heft).

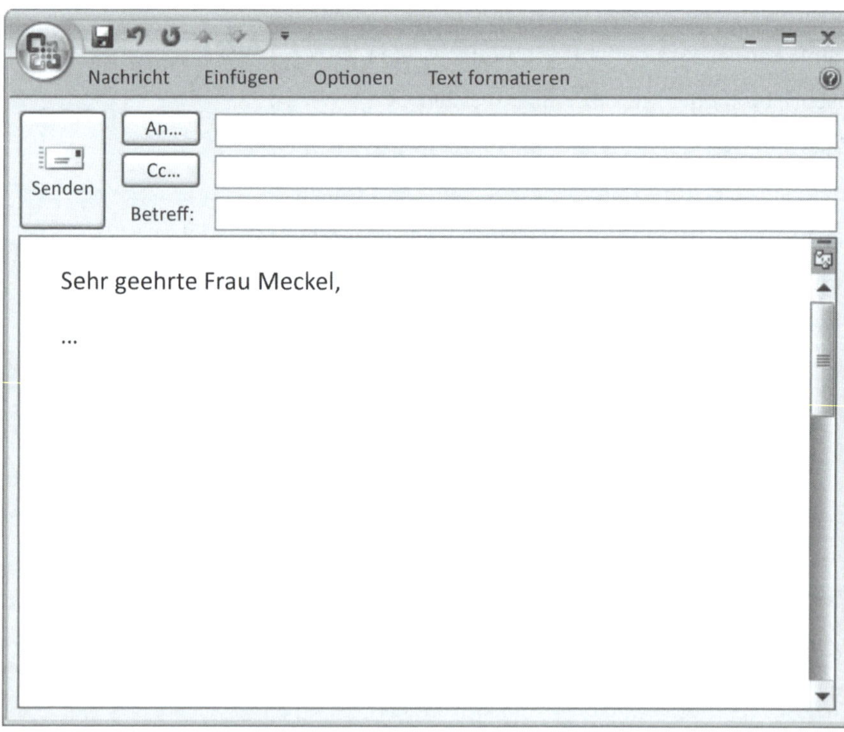

Kapitel 2: Das Hänflingsnest

VON THEODOR FONTANE

Der folgende Text ist der Beginn von Theodor Fontanes Novelle „Grete Minde". Der Autor hat seine Erzählung nach einer „altmärkischen Chronik" gestaltet. Die wirkliche Grete Minde lebte zu Anfang des 17. Jahrhunderts in Tangermünde, einer märkischen Stadt an der Elbe. Im Jahr 1617 kam es dort zu einer Feuersbrunst. Weil Grete Minde als Brandstifterin galt, wurde sie verhaftet und qualvoll hingerichtet. Heute weiß man, dass sie den Brand nicht verursacht hat. Fontane schildert seine Protagonistin aber als Täterin, denn er wusste noch nichts von ihrer Unschuld. Er versucht jedoch, ihr Verhalten zu erklären: Ihre Mutter ist früh gestorben, von ihrem Halbbruder Gerdt und dessen Frau Trud fühlt sie sich ungerecht behandelt. Als man ihr nach dem Tod ihres Vaters auch noch das väterliche Erbe ausschlägt, setzt sie aus Rache die ganze Stadt in Brand.

„Weißt du, Grete, wir haben ein Nest in unserm Garten, und ganz niedrig, und zwei Junge drin."

„Das wäre! Wo denn? Ist es ein Fink oder eine Nachtigall?"

„Ich sag es nicht. Du musst es raten."

Diese Worte waren an einem überwachsenen Zaun, der zwei Nachbargärten voneinander trennte, gesprochen worden. Die Sprechenden, ein Mädchen und ein Knabe, ließen sich nur halb erkennen, denn so hoch sie standen, so waren die Himbeerbüsche hüben und drüben doch noch höher und wuchsen ihnen bis über die Brust.

„Bitte, Valtin", fuhr das Mädchen fort, „sag es mir."

„Rate."

„Ich kann nicht. Und ich *will* auch nicht."

„Du *könntest* schon, wenn du wolltest. Sieh nur“, und dabei wies er mit dem Zeigefinger auf einen kleinen Vogel, der eben über ihre Köpfe hinflog und sich auf eine hohe Hanfstaude niedersetzte.

„Sieh“, wiederholte Valtin.

„Ein Hänfling[1]?“

„Geraten.“

Der Vogel wiegte sich eine Weile, zwitscherte und flog dann wieder in den Garten zurück, in dem er sein Nest hatte. Die beiden Kinder folgten ihm neugierig mit ihren Augen.

„Denke dir“, sagte Grete, „ich habe noch kein Vogelnest gesehen; bloß die zwei Schwalbennester auf unsrem Flur. Und ein Schwalbennest ist eigentlich gar kein Nest.“

„Höre, Grete, ich glaube, da hast du recht.“

„Ein richtiges Nest, ich meine von einem Vogel, nicht ein Krähen- oder Storchennest, das muss so weich sein wie der Flachs von Reginens[2] Wocken[3].“

„Und so ist es auch. Komm nur. Ich zeig es dir.“ Und dabei sprang er vom Zaun in den Garten seines elterlichen Hauses zurück.

„Ich darf nicht“, sagte Grete.

„Du darfst nicht?“

„Nein, ich soll nicht. Trud ist dawider.“

„Ach Trud, Trud. Trud ist deine Schwieger[4], und eine Schwieger ist nicht mehr als eine Schwester. Wenn ich eine Schwester hätte, die könnte den ganzen Tag verbieten, ich tät es doch. Schwester ist Schwester. Spring. Ich fange dich.“

„Hole die Leiter.“

„Nein, spring.“

Und sie sprang, und er fing sie geschickt in seinen Armen auf.

Jetzt erst sah man ihre Gestalt. Es war ein halbwachsenes Mädchen, sehr zart gebaut, und ihre feinen Linien, noch mehr das Oval und die Farbe ihres Gesichts, deuteten auf eine Fremde.

„Wie du springen kannst“, sagte Valtin, der seinerseits einen echt märkischen Breitkopf und vorspringende Backenknochen hatte. „Du fliegst ja nur so. Und nun komm, nun will ich dir das Nest zeigen.“

Er nahm sie bei der Hand, und zwischen Gartenbeeten hin, auf denen Dill und Pastinak in hohen Dolden standen, führte er sie bis in den Mittelgang, der

1 *Hänfling:* kleiner, unscheinbarer Singvogel, der sich bevorzugt von Hanfsamen ernährt. Als Hänfling bezeichnet man auch einen Menschen, der dünn ist und schwach aussieht.
2 *Regine:* die Kinderfrau in der Familie
3 *Wocken:* Flachsbündel
4 *Schwieger:* Schwägerin (Ehefrau des Bruders)

weiter abwärts vor einer Geißblattlaube[5] endigte.

„Ist es hier?"

„Nein, in dem Holunder."

Und er bog ein paar Zweige zurück und wies ihr das Nest.

Grete sah neugierig hinein und wollte sich damit zu schaffen machen, aber jetzt umkreiste sie der Vogel, und Valtin sagte: „Lass; er ängstigt sich. Es ist wegen der Jungen; unsere Mütter sind nicht so bang um uns."

„Ich habe keine Mutter", erwiderte Grete scharf.

„Ich weiß", sagte Valtin, „aber ich vergess es immer wieder. Sieht sie doch aus, als ob sie deine Mutter wäre, versteht sich, deine Stiefmutter. Höre, Grete, sieh dich vor. Hübsch ist sie, aber hübsch und bös. Und du kennst doch das Märchen vom Machandelboom[6]?"

„Gewiss kenn ich das. Das ist ja mein Lieblingsmärchen. Und Regine muss es mir immer wieder erzählen. Aber nun will ich zurück in unsern Garten."

„Nein, du musst noch bleiben. Ich freue mich immer, wenn ich dich habe. Du bist so hübsch. Und ich bin dir so gut."

„Ach, Narretei. Was soll ich noch bei dir?"

„Ich will dich noch ansehen. Mir ist immer so wohl und so weh, wenn ich dich ansehe. Und weißt du, Grete, wenn du groß bist, da musst du meine Braut werden."

„Deine Braut?"

„Ja, meine Braut. Und dann heirat ich dich."

„Und was machst du dann mit mir?"

„Dann stell ich dich immer auf diesen Himbeerzaun und sage ‚spring'; und dann springst du, und ich fange dich auf, und …"

„Und?"

„Und dann küss ich dich."

Sie sah ihn schelmisch an und sagte: „Wenn das wer hörte! Emrentz[7] oder Trud …"

„Ach Trud und immer Trud. Ich kann sie nicht leiden. Und nun komm und setz dich."

Er hatte diese Worte vor dem Laubeneingang gesprochen, an dessen rechter Seite eine Art Gartenbank war, ein kleiner niedriger Sitzplatz, den er sich aus vier Pflöcken und einem darübergelegten Brett selbst zurechtgezimmert hatte. Er liebte den Platz, weil er sein eigen war und nach dem Nachbargarten hinübersah. „Setz dich", wiederholte er, und sie tat's, und er rückte neben sie. […]

5 *Geißblatt:* eine Schlingpflanzenart
6 *Märchen vom Machandelboom:* ein Märchen der Gebrüder Grimm
7 *Emrentz:* Valtins Stiefmutter

Textsorten kennen

Die Novelle

- Theodor Fontanes Erzählung „Grete Minde“ ist eine **Novelle**. Novellen sind **Prosaerzählungen** von **mittlerer Länge** (ca. 30 bis 60 Seiten).
- Der **Begriff** ist abgeleitet von dem italienischen Wort *novella* (auf deutsch: *Neuigkeit*).
- Goethe sagt, eine Novelle erzähle **„eine sich ereignete unerhörte Begebenheit“**. Demnach ist die Handlung so dargestellt, als sei sie **wahr** (als habe sie sich „ereignet“), obwohl sie **unglaubwürdig** („unerhört“) klingt.
- Das Geschehen wird zügig erzählt, sodass die Handlung unaufhaltsam auf einen **Höhepunkt** zustrebt.
- Die Struktur ist **linear**. Es gibt weder Vorankündigungen noch Rückblenden.

29 Stelle die Merkmale der Textsorte Novelle in Stichpunkten knapp zusammen.

- Begriff „Novelle“: ____________________
- Gattung: ____________________
- Umfang: ____________________
- Inhalt: ____________________
- Struktur: ____________________
- Darstellung: ____________________

30 Trifft Goethes Definition auf Fontanes Novelle „Grete Minde“ zu? Beziehe die Erläuterungen im Vorspann in deine Überlegungen mit ein.

____

____

____

____

____

____

____

____

Epochen kennen

Die Epoche des poetischen Realismus

Fontanes Novelle „Grete Minde" ist der Epoche des **poetischen Realismus** (auch: **bürgerlicher Realismus**) zuzuordnen.

Dies sind die entscheidenden **Merkmale** dieser Epoche:

- Der Autor erzählt ein Geschehen so, dass es der Leserschaft **wahrheitsgemäß (realistisch)** erscheinen muss.
- Er gestaltet den Text zugleich auch **künstlerisch (poetisch)**. Deshalb spart er bewusst Einzelheiten aus, die vielleicht etwas unschön, unangenehm oder derb klingen könnten. Dadurch wirkt die Handlung wie in ein mildes Licht getaucht.
- Indem er das Verhalten der einzelnen Figuren beschreibt, setzt er sie aber auch der **Kritik** aus: Er führt sie vor – auch mit ihren Schwächen.
- Die Figuren können **Menschen aller Schichten** sein: sowohl Bürger als auch Adlige oder Dienstboten.

31 Stelle die Merkmale dieser Epoche mit wenigen Stichworten dar.

32 Überprüfe, ob der Anfang von Fontanes Novelle „Grete Minde" Merkmale des poetischen Realismus aufweist. Nimm ein → eigenes Blatt hinzu.

Den Autor kennen

Theodor Fontane (1819–1898)
Theodor Fontane ist der bedeutendste Autor des **poetischen Realismus**. Er ist vor allem für seine Romane berühmt geworden. Seine wichtigsten Werke schrieb er erst im vorgerückten Alter. Die Novelle „Grete Minde“ wurde im Jahr 1880 veröffentlicht.

33 Recherchiere im Internet über den Autor Theodor Fontane. Lege auf einem → eigenen Blatt ein solches Personenplakat an.

Theodor Fontane

Lebensdaten:

Wohnorte:

Elternhaus:

Eigene Familie:

Werdegang:

Werke:

Bedeutung als Autor:

Lesestrategien entwickeln

Hintergrundinformationen einholen

Einige Textstellen haben eine **tiefere Bedeutung**, als es auf den ersten Blick erscheint. Lies deshalb nicht über Aussagen hinweg, deren Sinn dir nicht gleich einleuchtet.

Gehe so vor:

- Stelle dir bei Textstellen, die eine besondere Bedeutung haben könnten, **Warum-Fragen:** *Warum wird das hier gesagt?*
- Beachte **Fußnoten**. Sie geben dir Hintergrundinformationen, die dir helfen, eine Textstelle besser zu verstehen.
- Stelle ggf. **eigene Recherchen** an.

  Beispiel: An einer Stelle ist die Rede vom „Märchen vom Machandelboom" (vgl. Z. 59 ff.). Du kannst davon ausgehen, dass der Erzähler dieses Märchen nicht zufällig erwähnt. Frage dich also: *Warum wird hier von diesem Märchen gesprochen?*

34 Überlege, warum Grete das „Märchen vom Machandelbaum" zu ihrem Lieblingsmärchen erklären könnte. Recherchiere dafür im Internet (→ Heft).

Das Märchen vom Machandelbaum.

atte eine schöne, fromme Frau, aber keine Kinder,
ause aber war ein Hof, in dem stand ein Machandel-
ie Frau und seufzte recht tief auf: „Hätte ich doch
ld aber darauf bekam sie ein Kind, das war so

Deinem Bruder den Kopf abgeschlagen, jetzt aber
hackte sie den Knaben in Stücke und setzte ihn a
Als der Vater nach Hause kam und nach
Verwandten über Land gegangen. Da ward de

35 Was könnte der Grund dafür sein, dass Grete Schwalbennester nicht als richtige Vogelnester betrachtet (vgl. Z. 23 f., Z. 26 f.)? Recherchiere im Internet.

- Besonderheiten von Schwalbennestern:

- Weshalb Schwalbennester für Grete keine richtigen Vogelnester sind:

Den Text erschließen

36 Welche Informationen erhält man über Grete? Stelle sie in Form einer Mindmap dar. Berücksichtige auch die Informationen aus dem Vorspann. Verwende ein → eigenes Blatt.

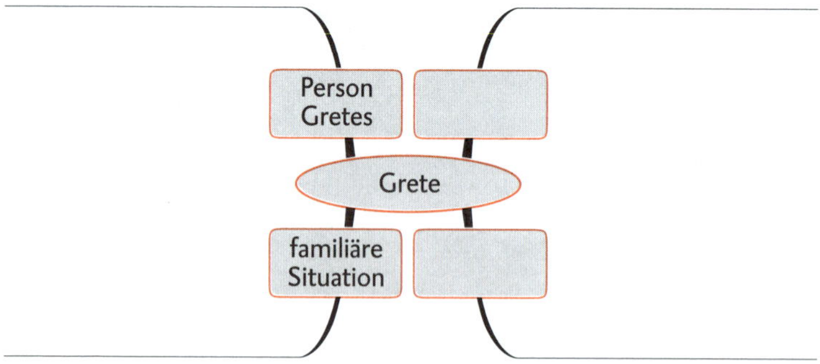

37 Auf die Information über das Vogelnest reagiert Grete mit den Worten: „Das wäre!" (Z. 3) Welches Gefühl bringt sie mit diesem Ausruf **nicht** zum Ausdruck? Kreuze es an.

- ☐ Ungläubigkeit
- ☐ Gleichgültigkeit
- ☐ Staunen
- ☐ Freude

38 Wie reagiert Grete auf Valtins Aufforderung, die Vogelart zu erraten? Kreuze die passende Reaktion an.

- ☐ Sie ist unsicher.
- ☐ Sie ist neugierig.
- ☐ Sie ist ängstlich.
- ☐ Sie ist unwillig.

39 Warum zögert Grete, ehe sie bereit ist, Valtin in seinen Garten zu folgen? Kreuze die passende Aussage an.

- ☐ Sie traut sich nicht zu springen.
- ☐ Sie befürchtet den Unwillen ihrer Schwägerin.
- ☐ Sie ist nicht passend angezogen.
- ☐ Sie interessiert sich nicht für das Vogelnest.

40 Der Erzähler sagt, Grete würde sich an dem Vogelnest „zu schaffen machen" (Z. 52). Was zeigt das über sie – und was nicht? Kreuze an.

Sie ist ...	trifft zu	trifft nicht zu
a rücksichtslos.	☐	☐
b neugierig.	☐	☐
c impulsiv.	☐	☐
d egoistisch.	☐	☐
e gedankenlos.	☐	☐

41 Wie deutet Valtin das Verhalten des Vogels („jetzt umkreiste sie der Vogel", Z. 53)?

____

____

____

42 Grete reagiert auf Valtins Äußerung „[…] unsere Mütter sind nicht so bang um uns“ (Z. 54) „scharf“ (Z. 55): Was sagt das über die Beziehung zu ihrer Schwägerin aus?

43 Erkläre, weshalb sich Valtin zu Grete hingezogen fühlt.

44 Wie zeigt er Grete seine Sympathie – und wie reagiert sie darauf? Formuliere zwei Antwortsätze.

45 Warum liebt Valtin den Platz bei der Geißblattlaube? Finde zwei Gründe dafür.

46 Welche Eigenschaften hat Grete und welche hat Valtin? Ordne passend zu.

Hinweis: Wenn eine Eigenschaft zu beiden passt, machst du in dieser Zeile zwei Kreuze.

	Grete	Valtin		Grete	Valtin
selbstbewusst	☐	☐	geschickt	☐	☐
fordernd	☐	☐	gehorsam	☐	☐
neugierig	☐	☐	schnippisch	☐	☐
entgegenkommend	☐	☐	abweisend	☐	☐

Die Sprache untersuchen

Einen symbolischen Sinn verstehen

- Das Wort ***Symbol*** stammt vom griechischen Wort *symbolon* (Merkmal, Kennzeichen) ab.
- Eine Aussage hat dann einen (zusätzlichen) **symbolischen Sinn**, wenn sie auf eine **tiefere Bedeutung** verweist.
- Die Textaussage beschreibt etwas **Konkretes**, weckt aber zugleich eine besondere **Vorstellung**, z. B. die mögliche Ankündigung von Unheil.

Beispiel: *Die beiden Liebenden saßen auf einer Bank und schmiedeten Zukunftspläne. Da hörten sie in der Ferne ein Grummeln. Zugleich fing der Himmel an, sich zu verdunkeln.*
Oberflächlich gesehen kündigt der Erzähler lediglich ein Gewitter an. Der sensible Leser kann hinter dieser Ankündigung aber einen **tieferen Sinn** vermuten: dass das Glück der Liebenden – wie das Wetter – auch bald eine Eintrübung erfahren wird.

47 Es heißt an einer Stelle: „[…] so hoch sie (Grete und Valtin) standen, so waren die Himbeerbüsche hüben und drüben doch noch höher und wuchsen ihnen bis über die Brust." (Z. 7 ff.)
Überlege, welchen symbolischen Sinn diese Aussage haben könnte.

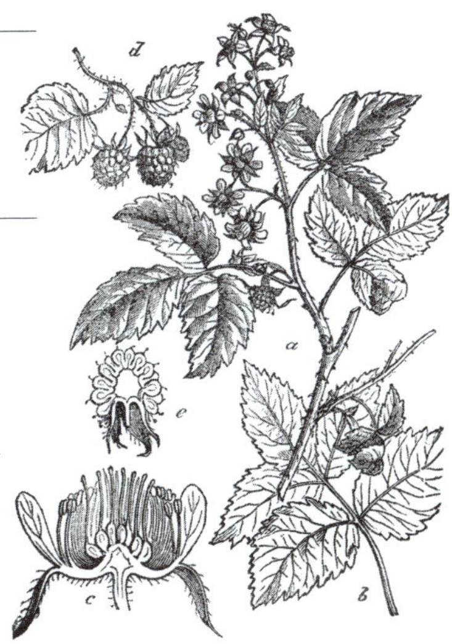

48 Grete meint, sie habe noch nie ein richtiges Vogelnest gesehen (vgl. Z. 22). Welche tiefere Bedeutung könnte ihre Aussage haben?

Erzählerbericht und Figurenrede unterscheiden

In Prosatexten gibt es **zwei Arten der Darstellung:** den Erzählerbericht und die Figurenrede.

- Der **Erzählerbericht** wirkt eher **nüchtern** und **neutral**, denn der Erzähler beschreibt in der Regel nur, was er beobachtet oder weiß. Seine persönlichen Gefühle behält er meist für sich.
- Die **Figurenrede** wirkt dagegen **subjektiv**, weil damit die Sicht der Betroffenen zum Ausdruck kommt (in der Regel in Form von wörtlicher Rede). Zugleich klingt die Darstellung dadurch **anschaulich** und **lebendig**.

49 Was überwiegt in dem Textauszug?

☐ Erzählerbericht

☐ Figurenrede

50 Zitiere jeweils eine Beobachtung, die im Erzählerbericht mitgeteilt wird, und erkläre, was damit über Grete und Valtin ausgesagt wird.

1 über Grete:

Das zeigt:

2 über Valtin:

Das zeigt:

51 Schreibe jeweils ein Beispiel der Figurenrede heraus und erkläre, was Grete und Valtin damit über ihre Gedanken und Gefühle preisgeben.

1 Grete sagt:

Das zeigt:

2 Valtin sagt:

Das zeigt:

Die Sprache der Figuren analysieren

Wenn der Erzähler Äußerungen der Figuren so wiedergibt, wie sie in der Realität sprechen würden, ähnelt ihre Sprache dem **mündlichen Sprachgebrauch**, z. B. durch …

- **die Wortwahl:** Der Sprecher verwendet einfache Alltagswörter und bemüht sich nicht darum, gewählte Ausdrücke aus der Standardsprache zu benutzen.

  Beispiel: *gehen* statt *spazieren*, *schlendern* oder *schreiten*

- **die Satzstrukturen:** Es werden überwiegend kurze Hauptsätze verwendet.

  Beispiel: „Es ist schon spät. Ich sollte nach Hause gehen.“
  Im Schriftdeutschen würde man Satzgefüge bilden:
  „Weil es schon spät ist, sollte ich nach Hause gehen.“

- **Wiederholungen:** Wörter werden mehrmals verwendet.

  Beispiel: „[…] ich habe noch kein Vogelnest gesehen, bloß die zwei Schwalbennester auf unsrem Flur. Und ein Schwalbennest ist eigentlich gar kein Nest.“ (Z. 22 ff.)

- **Verkürzungen:** Der Sprecher verwendet auch unvollständige Sätze, sogenannte **Ellipsen**, oder er verkürzt das eine oder andere Wort.

  Beispiel: „Deine Braut?“ / „Ja, meine Braut. Und dann heirat ich dich.“ (Z. 68 f.)

- **direkte Ansprache:** Hin und wieder spricht der Sprecher sein Gegenüber direkt an, z. B., indem er dessen Namen nennt oder das Personalpronomen „du“ verwendet.

  Beispiel: „Höre, Grete, ich glaube, da hast du recht.“ (Z. 25)

52 Welche Merkmale mündlichen Sprachgebrauchs sind in dem folgenden Dialog zwischen Grete und Valtin enthalten? Du kannst Abkürzungen verwenden:

▸ **WW** (Wortwahl) ▸ **Str** (Satzstrukturen) ▸ **Wdh** (Wiederholungen)
▸ **V** (Verkürzungen) ▸ **d A** (direkte Ansprache)

a „[...] Komm nur. Ich zeig es dir." (Z. 28) ______________________

b „Ich darf nicht" (Z. 30) ______________________

c „Du darfst nicht?" (Z. 31) ______________________

d „Nein, ich soll nicht. Trud ist dawider." (Z. 32) ______________________

e „Ach Trud, Trud. Trud ist deine Schwieger, und eine Schwieger ist nicht mehr als eine Schwester. Wenn ich eine Schwester hätte, die könnte den ganzen Tag verbieten, ich tät es doch. Schwester ist Schwester. Spring. Ich fange dich." (Z. 33 ff.) ______________________

Richtig schreiben

Konsonantenverdopplung

Es kommt vor, dass du ein Wort, dass mit **Doppelkonsonant** geschrieben wird, nur mit einem **Einzelkonsonanten** schreibst – oder umgekehrt. Ähnliche Fehler gibt es auch beim Schreiben von Wörtern mit **ck** oder **tz**. Das kann diese Gründe haben:

- Du hast nicht auf den **Klang** geachtet. Bekanntermaßen verdoppelt man den Konsonanten nach kurz gesprochenem betontem Vokal.
  Beispiele: Himmel, klettern, wissen
- Du hast nicht auf **Wortverwandtschaften** geachtet. Es gilt die Regel: Einmal Doppelkonsonant – immer Doppelkonsonant!
  Beispiele: stellen – (er) stellt, das Gestell, stellvertretend ...
- Du hast noch nicht verinnerlicht, dass man Nomen, bei denen man den **Endbuchstaben** in der Pluralform verdoppelt, im Singular nur mit Einzelkonsonant schreibt.
  Beispiele: Lehrerinnen – aber Lehrerin, Geständnisse – aber Geständnis
- Du hast nicht bedacht, dass die Regel zur Konsonantenverdoppelung **nicht** gilt, wenn nach dem Vokal **zwei verschiedene Konsonanten** folgen.
  Beispiele: Veranstaltung, wild, finden (nicht: Veranstalltung, willd oder finnden).
- Dir ist nicht klar, dass man nach kurz gesprochenem Vokal nur dann **ck** oder **tz** schreiben darf, wenn dem Laut **k** oder **z** kein anderer Konsonant vorangestellt ist.
  Beispiele: Enkel, Arzt (nicht: Enckel oder Artzt)

  Tipp: Für die letzte Regel kannst du dir diesen Spruch merken:
  Nach l, m, n, r, das merke ja, folgt nie tz und nie ck.

53 Doppelkonsonant oder Einfachkonsonant, k oder ck, z oder tz? Trage die Buchstaben passend in die Lücken ein.

a n/nn:

Pfa____e	la____den	(er) ke____t	(du) ka____st
Ru____de	Scha____de	Verba____ung	le____ken

b p/pp:

sto____en	wi____en	Stem____el	Sta____el
Gi____fel	Lam____e	Ho____fen	Wim____el

c z/tz:

win____ig	pe____en	tan____en	pla____ieren
Pan____er	Ker____e	bren____lig	kür____lich

d k/ck:

win____en	Geschen____e	De____en	zan____en
we____en	Geste____	le____er	star____

54 Hier wurden viele Fehler in Bezug auf die Konsonantenverdoppelung gemacht. Streiche falsche Wörter durch und schreibe sie richtig auf.

Gretes Situation spizt sich immer mehr zu. Als geradezu unerträglich empfindet sie ihre Lage, nachdem ihre Schwägerinn ein Kind bekommen hat. Nun fühlt sie sich erst recht an den Rand gedrängt. Ihre Bedürfnise als junges Mädchen spielen keine Role; vielmehr mus sie ständig auf ihren kleinen Neffen aufpasen und darf das Haus kaum noch verlasen.

Eines Tages kommt es zu einem hefftigen Streit mit Trud, bei dem Grete die Selbstbeherschung verliert und gewalltätig wird. In der Nacht darauf verläst sie zusammen mit Valtin die Stadt und begibt sich auf die Flucht. Ihr Vater ist inzwischen gestorben und so hällt sie nichts mehr in ihrer Heimat.

Die beiden schließen sich einer Puppenspielergrupe an, mit der sie durch die Lande ziehen. Sie bekommen ein Kind und fühlen sich gantz wohl, obgleich sie sehr arm sind. Aber ihr Glück ist nicht von Dauer, denn Valtin erkranckt schwer und stirbt. […]

Sich schriftlich äußern

Eine literarische Figur charakterisieren

- Der Erzähler beschreibt den Charakter einer literarischen Figur meist **nicht direkt**. Du findest selten Aussagen, mit denen er ihr ausdrücklich bestimmte Persönlichkeitsmerkmale zuweist (z. B. *rücksichtslos* oder *selbstverliebt*). Die Leser*innen müssen also aus dem dargestellten Verhalten einer Figur selbst **Rückschlüsse** auf ihren Charakter ziehen.
- Wenn du aufgefordert wirst, eine Figur zu **charakterisieren**, gehst du so vor:
  - Schreibe in der **Einleitung** mit wenigen Sätzen auf, was du über die Person weißt (z. B. Geschlecht, Alter, Familienstand, Beruf usw.). Äußere dich auch zu ihrem Aussehen.
  - Beschreibe im **Hauptteil** zunächst ihr **Verhalten** und **interpretiere es**.
  - Danach solltest du ihre **wesentlichen Eigenschaften zusammenfassend darstellen**.
  - Finde anschließend **mögliche Erklärungen** für ihre Charakterzüge.
  - Am **Schluss** ziehst du eine Art **Fazit**: Nenne die **herausragenden Eigenschaften** dieser Figur. Du kannst in dem Zusammenhang auch auf **mögliche Probleme** verweisen, mit denen die Person zu kämpfen hat.

55 Charakterisiere die Figur Gretes (→ Heft). Gehe so vor:

- Formuliere eine Einleitung. Beschreibe kurz die äußeren Merkmale Gretes und ihre Lebenssituation.
- Führe danach zur Charakterisierung hin, indem du mit wenigen Worten den Inhalt des Textauszugs zusammenfasst.
- Im Hauptteil beschreibst du zunächst das Verhalten des Mädchens und leitest daraus ihre Charaktereigenschaften ab.
- Formuliere ein Zwischenergebnis: Stelle die wesentlichen Charaktereigenschaften zusammenfassend dar.
- Finde eine mögliche Erklärung für ihre Persönlichkeitsmerkmale.
- Ziehe am Schluss eine Art Fazit, indem du noch einmal prägnant das Wesen ihrer Person herausstellst. Du kannst ihre Persönlichkeit an dieser Stelle auch abschließend beurteilen.

Kapitel 3: Bahnwärter Thiel

VON GERHART HAUPTMANN

Die Erzählung „Bahnwärter Thiel" von Gerhart Hauptmann spielt gegen Ende des 19. Jahrhunderts in einer kleinen Siedlung südöstlich von Berlin. Die Eisenbahn war kurz zuvor erfunden worden und wirkte wie eine technische Revolution: Die Menschen waren nicht mehr, wie zuvor, gemächlich mit der Pferdekutsche unterwegs, wenn sie eine Reise antreten wollten, sondern konnten nun in hoher Geschwindigkeit den Ort wechseln. Das kam vielen unheimlich vor. Die Eisenbahn wirkte fast wie eine Bedrohung. Der Bahnwärter Thiel aber ist bei der Eisenbahn beschäftigt und übt einen Beruf aus, auf den er stolz ist.

Allsonntäglich saß der Bahnwärter Thiel in der Kirche zu Neu-Zittau, ausgenommen die Tage, an denen er Dienst hatte oder krank war und zu Bette lag. Im Verlaufe von zehn Jahren war er zweimal krank gewesen; das eine Mal infolge eines vom Tender[1] einer Maschine während des Vorbeifahrens herabgefallenen Stückes Kohle, welches ihn getroffen und mit zerschmettertem Bein in den Bahngraben geschleudert hatte; das andere Mal einer Weinflasche wegen, die aus dem vorüberrasenden Schnellzuge mitten auf seine Brust geflogen war. Außer diesen beiden Unglücksfällen hatte nichts vermocht, ihn, sobald er frei war, von der Kirche fernzuhalten.

Die ersten fünf Jahre hatte er den Weg von Schön-Schornstein, einer Kolonie an der Spree, herüber nach Neu-Zittau allein machen müssen. Eines schönen Tages war er dann in Begleitung eines schmächtigen und kränklich aussehenden Frauenzimmers erschienen, die, wie die Leute meinten, zu seiner herkulischen[2] Gestalt wenig gepasst hatte. Und wiederum eines schönen

1 *Tender:* Vorratsbehälter bei Dampflokomotiven, hier für Kohle

2 *herkulisch:* wie bei Herkules (Herkules: Gestalt der griechischen Mythologie. Herkules gilt als Sohn des Göttervaters Zeus und verfügt über enorme Kräfte).

Sonntagnachmittags reichte er dieser selben Person am Altare der Kirche feierlich die Hand zum Bunde fürs Leben. Zwei Jahre nun saß das junge, zarte Weib ihm zur Seite in der Kirchenbank; zwei Jahre blickte ihr hohlwangiges, feines Gesicht neben seinem vom Wetter gebräunten in das uralte Gesangbuch –; und plötzlich saß der Bahnwärter wieder allein wie zuvor.

An einem der vorangegangenen Wochentage hatte die Sterbeglocke geläutet: das war das Ganze.

An dem Wärter hatte man, wie die Leute versicherten, kaum eine Veränderung wahrgenommen. Die Knöpfe seiner sauberen Sonntagsuniform waren so blank geputzt als je zuvor, seine roten Haare so wohl geölt und militärisch gescheitelt wie immer, nur dass er den breiten, behaarten Nacken ein wenig gesenkt trug und noch eifriger der Predigt lauschte oder sang, als er es früher getan hatte. Es war die allgemeine Ansicht, dass ihm der Tod seiner Frau nicht sehr nahe gegangen sei; und diese Ansicht erhielt eine Bekräftigung, als sich Thiel nach Verlauf eines Jahres zum zweiten Male, und zwar mit einem dicken und starken Frauenzimmer, einer Kuhmagd aus Alte-Grund, verheiratete.

Auch der Pastor gestattete sich, als Thiel die Trauung anmelden kam, einige Bedenken zu äußern:

„Ihr wollt also schon wieder heiraten?"

„Mit der Toten kann ich nicht wirtschaften, Herr Prediger!"

„Nun ja wohl – aber ich meine – Ihr eilt ein wenig."

„Der Junge geht mir drauf, Herr Prediger."

Thiels Frau war im Wochenbett gestorben, und der Junge, welchen sie zur Welt gebracht, lebte und hatte den Namen Tobias erhalten.

„Ach so, der Junge", sagte der Geistliche und machte eine Bewegung, die deutlich zeigte, dass er sich des Kleinen erst jetzt erinnere. „Das ist etwas andres – wo habt Ihr ihn denn untergebracht, während Ihr im Dienst seid?"

Thiel erzählte nun, wie er Tobias einer alten Frau übergeben, die ihn einmal beinahe habe verbrennen lassen, während er ein anderes Mal von ihrem Schoß auf die Erde gekugelt sei, ohne glücklicherweise mehr als eine große Beule davonzutragen. Das könne nicht so weitergehen, meinte er, zudem da der Junge, schwächlich wie er sei, eine ganz besondere Pflege benötige. Deswegen und ferner weil er der Verstorbenen in die Hand gelobt, für die Wohlfahrt des Jungen zu jeder Zeit ausgiebig Sorge zu tragen, habe er sich zu dem Schritte entschlossen. – [...]

Epochen kennen

Die Epoche des Naturalismus

Die Novelle „Bahnwärter Thiel“ ist ein Werk des **Naturalismus** (ca. 1880 – 1900). Der Naturalismus ist gewissermaßen ein gesteigerter Realismus (vgl. S. 23): Die Autoren wollten eine Handlung **außerordentlich** realistisch darstellen. Das führte zu einigen Besonderheiten:

- Alles wird möglichst **detailgenau** erzählt. Deshalb spricht man auch vom **Sekundenstil:** Der Leser bzw. die Leserin kann manchmal fast von Sekunde zu Sekunde mitverfolgen, was passiert.
- Auch das **Hässliche** wird **nicht ausgespart**. Im Gegenteil: Man könnte den Eindruck gewinnen, die Autoren fanden gerade die schlechten Seiten des Lebens interessant.
- Die **Figuren** gehören den **unteren Gesellschaftsschichten** an. Erzählt wird auch aus dem Leben von Außenseitern, die im Leben gescheitert sind (z. B. von Obdachlosen oder Prostituierten).
- Zur Detailgenauigkeit gehört auch, dass die **Sprache** der Figuren möglichst **echt** klingt. Deshalb machen sie z. B. grammatische Fehler oder sprechen Dialekt.

Hinweis: Nicht immer muss jedes Merkmal einer literarischen Epoche auf einen Text zutreffen. Der grundlegende Charakter sollte aber zu erkennen sein.

56 Welche Merkmale des Naturalismus lassen sich in dem gegebenen Textauszug erkennen? Kreuze die passenden Aussagen an. Belege deine Entscheidungen anhand des Textes.

- ☐ Die Darstellung ist detailgenau.
- ☐ Auch Hässliches wird beschrieben.
- ☐ Die Figuren gehören den unteren Gesellschaftsschichten an.
- ☐ Die Sprache der Figuren klingt echt.

Belege:

Den Autor kennen

Gerhart Hauptmann (1862–1946)
Gerhart Hauptmann gilt als der bedeutendste deutsche Autor des **Naturalismus**. Er schrieb vor allem Dramen, aber auch Prosawerke sowie einige Gedichte. Seine Novelle „Bahnwärter Thiel" entstand 1887.

57 Welche Bedeutung hat Gerhart Hauptmann als deutscher Schriftsteller? Recherchiere dafür im Internet. Schreibe einen vollständigen Text (ca. 200 Wörter → Heft).

Hinweis: Äußere dich sowohl zu seinen Leistungen und Erfolgen als auch zu seinen Schwächen sowie zu der Kritik und dem Unbehagen in Bezug auf seine Person.

Lesestrategien entwickeln

Die Rolle des Erzählers beachten

- Der Autor bzw. die Autorin denkt sich jemanden aus, der die Geschichte erzählt.
- Es gibt **zwei Arten von Erzählern:**
  - Der **Ich-Erzähler** erzählt das Geschehen aus der **Sicht der Hauptfigur**. Du erkennst das daran, dass er das Personalpronomen *ich* verwendet.
  - Der **Er-Erzähler** verfolgt das Geschehen **von außen**. Dabei verwendet er das Personalpronomen *er* (bei weiblichen Hauptfiguren auch das Personalpronomen *sie*).
- Der **Er-Erzähler** lässt sich noch weiter unterscheiden:
  - Der **auktoriale Erzähler** wirkt wie ein unbeteiligter Beobachter. Er bleibt weitgehend **objektiv**.
  - Der **personale Erzähler** sieht das Geschehen mit den Augen der Hauptfigur. Er nimmt deren Sicht ein und wirkt deshalb **subjektiv**.
- Du kannst die Rolle des Erzählers noch genauer bestimmen. Unterscheidungsmerkmale sind …
  - **Sein Standort:** nah am Geschehen oder weiter entfernt?
  - **Sein Wissen:** begrenzt oder umfangreich (allwissend)?
  - **Sein Verhalten:** rein beschreibend oder gelegentlich auch kommentierend?

Hinweis: Die Art des Erzählers und seine Haltung zum Geschehen kann innerhalb eines Textes wechseln.

58 Weise nach, dass es sich in diesem Abschnitt der Novelle um einen auktorialen Erzähler handelt.

59 Bestimme den Erzähler genauer. Äußere dich zu seinem Standort, seinem Wissen und seinem Verhalten.

Standort:
Wissen:
Verhalten:

Den Text erschließen

60 Der Erzähler macht gleich am Anfang klar, dass die Eisenbahn gefährlich ist. Nenne zwei Beispiele, die er erwähnt.

61 Welche Merkmale des Aussehens passen zum Bahnwärter, welche zu seiner ersten Ehefrau? Ordne passend zu.

	Thiel	Ehefrau
a groß	☐	☐
b rothaarig	☐	☐
c mit feinen Gesichtszügen	☐	☐
d schwach	☐	☐
e von robuster Gesundheit	☐	☐
f zierlich	☐	☐
g kräftig	☐	☐

62 Welche charakterliche Eigenschaft lässt sich dem Bahnwärter zuordnen?

☐ Egoismus ☐ Pflichtbewusstsein
☐ Gleichgültigkeit ☐ Geiz

63 Nach Ansicht der Leute hat die Frau, die Thiel geheiratet hat, nicht zu ihm gepasst (vgl. Z. 19–22). Erkläre, warum sie das denken.

64 Was hat zum Tod der ersten Ehefrau geführt?

____

65 Wie lange hat die erste Ehe gedauert? Nenne die Anzahl der Jahre.

_____ Jahre

66 „Es war die allgemeine Ansicht, dass ihm der Tod seiner Frau nicht sehr nahe gegangen sei […].“ (Z. 35 f.) Woraus schließen die Leute das?

- ☐ Thiel hat keine Trauer gezeigt.
- ☐ Sie waren nicht zur Beerdigung eingeladen.
- ☐ Sie haben kaum eine Veränderung an ihm bemerkt.
- ☐ Er hat keine Trauerkleidung getragen.

67 Weise am Text nach, dass Thiel doch um seine Frau getrauert hat.

____

____

____

____

____

____

68 Warum heiratet Thiel erneut nach dem Tod seiner ersten Frau? Kreuze die passende Aussage an.

- ☐ Er liebt diese Frau.
- ☐ Er braucht eine Haushälterin.
- ☐ Er will seinen Sohn versorgt wissen.
- ☐ Er möchte nicht allein sein.

69 Wie unterscheidet sich die zweite Ehefrau von der ersten?

____

____

70 Der Erzähler erwähnt in diesem Textauszug dreimal „die Leute“:

„wie die Leute meinten“ (Z. 21)
„wie die Leute versicherten“ (Z. 30)
„Es war die allgemeine Ansicht, dass […]“ (Z. 35)

Fasse das Verhalten der Leute mit einem Satz zusammen.

____

____

71 Der Pastor findet es bedenklich, dass Thiel bereits nach einem Jahr wieder heiraten will (vgl. Z. 41 ff.). Was hat er nicht bedacht?

____

____

Die Sprache untersuchen

Redewiedergabe
Der Erzähler kann Äußerungen einer Figur in **direkter** oder **indirekter Rede** wiedergeben.

- In der **direkten Rede** werden die Worte der Figur **wortwörtlich** wiedergegeben, und zwar im **Indikativ**. Diese Art der Redewiedergabe wirkt lebendig, sodass die Leser*innen einen Eindruck von der Persönlichkeit der sprechenden Figur bekommen.
- In der **indirekten Rede** erfolgt die Redewiedergabe nur **sinngemäß**, und zwar im **Konjunktiv**. Die Leser*innen erfahren nicht, wie die sprechende Figur sich ausgedrückt hat. So bleibt deren Persönlichkeit blass, und die Darstellung durch den Erzähler wirkt distanziert.

Beispiele: Auf die Bedenken des Pastors sagt Thiel: *„Der Junge geht mir drauf […].“* (Z. 44) → direkte Rede im Indikativ

„Thiel erzählte nun, wie er Tobias einer alten Frau übergeben, die ihn einmal beinahe habe verbrennen lassen […].“ (Z. 50 f.) → indirekte Rede im Konjunktiv

72 Stelle den Abschnitt, in dem der Erzähler das Gespräch zwischen Thiel und dem Pastor in Form von direkter Rede wiedergibt (Z. 41–49), in indirekter Rede dar. Fülle die Lücken passend aus.

a Der Pastor fragte Thiel, ob ______________________________

____.

b Auf die Bedenken, die der Geistliche mit diesen Worten zum Ausdruck brachte, reagierte Thiel mit Unverständnis. Er meinte, ____________________

____.

c Doch der Pastor blieb bei seiner Meinung und sagte, dass ________________

____.

d Thiel ließ sich jedoch nicht beirren und erklärte, dass __________________

____.

e Erst da erinnerte sich der Pastor an den Jungen, und er fragte Thiel, _______

____.

73 Übertrage die in indirekter Rede wiedergegebenen Worte Thiels (Z. 50–57) in die direkte Rede.

Hinweis: Bedenke, dass der Erzähler die Worte Thiels hier nur sinngemäß wiedergegeben hat. Du kannst also Veränderungen vornehmen.
Thiel erzählte nun:

Richtig schreiben

Getrennt- oder Zusammenschreibung?

Eines der größten Probleme in der deutschen Rechtschreibung ist folgende Frage: Wann schreibt man benachbarte Wörter getrennt – und wann schreibt man sie zusammen?

Achte auf die **Wortarten:** zu welcher Wortart gehört das erste Wort, zu welcher das Wort danach? Dies sind die wichtigsten **Regeln:**

Getrenntschreibung

1. Wort	2. Wort	Beispiele
Adjektiv (steigerbar oder erweiterbar)	**Nomen**	*(ein) großer Hund (ein größerer Hund), (das) teure Kleid (das sehr teure Kleid)*
Zahlwort (bestimmt/unbestimmt)	**Nomen**	*drei Igel, zehn Gäste, wenig Zeit, viel Spaß*
Nomen	**Verb**	*Kuchen backen, Geld spenden, Rad fahren*
Verb	**Verb**	*stehen bleiben, liegen lassen, essen gehen*
Adjektiv (als Adverb benutzt, auch in Form eines Partizips)	**Verb**	*leise lachen, freundlich grüßen, verdeckt ermitteln, begeistert klatschen*
Ausnahme: Benachbarte Wörter mit übertragenem Sinn werden zusammengeschrieben. *Beispiele: blaumachen, krankschreiben, sicherstellen, schwerfallen*		
Besonderheit: Die Hilfsverben *sein* und *haben* werden immer einzeln geschrieben. *Beispiele: wütend sein, Spaß haben, krank sein*		

Zusammenschreibung

1. Wort	2. Wort	Beispiele
Nomen	**Nomen**	*Tischbein, Kinderbett*
Adjektiv (Grundform)	**Nomen**	*Blaumeise, Kleinwagen, Altpapier*
Nomen (verkürzte Wortgruppe)	**Verb**	*notlanden (gemeint: in der Not landen), bergsteigen (gemeint: auf den Berg steigen)*
Nomen	**Adjektiv**	*mausgrau, regennass, hitzebeständig*
Adjektiv	**Adjektiv**	*süßsauer, bitterarm, hellblau*
Kardinalzahl	**Adverb** *mal*	*einmal, dreimal, fünfmal, hundertmal*
Ausnahmen: Es liegt eine Nominalisierung vor, z. B.: *das erste Mal, kein einziges Mal.* In einigen Fällen ist sowohl Getrennt- als auch Zusammenschreibung möglich. *Beispiel: noch mal – nochmal*		

Tipp: Achte auch auf die Aussprache: Wenn bei zwei benachbarten Wörtern **jedes Wort eine eigene Betonung** erhält, schreibt man die Wörter **getrennt**; wird **nur das erste Wort betont**, werden die Wörter **zusammengeschrieben**.

Beispiele: gestochen scharf, voneinander lernen, auswärts essen

aber: *Oberarm, kleinlaut, Postfach, Teilnehmer, runderneuert*

74 Schreibe aus dem ersten Absatz des Textes alle Wörter heraus, bei denen es sich um eine Zusammensetzung handelt. Notiere die Grundform und unterstreiche jeweils das letzte Wort.

____

____

____

____

75 Korrigiere im folgenden Text die Fehler. Streiche falsch geschriebene Wörter durch und schreibe sie richtig in den untenstehenden Kasten.

Der Bahnwärter Thiel ist sehr Pflicht bewusst. Bei der Arbeit hat er in all den Jahren insgesamt nur zwei Mal gefehlt. Auch zur Kirche geht er Regel mäßig. Er ist aber auch ein zurück haltender Mensch. Obwohl er schon lange in dem Dorf lebt, hat er kaum Kontakt zu den anderen Dorf Bewohnern. Nach dem Tod seiner ersten Frau lässt er seinen kleinen Sohn von einer alten Frau betreuen, die damit völlig über fordert ist. Das bereitet ihm Großesorgen. Nach einem Jahr trifft er die Entscheidung, ein zweitesmal zu heiraten. Er achtet nun darauf, dass die neue Frau stark und kräftig ist, denn er will nicht schon bald wieder allein für seinen Sohn dasein müssen.

Korrigierte Wörter:

Sich schriftlich äußern

Einen Prosatext in einen Dialog umwandeln
Um einen Prosatext in einen Dialog umzuwandeln, musst du die **Außensicht** des Erzählers **verlassen** und dich in verschiedene **Figuren hineinversetzen**. Nutze das, was der Erzähler über sie sagt, um ein Gespräch zwischen ihnen zu entwickeln.

Gehe dabei so vor:

- Überlege, was die einzelnen Personen **sagen könnten**. Denke dir etwas aus! Achte aber darauf, dass die Äußerungen **zum Text passen**.
- Versuche, den Dialog so zu gestalten, dass eine **Entwicklung** stattfindet. Die Gesprächsteilnehmer*innen könnten z. B. in eine heftige Auseinandersetzung geraten und am Schluss einigen sie sich.
- Beginne, wenn eine **neue Person** das Wort ergreift, eine **neue Zeile**. Stelle jeweils ihren Namen, gefolgt von einem Doppelpunkt, voran (z. B.: *Pastor: Aber, ich denke …*)
- Ergänze, wenn es sich anbietet, **Regieanweisungen**, die zeigen, was eine Person tut (z. B. *weicht zurück, grinst*) oder wie sie spricht (z. B. *empört, neugierig*).
- Wähle eine **glaubwürdige Sprache**. Lass deine Personen so sprechen, wie sie es normalerweise im Alltag tun würden.

76 Verwende den Auszug aus Hauptmanns Novelle „Bahnwärter Thiel" als Grundlage für einen Dialog. Überlege, was die Dorfbewohner*innen über den Bahnwärter sagen könnten. Stelle dir folgende Situation vor:

*Einige Bewohner*innen des Dorfes treffen eines Abends im Gasthof zusammen. Es hat sich bereits herumgesprochen, dass Thiel eine zweite Ehe eingehen will. Beteiligt sind:*

- *der Pastor,*
- *Herr Schneider (Landwirt),*
- *Frau Schneider (seine Frau),*
- *Emmi (eine Magd, die bei dem Ehepaar Schneider auf dem Hof tätig ist),*
- *Anneliese (ein Dienstmädchen aus dem Ort),*
- *Herr Müller (Bahnwärter, ein Kollege Thiels),*
- *Herr Wohlgemut (Besitzer eines kleinen Lebensmittelladens im Ort).*

Schreibe das Gespräch auf, das sich zwischen ihnen entwickeln könnte (→ Heft). Du kannst den gegebenen Anfang verwenden.

Hinweis: Lass jede Person mindestens zweimal zu Wort kommen.

PASTOR *(energisch):* Nun ja, ehrlich gesagt, es hat mich auch erstaunt, dass Thiel demnächst schon wieder heiraten will …

Kapitel 4:
Wo bist du nur, perfekter Job?

VON PETER WAGNER

Auf dem Friedhof erfährt man, wie eng der Mensch sein Leben mit der Arbeit verbindet. Dort liegen Müller und Ingenieure und Kaufleute in der Erde, auf vielen Grabsteinen lässt sich der Beruf des jeweils Verstorbenen ganz ausdrücklich nachlesen. Name und Beruf, das ist es also, was nach dem Tod in Erinnerung bleibt.

Der Mensch [...] ähnelt seinen Ahnen. Name und Beruf, diese Angaben stehen auf den Denkmälern der Toten wie auch auf den Visitenkarten der Lebenden. Internetprofile und Mail-Signaturen, oft sogar Klingelschilder und Vermählungsannoncen sind mit Name und Beruf versehen. Lernen zwei sich kennen, stoßen sie sehr bald auf die Frage: „Was machst du beruflich?“ Das muss man nicht verurteilen. Die Antwort ist ja interessant, weil sie erzählt, was ein Mensch mit seinem Leben anstellt. Die Art, wie die Antwort überliefert wird, gibt mitunter einen Hinweis darauf, wie zufrieden ein Mensch mit sich ist. Unsere Lebenszufriedenheit hängt mit unserer Jobzufriedenheit zusammen.

Das ist bekannt, Eltern belehren ihre Kinder darüber, und darum quälen sich so viele Abiturienten, Studienanfänger und Absolventen mit der schrecklichen Aufgabe: Finde heraus, was das Richtige für dich ist. Wo du brillieren[1] kannst,

1 *brillieren:* glänzen, hervorragende Leistungen zeigen

deine Talente optimal einsetzt, damit du nicht eines Tages aufwachst, dich in Gedanken an deine Berufswahl windest und „Hätte ich nur …“ krächzt.

Als gäbe es den einen Job, die eine Aufgabe, die einen Menschen komplettiert – so wie die Liebe des Lebens. Wehe, du findest sie nicht! Die Müller und Kaufleute auf dem Friedhof haben mit den Angaben auf ihren Grabsteinen häufig nicht ihren Traumjob, sondern ihre Stellung in der damaligen Gesellschaft notiert. Viele hatten nicht die Chance, das zu werden, was sie werden wollten. Die Jobsuche für den Nachwuchs wurde in der Vergangenheit nicht selten von den Eltern erledigt. Sie schickten ihre Kinder entweder als Nachfolger ins eigene Geschäft oder bestimmten mindestens deutlich über deren künftiges Schicksal. […]

Heute sind die Menschen ziemlich frei in der Wahl ihres Berufs. Eltern haben viel weniger zu sagen als einst. Und inzwischen stehen so viele Studienabschlüsse und Berufsbilder zur Verfügung, man kann da leicht den Überblick verlieren. Eigentlich eine gute Nachricht: Der Mensch darf sich selbst verwirklichen.

Bloß: Viele finden diese verordnete Fahndung nach dem perfekten Job unsinnig anstrengend. Sie mühen sich und suchen und kämpfen, aber der perfekte Job, bei dem alles passt, er will sich nicht offenbaren.

Orientierung aus dem Internet

Das Internet hat dabei geholfen, aus dem Wunsch nach Selbstverwirklichung einen Befehl zu machen. Wer seinen Interessen folgt und online beispielsweise ausdauernd über Mode oder Computerspiele schreibt, der wird zum Experten in seinem Feld, wird in der Branche bekannt und geachtet; vielleicht kann er sogar mit seinem Blog Geld verdienen. […]

[…] Wir orientieren uns an Freunden, an Kollegen, an erfolgreichen Menschen aus dem Internet, dem Fernsehen oder dem echten Leben und schauen, was sie mit ihrer Lebenszeit gemacht haben. Bisweilen übernehmen wir die Erfolgsvorstellungen dieser Leute und denken: „Ich will auch so sein, wie ich wirklich bin, und ich will damit erfolgreich sein.“

[…] Die Reise in die Selbstverwirklichung ist aber hindernisreich. Für eine solche Reise muss ein Mensch neugierig auf sich selbst sein. Er muss sich viele Fragen stellen, immer wieder. Außerdem muss er Rückschläge aushalten. Die meisten Menschen können das nicht besonders gut.

Viele, die erfolgreich sind, haben keine lineare Fahrt ins Glück hinter sich, sie haben ein Auf und ein Ab erlebt. Steve Jobs[2] hat mal in einer Rede gesagt,

2 *Steve Jobs:* Gründer des Unternehmens Apple

dass das Leben ohnehin erst im Rückspiegel Sinn ergebe: So sieht man erst, welche Niederlage am Ende doch eine Hilfe war. Niemand weiß, was es für jeden Einzelnen braucht, um da anzukommen, wo er hingehört. Es gibt stets nur Hinweise und viele Fragen.

Der Autor Daniel Pink formulierte drei Fragen, mit denen jeder prüfen kann, ob er im richtigen Job gelandet ist: Mache ich etwas Sinnvolles? Kann ich mich in dem, was ich tue, verbessern? Arbeite ich einigermaßen selbstbestimmt? Wer diese drei Fragen mit Ja beantwortet, dem dürfte es in seinem Job schon mal nicht allzu schlecht gehen, glaubt Pink.

Die Fragen sind das eigentlich Interessante am Prinzip Selbstverwirklichung. [...] Fragen wirbeln die Gedanken auf und legen sie an anderen Orten ab. Wenn alles gutgeht, werden sie dort zu Antworten. Solche Fragen, die können was.

Man muss sie nur lassen.

Textsorten kennen

Der Essay

- Ein **Essay** (frz. *essai: Probe, Versuch*) ist ein Sachtext, in dem sich der Verfasser bzw. die Verfasserin Gedanken über ein Thema macht, von dem er bzw. sie glaubt, dass es von **allgemeinem, gesellschaftlichem Interesse** ist.
- Essays werden oft in Zeitungen veröffentlicht, gehören also auch zu den **journalistischen Darstellungsformen**. Anders als Berichte, Reportagen oder Kommentare geht es aber nicht um aktuelle Themen, sondern um **grundlegende Fragen**.
- Merkmale des Essays sind:
  - **Subjektivität:** Die verfassende Person setzt sich **persönlich** mit dem Thema auseinander. Sie gibt deutlich zu erkennen, dass es ihre Meinung ist, die sie darstellt.
  - **Versuchscharakter:** Die Leserschaft soll den Eindruck gewinnen, dass es sich um einen **Versuch** handelt, sich dem Thema anzunähern. Der Autor bzw. die Autorin erweckt nicht den Eindruck, endgültige Antworten zu präsentieren.
  - **Im Kern argumentativ:** Die verfassende Person stützt ihre Meinung durch **Argumente**. Letztlich verfolgt sie durchaus das Ziel, die Leser*innen zu überzeugen oder sie zum Nachdenken zu bringen.
  - **Freiheit der Darstellung:** Der Text wirkt stellenweise **spielerisch**, z. B. durch interessante Beispiele, kreative Sprachbilder oder unerwartete Wendungen. Die Ausdrucksweise kann hier und da dem mündlichen Sprachgebrauch angenähert sein.

77 Nenne das Thema des Textes „Wo bist du nur, perfekter Job?“.

78 Welche Meinung vertritt der Verfasser zu dem Thema? Formuliere einen vollständigen Satz.

79 Erkläre, weshalb die folgenden Textstellen zu einem Essay passen. Orientiere dich an den Ausführungen zum Aspekt „Freiheit der Darstellung“.

a „Dort (auf dem Friedhof) liegen Müller und Ingenieure und Kaufleute in der Erde […].“ (Z. 2 f.)

b „Die Reise in die Selbstverwirklichung ist aber hindernisreich.“ (Z. 48)

c „Solche Fragen, die können was.“ (Z. 65 f.)

Lesestrategien entwickeln

Thesen bestimmen

- Sachtexte enthalten in der Regel **Thesen**, also grundlegende Aussagen zum Thema. Diese bilden gewissermaßen das Gerüst des Textes.
- Thesen sind **Behauptungen**. Sie können stimmen, aber auch falsch sein. Um die Richtigkeit seiner Thesen zu belegen, fügt der Verfasser bzw. die Verfasserin in der Regel noch andere Aussagen hinzu, z. B. **Begründungen**, genauere **Erläuterungen** oder veranschaulichende **Beispiele**.
- Thesen sind meist **kurz und prägnant** formuliert. Du findest sie oft am Anfang eines Absatzes; so fallen sie dir deutlich ins Auge. Manchmal schließt ein Absatz auch mit einer These. Dann ist sie wie ein Fazit.

Beispiel: „Der Mensch […] ähnelt seinen Ahnen." (Z. 6)
→ **These:** Formulierung kurz und prägnant, erster Satz des zweiten Absatzes

„Name und Beruf, diese Angaben stehen auf den Denkmälern der Toten wie auch auf den Visitenkarten der Lebenden." (Z. 6 ff.)
→ Genauere **Erläuterung** zu der These: Der Verfasser erklärt hier, warum er meint, dass der Mensch seinen Ahnen ähnelt.

„Internetprofile und Mail-Signaturen, oft sogar Klingelschilder und Vermählungsannoncen sind mit Name und Beruf versehen." (Z. 8 f.)
→ **Beispiele**

Tipp: Verliere dich bei der Lektüre nicht in Einzelheiten, sondern **suche** zunächst nach den **Thesen**. Dann hast du den Text in Grundzügen schon verstanden.

80 Bestimme die Thesen in dem Essay „Wo bist du nur, perfekter Job?". Markiere sie direkt im Text.

Den Text erschließen

81 Was verrät die Überschrift über die Meinung des Verfassers zur Berufswahl? Kreuze an, welche der folgenden Aussagen zutreffen und welche nicht.

		trifft zu	trifft nicht zu
a	Nach dem perfekten Beruf muss man lange suchen.	☐	☐
b	Es ist nicht einfach, den perfekten Beruf zu finden.	☐	☐
c	Man sollte sich bei der Berufswahl nicht so viele Gedanken machen.	☐	☐
d	Es gibt für niemanden den perfekten Beruf.	☐	☐

82 Was hat sich bei der Berufswahl im Laufe der Zeit geändert und was ist gleich geblieben? Kreuze an, welche Aussagen für frühere Zeiten gegolten haben und welche zur heutigen Zeit passen.

Hinweis: Aussagen, die sowohl für frühere Zeiten als auch für heute gelten, kreuzt du zweimal an.

		früher	heute
a	Die Eltern bestimmen den Beruf ihrer Kinder.	☐	☐
b	Die Kinder haben Freiheiten bei der Wahl ihres Berufs.	☐	☐
c	Die Kinder können aus einer Vielzahl von Berufen wählen.	☐	☐
d	Die Kinder können sich ihren Beruf nicht selbst aussuchen.	☐	☐
e	Der Beruf bestimmt die Position einer Person innerhalb der Gesellschaft.	☐	☐

83 Woran kann man erkennen, dass Berufe für Menschen wichtig sind? Nenne drei Beispiele aus dem Text.

Beispiele:

1.

84 Welches Ziel verfolgen die meisten Menschen heute mit ihrer Berufswahl?

85 Was erschwert die Berufswahl? Welche der folgenden Aussagen treffen zu und welche nicht? Kreuze entsprechend an.

Die Schulabgänger*innen …	trifft zu	trifft nicht zu
a werden bei der Berufswahl nicht von ihren Eltern unterstützt.	☐	☐
b sind mit der Fülle der verschiedenen Berufsbilder überfordert.	☐	☐
c suchen nach einem Beruf, der perfekt zu ihnen passt.	☐	☐
d kennen ihre Talente und Interessen nicht.	☐	☐
e eifern Vorbildern nach, die sie aus den Medien kennen.	☐	☐

86 Welchen Zusammenhang gibt es nach Ansicht des Verfassers zwischen der Zufriedenheit im Beruf und der Lebenszufriedenheit?

____

____

87 Der Verfasser sagt an einer Stelle: „Das Internet hat dabei geholfen, aus dem Wunsch nach Selbstverwirklichung einen Befehl zu machen." (Z. 38 f.) Erkläre, was er damit meint.

____

____

____

____

88 An anderer Stelle heißt es: „Die Reise in die Selbstverwirklichung ist […] hindernisreich." (Z. 48) Erkläre den Sinn dieses Sprachbilds.

____

____

89 Der Verfasser nennt zwei Eigenschaften, die ein Mensch haben muss, um Zufriedenheit im Beruf zu finden. Welche sind es? Kreuze sie an.

☐ Ehrgeiz	☐ Talent	☐ Hartnäckigkeit
☐ Fleiß	☐ Neugier	☐ Geduld

90 Der Verfasser sagt, viele erfolgreiche Menschen hätten „keine lineare Fahrt ins Glück hinter sich“ (Z. 52). Erkläre, was er damit meint.

91 Laut dem Sachbuchautor Daniel Pink kann ein Mensch mit drei Fragen prüfen, ob er mit seinem Beruf zufrieden ist. Ordne die folgenden Kapitelüberschriften aus seinem Buch den Fragen passend zu:

- Selbstbestimmung
- Perfektionierung
- Sinnerfüllung

Kapitelüberschrift	Fragen
	Mache ich etwas Sinnvolles? (Z. 59)
	Kann ich mich in dem, was ich tue, verbessern? (Z. 59 f.)
	Arbeite ich einigermaßen selbstbestimmt? (Z. 60 f.)

92 Erkläre die Unterschiede zwischen **Sinnerfüllung**, **Selbstbestimmung** und **Selbstverwirklichung**, indem du die Bedeutung jedes Begriffs erläuterst.

Sinnerfüllung:

Selbstbestimmung:

Selbstverwirklichung:

93 Kreuze die Frage an, die Pink **nicht** stellt.

- ☐ Verdiene ich in dem Beruf genug Geld?
- ☐ Kann ich bei meiner Tätigkeit etwas lernen?
- ☐ Habe ich in meinem Job Freiheiten?
- ☐ Ist meine Arbeit wichtig für die Gesellschaft?

94 Erkläre den Sinn des letzten Satzes: „Man muss sie nur lassen." (Z. 67)

____

____

____

____

Die Sprache untersuchen

Sprachbilder sicher unterscheiden

Du solltest diese Sprachbilder sicher unterscheiden können: den **bildhaften Vergleich**, die **Metapher** und die **Personifikation**.

- **Bildhafter Vergleich:** Du erkennst ihn daran, dass ausdrücklich gesagt wird, was womit verglichen wird. Durch ein **Vergleichswort** (*wie, als, als ob*) sind Bildspender und Bildempfänger wie durch ein Scharnier miteinander verbunden.
  Hinweis: Der Bildspender ist das eigentliche Sprachbild, der Bildempfänger ist die Sache, auf die sich dieses Sprachbild bezieht.
  Beispiel: Bildempfänger ↓ Bildspender ↓
  Manchmal ist [der Start ins Berufsleben] **wie** [ein Weg voller Stolpersteine.]
- **Metapher:** Hier sind Bildspender und Bildempfänger zu einer **Einheit verschmolzen**. Zwischen beiden gibt es Ähnlichkeiten; dass die Leser*innen diese verstehen, wird vorausgesetzt. Es wird ihnen nicht ausdrücklich erklärt.
  Beispiel: Bildempfänger ↓ Bildspender ↓
  [Der Start ins Berufsleben] **ist** [mit Stolpersteinen gepflastert.]
- **Personifikation:** Sie liegt vor, wenn einer unbelebten Sache oder einem Lebewesen (einem Tier oder einem Baum) menschliche Eigenschaften und Verhaltensweisen zugeschrieben werden. Man sagt dann auch, sie bzw. es sei **personifiziert**.
  Beispiel: Die Pflicht **ruft**. → Hier ist die Pflicht personifiziert.

95 Ordne die folgenden Sprachbilder passend zu. Notiere den Fachbegriff: **bildhafter Vergleich**, **Metapher** oder **Personifikation**?

Sprachbild	Fachbegriff
Wo bist du nur, perfekter Job? (Überschrift)	
Als gäbe es den einen Job, die eine Aufgabe, die einen Menschen komplettiert – so wie die Liebe des Lebens. (Z. 20f.)	
Viele finden diese verordnete Fahndung nach dem perfekten Job unsinnig anstrengend. (Z. 34f.)	
[...] der perfekte Job, bei dem alles passt, er will sich nicht offenbaren. (Z. 35f.)	
Das Internet hat dabei geholfen, aus dem Wunsch nach Selbstverwirklichung einen Befehl zu machen. (Z. 38f.)	
Die Reise in die Selbstverwirklichung ist aber hindernisreich. (Z. 48)	
Viele, die erfolgreich sind, haben keine lineare Fahrt ins Glück hinter sich [...]. (Z. 52)	
Steve Jobs hat mal [...] gesagt, dass das Leben ohnehin erst im Rückspiegel Sinn ergebe [...]. (Z. 53f.)	
Fragen wirbeln Gedanken auf und legen sie an anderen Orten ab. (Z. 64)	

Die Funktionen von Demonstrativpronomen

- Demonstrativpronomen können **zwei Funktionen** haben: Entweder sind sie **Begleiter** eines Nomens (oder einer Nominalgruppe) oder deren **Stellvertreter**.
- Die am häufigsten verwendeten Demonstrativpronomen sind: *dieser, diese, dieses; der, die, das*
  Hinweis: Die Form im Neutrum (*dieses, das*) kann auch für einen ganzen Satz stehen.
- Daneben gibt es noch weitere Demonstrativpronomen: *solcher, solche, solches; derjenige, diejenige, dasjenige; derselbe, dieselbe, dasselbe*

96 Unterstreiche im folgenden Text alle Demonstrativpronomen und bestimme deren Verwendungsweise: **Stellvertreter** oder **Begleiter**?

Wenn das Ende der Schulzeit naht, freuen sich die meisten Jugendlichen. Diejenigen, die der Zukunft optimistisch entgegensehen, glauben, dass anschließend endlich das richtige Leben beginnt. Doch einige Schulabgänger*innen blicken den neuen Zeiten auch mit Sorge entgegen. Diese Jugendlichen spüren eher ein Unbehagen, denn sie sehen viel Neues auf sich zukommen und das beunruhigt sie. In der Schule mussten sie zwar die Anweisungen der Lehrkräfte erfüllen, und das gefiel den meisten nicht. Aber andererseits gab es bezüglich der Erwartungen auch eine gewisse Sicherheit, und die wird man so nie wieder haben. Nach Abschluss der Schulzeit wird sich manches deutlich ändern. Dennoch: Die meisten Schülerinnen und Schüler freuen sich auf diese Veränderungen, vor allem darauf, endlich über sich selbst bestimmen zu können, und diese Aussicht weckt große Erwartungen in ihnen.

S	B
____	____
____	____
____	____
____	____
____	____
____	____
____	____
____	____
____	____
____	____
____	____
____	____
____	____
____	____
____	____
____	____

Demonstrativpronomen geschickt nutzen

Mithilfe von Demonstrativpronomen kannst du **Wiederholungen vermeiden** oder **Missverständnissen vorbeugen**.

- **Wiederholungen vermeiden:** Verwende Demonstrativpronomen als **Stellvertreter**, um Wörter, Wortgruppen oder Sätze, die du gerade geschrieben hast, zu ersetzen.

  Beispiel: Nora hatte sich nicht schnell genug um einen Ausbildungsplatz beworben. Das tat ihr später leid. (Statt: Dass sie sich nicht schnell genug um einen Ausbildungsplatz beworben hatte, tat ihr später leid.)

- **Missverständnissen vorbeugen:** Wenn die Verwendung eines anderen Pronomens (z. B. eines Personalpronomens oder eines Possessivpronomens) missverständlich ist, kannst du ein Demonstrativpronomen benutzen (z. B. *dieser* oder *der* statt *er; dessen* statt *sein; deren* statt *ihr*). Das Demonstrativpronomen bezieht sich immer auf die unmittelbar davor genannte Person oder Sache.

  Beispiele: Lena kam zusammen mit ihrer Cousine und ihrer Freundin. (*Mit wessen Freundin?*) → Lena kam zusammen mit ihrer Cousine und deren Freundin (gemeint: die Freundin der Cousine).

  Dennis bekam Besuch von einem Freund. Er wollte das ganze Wochenende dableiben. (*Wer wollte dableiben?*) → Der wollte das ganze Wochenende dableiben (gemeint: der Freund).

97 Beseitige in den folgenden Sätzen Wiederholungen und mögliche Missverständnisse.

a Erol begleitete seinen Freund Tim zum Fußballtraining. Er *(gemeint: Tim)* trainierte schon seit zwei Jahren in einem Verein.

____

____

____

b Carla wollte zusammen mit ihrer Freundin einen Beratungstermin beim Berufsberatungszentrum wahrnehmen. Anschließend waren sie mit ihrer Mutter *(gemeint: die Mutter ihrer Freundin)* zum Essen verabredet.

____

____

____

c Markus hatte seine Berufswahl schon getroffen. Dass er seine Berufswahl schon getroffen hatte, beruhigte ihn. *(Wiederholung beseitigen)*

Richtig schreiben

Kommas richtig setzen

Fehler bei der Kommasetzung gibt es vor allem in diesen Fällen:

- Du vergisst, die **Grenze zwischen Nebensatz und Hauptsatz** durch Komma anzuzeigen. Das passiert vor allem, wenn ein Satzgefüge mit einem Nebensatz beginnt, weil die unterordnende Konjunktion dann am Satzanfang steht und nicht mehr als Komma-Signal wahrgenommen wird.

  Tipp: Wenn du feststellst, dass mitten in einem Satz zwei finite (gebeugte) Verben „aufeinanderprallen", musst du sie durch Komma voneinander trennen.

  Beispiel: Nachdem Nils sich um eine Lehrstelle beworben hatte, bekam er schon bald eine Antwort.

- Ein **Nebensatz** wird in einen Hauptsatz **eingeschoben**, aber du setzt **nur ein Komma**; du vergisst das **zweite Komma** am Ende des Nebensatzes.

  Tipp: Lass dich nicht beirren, wenn der zweite Teil des Hauptsatzes nach Ende des eingeschobenen Nebensatzes mit der Konjunktion *und* beginnt. Das Komma steht in diesem Fall nicht vor *und*, sondern nach dem Nebensatz!

- Bei einem **Einschub einer Wortgruppe**, z. B. einer Apposition, vergisst du das **zweite Komma** zu setzen. Einschübe werden aber – wie eingeschobene Nebensätze – durch ein **paariges Komma** abgetrennt.

- Bei **Infinitivkonstruktionen** mit ***zu*** gilt, dass sie immer dann durch Komma abgetrennt werden, wenn im vorangestellten **Hauptsatz** ein **hinweisendes Wort** enthalten ist (z. B. *darauf, dazu*), das die Infinitivkonstruktion ankündigt. Ist eine Infinitivkonstruktion am Anfang durch das Wort *um* erweitert, trennt man sie ebenso mit einem Komma vom vorangestellten Hauptsatz ab.

  Tipp: Wenn eine Infinitivkonstruktion aus mehr als dem reinen Infinitiv und der Konjunktion *zu* besteht, solltest du sie immer durch Komma vom zugehörigen Hauptsatz abtrennen. Das Komma ist zwar nicht in allen Fällen Pflicht, aber es ist stets erlaubt. So kannst du bei Infinitivkonstruktionen nie einen Fehler machen!

- **Kein Komma** setzt man zwischen Satzgliedern – auch dann nicht, wenn man an dieser Stelle beim Sprechen eine kurze Pause einlegen würde.

  Beispiel: In unmittelbarer Nachbarschaft wird niemand einen Ausbildungsplatz finden. (**Kein** Komma nach „Nachbarschaft"!)

98 Ordne den Beispielen in der Tabelle die jeweils passende Regel zu.
Hinweis: Eine Regel musst du zwei Beispielen zuordnen.

A Einzelnes Komma auf der Grenze zwischen Nebensatz und Hauptsatz

B Paariges Komma bei eingeschobenem Nebensatz

C Paariges Komma bei nachträglichem Einschub einer Wortgruppe

D Komma vor Infinitivkonstruktion mit hinweisendem Wort im vorangehenden Hauptsatz

E Komma vor Infinitivkonstruktion mit *um … zu*

Beispiele	Regel
Jugendliche**, die Probleme mit der Berufswahl haben,** können sich bei der Agentur für Arbeit beraten lassen.	
Junge Menschen entscheiden sich immer später dafür**, aus dem Elternhaus auszuziehen.**	
Viele Heranwachsende bleiben oft im „Hotel Mama“**, um Geld zu sparen.**	
In den sogenannten Mint-Berufen**, also Berufen in technischen oder naturwissenschaftlichen Fächern,** werden gute Gehälter gezahlt.	
Wenn das letzte Schuljahr beginnt, sollte man schon mal über die Berufswahl nachdenken.	
Nadine wusste noch nicht**, welchen Beruf sie erlernen wollte,** und deshalb machte sie nach der Schule ein freiwilliges soziales Jahr.	

99 Korrigiere die Zeichensetzung im folgenden Text. Trage fehlende Kommas ein und streiche falsch gesetzte Kommas durch.

Die Berufswahl will gut überlegt sein

Die Berufswahl ist für jeden Menschen eine Entscheidung, die gut überlegt sein will und deshalb sollten alle Schulabgänger*innen rechtzeitig darüber nachdenken, was sie später einmal werden wollen. Auf der einen Seite, müssen sie sich fragen, welche Interessen und Begabungen sie haben auf der anderen Seite, dürfen sie aber auch die beruflichen Aussichten nicht außer Acht lassen. Es wäre falsch, sich nur nach den persönlichen Neigungen zu richten. Wer einen Beruf ergreift, der in Zukunft kaum noch gefragt ist darf sich später über Zeiten der Arbeitslosigkeit nicht wundern. Die Bezahlung in einem Beruf, spielt ebenfalls eine Rolle, auch für Mädchen denn die wollen heutzutage finanziell unabhängig sein. Um gut zu verdienen sollten sie keinen typischen Frauenberuf wählen, etwa den der Friseurin da die Löhne in diesen Berufen niedrig sind.

Dass Frauen im Beruf weniger Geld verdienen als Männer liegt auch daran, dass sie oftmals eine Teilzeittätigkeit ausüben. Vor allem Mütter mit kleinen Kindern arbeiten häufig nur halbtags um sich besser um ihre Kinder kümmern zu können. Vielleicht sollten sie die Väter dazu ermuntern sich mehr an der Kinderbetreuung zu beteiligen. Wenn sich beide Elternteile abwechselnd mal mehr um die Kinder und mal mehr um den Beruf kümmern würden wäre das gut für beide Seiten. Die Mütter müssten sich dann nicht als diejenigen verstehen, die fast allein für die Kinder zuständig sind und die Väter könnten mehr Zeit mit ihren Kindern verbringen. Voraussetzung dafür wäre aber, dass Frauen und Männer gleich viel verdienen – was bislang leider oft nicht der Fall ist.

Sich schriftlich äußern

Ein Bewerbungsschreiben verfassen

Mit einem **Bewerbungsschreiben** erklärst du zum einen, warum du ein besonderes **Interesse** an der Anstellung in einem Unternehmen hast, d. h., du bringst deine **Motivation** zum Ausdruck. Zum anderen stellst du deine **Eignung** dar, d. h., du sagst, warum du glaubst, die **Aufgaben**, die dich dort erwarten würden, gut leisten zu können.

Untergliedere ein Bewerbungsschreiben in **drei Abschnitte:**

- In der **Einleitung** nennst du dein **Anliegen**, sagst also, dass du dich um die in einer Anzeige ausgeschriebene Stelle bewirbst.
- Im **Hauptteil** folgt die **Begründung:** Erkläre, warum du dich für die Stelle interessierst und warum du glaubst, dafür gut geeignet zu sein.
- Am **Schluss** richtest du den Blick auf den **weiteren Ablauf:** Sage, dass du darauf hoffst, zu einem Bewerbungsgespräch eingeladen zu werden.

100 Lies die Stellenanzeige auf Seite 64 genau durch und fasse die Erwartungen knapp zusammen, die der Betrieb an die Bewerber hat. Notiere sie stichpunktartig untereinander.

Schulbildung:

Interessen:

Fähigkeiten:

101 Überlege, auf welche Erfahrungen du verweisen kannst, um den Betrieb davon zu überzeugen, dass du der richtige Bewerber/die richtige Bewerberin bist.

Hinweis: Die Erfahrungen sollten zu den **Fähigkeiten** passen, die von dem Bewerber/der Bewerberin erwartet werden. Nimm ein → eigenes Blatt hinzu, wenn der Platz nicht ausreicht.

Erfahrungen:
Aufgeschlossenheit: Teilnahme an einem Schüleraustausch mit England

Bewerbungsschreiben als formale standardisierte Schreiben

Wie andere standardisierte Schreiben hat ein Bewerbungsschreiben eine ganz bestimmte **Struktur:**

- Im **Briefkopf** stehen untereinander zunächst dein Name, deine Anschrift, deine Telefonnummer und ggf. deine E-Mail-Adresse. Nach zwei Leerzeilen folgen Name und Anschrift des Unternehmens. An passender Stelle, z. B. rechts oben, fügst du das aktuelle Datum ein.
- Nach zwei weiteren Leerzeilen kommt die **Betreffzeile:** Hier nennst du die genaue Bezeichnung der Stelle, um die du dich bewirbst. Außerdem fügst du ergänzend die Quelle der Anzeige hinzu.
- Nach zwei weiteren Leerzeilen folgt die **Anrede:** Versuche herauszufinden, wer der Ansprechpartner/die Ansprechpartnerin in der Personalabteilung ist. Dann kannst du ihn/sie mit Namen ansprechen. Das wirkt nicht nur persönlicher, sondern zeigt auch, dass du dich schon darum bemüht hast, einen ersten Kontakt zur Firma aufzunehmen. Andernfalls schreibst du: *Sehr geehrte Damen und Herren, …*
- Nach einer weiteren Leerzeile folgt das eigentliche **Bewerbungsschreiben**.
- Beende das Bewerbungsschreiben mit einem abschließenden **Gruß** (Mit freundlichen Grüßen …). Lass davor wieder zwei Zeilen frei.
- Ganz unten links notierst du noch die **Anlagen**, die du deinem Bewerbungsschreiben beifügst, und zwar so:
  Anlagen:
  – Lebenslauf
  – Kopien der letzten beiden Zeugnisse

102 Verfasse ein Bewerbungsschreiben für die folgende Stelle (→ Heft).

Ausbildung zur Kauffrau/zum Kaufmann für Büromanagement

Sichere dir deine Ausbildung!

Für unsere Unternehmenszentrale in Besenheim suchen wir leistungsbereite Schulabgänger/innen, die aufgeschlossen und kreativ sind. Wir haben zum 1. September einen Ausbildungsplatz als Kaufmann/-frau für Büromanagement zu besetzen.

Was wir dir bieten:

Du erhältst bei uns eine umfassende Ausbildung, die dich gut auf dein zukünftiges Berufsleben vorbereitet.

Was wir von dir erwarten:

- Du verfügst über eine gute Mittlere Reife oder einen guten Qualifizierenden Hauptschulabschluss (Quali).
- Du hast Interesse an kaufmännisch-verwaltenden und organisatorischen Tätigkeiten.
- Du hast Spaß am Umgang mit dem PC.
- Du arbeitest gern im Team.
- Du bist kommunikationsfähig.
- Du beherrschst Grundkenntnisse der englischen Sprache.

Was du jetzt tun solltest:

Ergreife die Initiative und zeige uns, dass du bereit bist, Verantwortung zu übernehmen und dich flexibel auf die unterschiedlichen Anforderungen eines Dienstleistungsunternehmens einzustellen.
Sende deine komplette Bewerbung zusammen mit deinem Lebenslauf und den Kopien deiner letzten beiden Zeugnisse an:

Fakt Services GmbH, Personalabteilung, Frau Marie Breitner, Bauhausweg 15, 12345 Besenheim; Marie.Breitner@Fakt-Services.com

Kapitel 5:

In Danzig (1842)
von Joseph von Eichendorff

Dunkle Giebel, hohe Fenster,
Türme tief aus Nebeln sehn,
Bleiche Statuen wie Gespenster
Lautlos an den Türen stehn.

Träumerisch der Mond drauf scheinet,
Dem die Stadt gar wohl gefällt,
Als läg zauberhaft versteinet
Drunten eine Märchenwelt.

Ringsher durch das tiefe Lauschen,
Über alle Häuser weit,
Nur des Meeres fernes Rauschen –
Wunderbare Einsamkeit!

Und der Türmer[1] wie vor Jahren
Singet ein uraltes Lied:
Wolle Gott den Schiffer wahren,
Der bei Nacht vorüberzieht!

1 **Türmer**: Ein Wächter, der von einem Turm aus die Stadt beobachtet, um die Bürger notfalls vor Gefahren zu warnen.

Blauer Abend in Berlin (1911)
von Oskar Loerke

Der Himmel fließt in steinernen Kanälen;
Denn zu Kanälen steilrecht ausgehauen
Sind alle Straßen, voll vom Himmelblauen,
Und Kuppeln gleichen Bojen, Schlote[1] Pfählen

Im Wasser. Schwarze Essendämpfe[2] schwelen
Und sind wie Wasserpflanzen anzuschauen.
Die Leben, die sich ganz im Grunde stauen,
Beginnen sacht vom Himmel zu erzählen,

Gemengt, entwirrt nach blauen Melodien.
Wie eines Wassers Bodensatz und Tand[3]
Regt sie des Wassers Wille und Verstand

Im Dünen, Kommen, Gehen, Gleiten, Ziehen.
Die Menschen sind wie grober bunter Sand
Im linden Spiel der großen Wellenhand.

1 **Schlote**: Fabrikschornsteine; sie sehen aus wie Pfähle (gleichen Pfählen)

2 **Essendämpfe**: Rauchschwaden (gemeint: aus Fabriken)

3 **Tand**: etwas Hübsches, das nett aussieht, aber keinen Wert hat

Epochen kennen

Die Epoche der Romantik

Die **Romantik** (ca. 1795–1848) ist eine Epoche, in der die Dichter der Nüchternheit und Sachlichkeit der Aufklärung etwas entgegensetzen wollten. Genauso richteten sie sich gegen die strengen Ideale der Klassik und deren Hinwendung zur Antike. Viele Romantiker suchten ihre Stoffe bevorzugt in der Sagen- und Mythenwelt des Mittelalters.

- **Der Begriff „Romantik“:** Er bedeutet ursprünglich „romanhaft“ (wie ein Roman).
- **Die Bedeutung der Fantasie:** Mithilfe der Fantasie wollten die Romantiker die **Grenzen** des engen Denkens **sprengen**. Menschen, die sich nur für ihr reales Umfeld und ihre alltäglichen Pflichten interessierten, nannten sie verächtlich „Philister“ (Spießer).
- **Tag- und Nachtseite der Fantasie:** Die Romantiker fühlten sich als Teil der Schöpfung, in der es auch das **Wunderbare** und **Geheimnisvolle** gab. Daneben existierte für sie aber zugleich eine **Nachtseite** der Fantasie, wo das **Dämonische**, **Teuflische** seinen Platz hatte.
- **Die Rolle der Gefühle:** Die Gefühle spielten für die Romantiker eine **große Rolle**. Damit knüpften sie an die Epoche des Sturm und Drang an.
- **Motive:** Das Motiv der **Sehnsucht** ist ein herausragendes Motiv der Romantik. Daraus ergeben sich weitere Motive, z. B. das Motiv des **Reisens** und **Wanderns** (des Auf-der-Suche-Seins).
- **Werke:** Die Romantiker schrieben hauptsächlich **Erzählungen** und **Gedichte**, wobei sie die Textsorten auch miteinander vermischten. Beispielsweise fügte Joseph von Eichendorff in seine Erzählungen zwischendurch auch Gedichte ein. Daneben wurden **Volkslieder** und **Märchen** gesammelt, z. B. von den Brüdern Grimm.

103 

Weise nach, dass es sich bei Eichendorffs Gedicht „In Danzig“ um ein Werk der Romantik handelt. Beziehe dich auf passende Merkmale dieser Epoche. Führe zum Beleg Textstellen an.
(Nimm ein → eigenes Blatt hinzu, wenn der Platz nicht ausreicht.)

Die Epoche des Expressionismus

Die Autoren des **Expressionismus** (ca. 1905–1925) distanzierten sich von den Naturalisten, die sich zum Ziel gesetzt hatten, eine Handlung aus der Sicht eines Außenstehenden möglichst genau darzustellen (vgl. S. 37). Sie wollten vielmehr ihre **subjektive Sicht** auf die Dinge zum Ausdruck bringen – und das sehr plakativ.

- **Der Begriff „Expressionismus“:** Er ist auf das lateinische Wort „expressio“ (Ausdruck) zurückzuführen. Der Begriff zeigt an, dass die Autoren das, was sie **im Innersten** bewegte, **zum Ausdruck** bringen wollten.
- **Ziele:** Die Expressionisten lehnten sich gegen eine Gesellschaft auf, die in ihren Augen **erstarrt** war. Einige von ihnen sehnten anfangs sogar einen Krieg herbei, in der Hoffnung, dass es so zu einem Aufbruch in eine neue Zeit kommen würde. Der Krieg kam dann auch (Erster Weltkrieg: 1914–1918) – und führte zu einer großen Ernüchterung.
- **Themen:** Die Expressionisten befassten sich auffallend oft mit dem Hässlichen und Elenden, z. B. mit Themen wie **Krieg**, **Wahnsinn** und **Tod**. Auch das **Leben in der Großstadt** nahmen sie kritisch in den Blick. Ihrer Meinung nach fühlte sich der Einzelne in der Anonymität des Großstadtlebens elend und verloren, sodass er keinen Sinn mehr in seinem Dasein sah.
- **Die Darstellung der Expressionisten:** Was die Expressionisten ihrer Leserschaft zu sagen hatten, wirkte einerseits sehr **gefühlvoll** und klang fast wie ein Aufschrei. Andererseits wirkte es oft auch **nüchtern**, **trostlos** und **kühl**.
- **Sprachliche Besonderheiten:** Um ihre Gefühle zum Ausdruck zu bringen, spielten expressionistische Dichter auch mit der Sprache. Typisch für diese Epoche sind u. a. **Neologismen** (Wortneuschöpfungen) und ungewöhnliche **Sprachbilder**.
- **Werke:** Die Expressionisten verfassten hauptsächlich **Lyrik**, also Gedichte. Daneben gibt es einige wenige Dramen und Erzählungen.

104 Welche Merkmale des Expressionismus sind in Oskar Loerkes Gedicht „Blauer Abend in Berlin“ enthalten? Belege deine Aussagen anhand von Textstellen. (Nimm ein → eigenes Blatt hinzu, wenn der Platz nicht ausreicht.)

____

____

____

____

____

____

Den Autor kennen

Joseph von Eichendorff (1788–1857)
Joseph von Eichendorff ist ein bedeutender Vertreter der **Romantik**. Er schrieb sowohl Gedichte als auch Romane und Erzählungen. Viele seiner Gedichte wurden vertont.

105 Recherchiere im Internet, um dich über den Dichter Joseph von Eichendorff genauer zu informieren. Stelle die wesentlichen Informationen über diesen Autor in einem Autorenporträt dar (→ Heft). Orientiere dich an der Aufgabe zu Theodor Fontane (vgl. S. 24).

Oskar Loerke (1884–1941)
Oskar Loerke war Dichter des **Expressionismus**. Er schrieb sowohl Gedichte als auch Romane und Erzählungen. Daneben veröffentlichte er Tagebücher und literarische Aufsätze.

106 Recherchiere im Internet über den Autor Oskar Loerke. Finde heraus, welches das Hauptproblem war, mit dem er im Laufe seines Lebens kämpfen musste, und schreibe es auf (→ Heft).

Textsorten kennen

Das Sonett

- Ein **Sonett** (von lat. *sonare: klingen*) ist ein besonders kunstvoll gestaltetes Gedicht.
- Es besteht aus insgesamt **14 Versen**, die in **zwei Quartetten** und **zwei Terzetten** angeordnet sind.
- Bei den **Quartetten** liegt in der Regel ein **umarmender Reim** vor: entweder *abba, abba* – oder *abba, cddc*.
- Das Reimschema bei den beiden **Terzetten** kann **unterschiedlich** sein, z. B. *cdc, dcd* – oder *eef, ggf*.

107 Erkläre, warum das Gedicht „Blauer Abend in Berlin“ von Oskar Loerke ein Sonett ist, das Gedicht „In Danzig“ von Joseph von Eichendorff aber nicht.

108 Bestimme das Reimschema in beiden Gedichten.

a Gedicht von Eichendorff:

____

b Gedicht von Loerke:

____

Lesestrategien entwickeln

Gedichte vergleichen

Um zwei Gedichte zu **vergleichen**, musst du sowohl **Gemeinsamkeiten** als auch **Unterschiede** zwischen ihnen erkennen. Indem du die Unterschiede aufdeckst, verstehst du, worin bei jedem Gedicht die **Besonderheiten** bestehen.

Gehe bei einem Gedichtvergleich so vor:

- Als Erstes liest du beide Gedichte zügig einmal durch, um festzustellen, worin die **Gemeinsamkeiten** bestehen. Bestimme das **Thema**, das beide Gedichte miteinander verbindet.
- Lies die Gedichte nun noch einmal, und zwar in Ruhe und mit Überlegung. Bestimme die **Kernaussage** eines jeden Gedichts. Frage dich, welche Botschaft der lyrische Sprecher jeweils zu dem Thema vermittelt.
- Auf der Grundlage der beiden Kernaussagen überlegst du, worin die **wesentlichen Unterschiede** zwischen den Gedichten bestehen.
- Anschließend untersuchst du die Gedichte genauer, um auch Unterschiede in Bezug auf **Einzelheiten** festzustellen.

109 Benenne das gemeinsame Thema der beiden Gedichte.

____

110 Bestimme jeweils die Kernaussage des Gedichts.

a Eichendorff: „In Danzig“

____

____

b Loerke: „Blauer Abend in Berlin“

____

____

111 Erkläre nun, worin der entscheidende Unterschied zwischen den beiden Gedichten besteht.

____

____

____

____

____

____

112 Stelle genauere Vergleiche in Bezug auf Einzelheiten an. Notiere aus jedem Gedicht zwei Textstellen zu den genannten Inhalten.

Inhalte	„In Danzig“	„Blauer Abend in Berlin“
Häuser und Straßen		
Menschen		

Den Text erschließen

Bearbeite diese Aufgaben zu Eichendorffs Gedicht „In Danzig“.

113 Welche Stimmung kommt in Eichendorffs Gedicht zum Ausdruck? Fülle die Lücken passend aus.

Die Stimmung ist ______________________________________,

obwohl ____

____

____.

114 Beschreibe die im Gedicht dargestellte Situation.

Hinweis: Bedenke die Tageszeit, die Witterungsverhältnisse, die Aktivitäten der Menschen und die Geräusche, die zu hören sind.

____

____

____

____

____

____

115 Nenne zwei Adjektive aus dem Gedicht, mit denen du etwas Positives verbindest. Ergänze jeweils die Dinge, auf die sie sich beziehen.

Adjektive	bezogen auf

116 Nenne nun zwei Adjektive, mit denen du etwas Negatives verbindest. Ergänze wieder die Dinge, auf die sie sich beziehen.

Adjektive	bezogen auf

117 Suche in den ersten beiden Strophen nach bildhaften Vergleichen und notiere jeweils Bildspender und Bildempfänger.

Bildspender	Bildempfänger

118 „Und der Türmer **wie** vor Jahren / Singet ein uraltes Lied:“ (V. 13 f.) Erkläre, warum dies **kein** bildhafter Vergleich ist.

119 Weise nach, dass der Mond in diesem Gedicht personifiziert ist.

120 Auch in der ersten Strophe gibt es Personifikationen. Erkläre, was personifiziert ist – und auf welche Weise.

121 Was scheint der lyrische Sprecher zu genießen?

Hinweis: Achte auf die Satzzeichen; sie zeigen an, was dem lyrischen Sprecher wichtig ist.

122 *Der lyrische Sprecher hat das Gefühl, als wäre die Zeit stehen geblieben.* Stimmst du dieser Aussage zu? Begründe deine Meinung anhand einer passenden Textstelle.

Ich stimme der Aussage …

☐ zu.

☐ nicht zu.

Begründung: ______________________________

____

____

____

____

____

____

123 Inwiefern kommt mit dem Lied, das der Türmer singt, Eichendorffs Gottvertrauen zum Ausdruck?

____

____

____

____

____

Bearbeite diese Aufgaben zu Loerkes Gedicht „Blauer Abend in Berlin".

124 Wie beschreibt der lyrische Sprecher die Stadt? Vervollständige die sprachlichen Bilder.

a Die Straßen sind ______________________________

b Die Kuppeln der Häuser sehen aus wie ______________________________

c Die Schornsteine sehen aus wie ______________________________

125 Wie wirkt der Himmel auf den lyrischen Sprecher?

126 Welche der folgenden Aktivitäten oder Eigenschaften werden dem Himmel zugeschrieben, welche den Menschen? Kreuze entsprechend an.

	Himmel	Menschen
sich … stauen (V. 7)		
Wille (V. 11)		
Verstand (V. 11)		
Gemengt, entwirrt (V. 9)		
erzählen (V. 8)		
Spiel (V. 14)		

127 Womit werden die Menschen in der Stadt verglichen?

128 Beschreibe mit eigenen Worten, wie sich die Menschen in der Stadt bewegen.
Hinweis: Achte auf die Beschreibung in der letzten Strophe.

129

Erkläre den Sinn dieser beiden Verse:

„Die Leben, die sich ganz im Grunde stauen,
Beginnen sacht vom Himmel zu erzählen“
(V. 7 f.)

Hinweis: Gehe zuerst auf alle Wörter ein, die von Bedeutung sind, und erkläre, was mit ihnen gemeint ist (siehe Tabelle auf der nächsten Seite). Formuliere dann eine Aussage zum Sinn der gesamten Aussage.

Wörter von Bedeutung	gemeint ist

Sinn der gesamten Aussage: ______

______

______

______

______

130 Wie wirkt der Himmel auf die Stadtbewohner? Kreuze an, welche der folgenden Aussagen zutreffen und welche nicht.

Der Himmel …	trifft zu	trifft nicht zu
a bewegt die Menschen.	☐	☐
b regt sie zum Nachdenken an.	☐	☐
c wirkt furchteinflößend auf sie.	☐	☐
d gibt ihrem Leben einen Sinn.	☐	☐
e bereitet ihnen Lebensfreude.	☐	☐
f wirft Fragen auf.	☐	☐

131 Erkläre den Sinn der Überschrift.

______

______

______

______

Die Sprache untersuchen

Sinn und Form

Der Sinn eines Textes erschließt sich nicht ausschließlich über dessen Wörter und Sätze. Auch die **Darstellung** spielt eine Rolle. **Formmerkmale** (z. B. Reime oder das Metrum) können Aussagen **verstärken** oder **infrage stellen**. Deshalb solltest du bei der Interpretation eines Textes auch immer einen Zusammenhang zwischen Sinn und Form herstellen. Das gilt insbesondere für Gedichte.

Grundsätzlich gilt: **Gleichmäßigkeit** erzeugt den Eindruck von **Harmonie**, **Ungleichmäßigkeit** sorgt für **Verwirrung**. Du kannst dich an dieser Übersicht orientieren:

Inhalt	**Formmerkmale**	**Wirkung der Formmerkmale**
positiv	gleichmäßig	Die positiven Aussagen werden verstärkt.
negativ	ungleichmäßig	Die negativen Aussagen werden verstärkt.
positiv	ungleichmäßig	Die positiven Aussagen werden infrage gestellt.
negativ	gleichmäßig	Die negativen Aussagen werden infrage gestellt.

Hinweis: Es gibt kaum einen Text, in dem Inhalt und Form ganz und gar übereinstimmen. Überlege deshalb, was überwiegt: das Positive oder das Negative? Das Gleichmäßige oder das Ungleichmäßige?

Um zu prüfen, wie sich die Formmerkmale eines Gedichts auf den Sinn des Textes auswirken, gehst du so vor:

- Deute den **Inhalt** des Textes: Sind die Textaussagen überwiegend **positiv** oder **negativ**?
- Untersuche die **Formmerkmale** (Strophen, Reime, Versmaß): Sind sie überwiegend **regelmäßig** oder **unregelmäßig**?
- Bestimme die **Wirkung der Formmerkmale: Verstärken** sie den Sinn des Textes oder **stellen** sie ihn **infrage**?

Hinweis: Gehe davon aus, dass der Dichter **Unstimmigkeiten zwischen Inhalt und Form** eines Textes **bewusst** hergestellt hat. Es kann sein, dass er die Leser*innen damit verunsichern wollte, um sie nachdenklich zu machen. Solltest du z. B. feststellen, dass negative Textaussagen ganz gleichmäßig gestaltet sind, dann musst du darüber nachdenken, was mit dieser „Störung" zum Ausdruck kommt.

132 Stelle bei beiden Gedichten einen Zusammenhang zwischen Form und Inhalt her. Verfahre wie im Merkkasten beschrieben.

a Eichendorffs Gedicht „In Danzig“:

Inhalt:

☐ positiv ☐ negativ

Form:

Strophen und Verse:

Reimschema:

Versmaße:

Ergebnis:

Form und Inhalt passen … ☐ zusammen.
☐ nicht zusammen.

Wirkung:

b Loerkes Gedicht „Blauer Abend in Berlin“:

Inhalt:

☐ positiv ☐ negativ

Form:

Strophen und Verse:

Reimschema:

Versmaße:

Ergebnis:

Form und Inhalt passen … ☐ zusammen.
☐ nicht zusammen.

Wirkung:

Der Zeilensprung als Besonderheit

Es kann vorkommen, dass das Ende eines Satzes **nicht** mit dem Ende eines Verses zusammenfällt. Wenn ein Satz über das Versende hinausreicht, spricht man von einem **Zeilensprung** (Fachbegriff: **Enjambement**). Dabei wird zusätzlich zwischen starkem und schwachem Enjambement unterschieden.

- **Starkes Enjambement:** Beim Versbruch wird der normale Fluss der Sprache innerhalb des Satzes durchbrochen.
  Beispiel: *Ich lief durch die heiße*
  Wüste und ersehnte nur Wasser.
- **Schwaches Enjambement:** Der normale Fluss der Sprache innerhalb des Satzes wird nicht durchbrochen.
  Beispiel: *Ich lief durch die heiße Wüste*
  und ersehnte nur Wasser.
- **Zeilensprünge erkennen:** Bedenke, dass das Ende eines Satzes nicht unbedingt immer durch einen Punkt angezeigt wird. Auch ein Semikolon oder ein Komma kann das Ende eines Satzes kennzeichnen.
  Beispiel: *Ich lief durch die heiße Wüste,* (zwei vollständige Sätze
  die Sonne brannte vom Himmel herunter. → kein Enjambement)
- **Die Wirkung von Zeilensprüngen beurteilen:** Am Ende eines Verses erwarten die Leser*innen eigentlich auch das Ende eines Satzes. Wenn du merkst, dass ein Satz über das Versende hinaus weitergeht, wirst du kurz **innehalten**, mit der Folge, dass die Aussage dadurch **gedehnt** wirkt und eine besondere **Aufmerksamkeit** erhält. Zeilensprünge sorgen deshalb entweder für …
  – **Nachdenklichkeit** *(Es gibt viel zu bedenken …)* oder für …
  – **Ungeduld** *(Wann ist der Satz endlich zu Ende?)*.

133 Markiere in beiden Gedichten alle Zeilensprünge.

134 Was ist das Besondere an einigen Zeilensprüngen in Loerkes Gedicht?

____

____

135 Beurteile die Wirkung der Zeilensprünge in beiden Gedichten.

a In Eichendorffs Gedicht „In Danzig“ erzeugen die Zeilensprünge eher …

☐ Nachdenklichkeit. ☐ Ungeduld.

b In Loerkes Gedicht „Blauer Abend in Berlin“ erzeugen sie eher …

☐ Nachdenklichkeit. ☐ Ungeduld.

Richtig schreiben

Vorsicht mit dem Dehnungs-h!

Grundsätzlich gilt:

- Nach **lang gesprochenem Vokal** schreibt man **normalerweise kein Dehnungs-h**.
- Ein **Dehnungs-h** steht nur vor den Konsonanten **l, m, n, r**. Vor anderen Konsonanten, z. B. vor b oder t, steht kein Dehnungs-h.
- Selbst bei den Konsonanten **l, m, n, r** schreibt man **nicht immer ein Dehnungs-h**. Das ist nur bei ungefähr jedem zweiten Wort der Fall, wie viele Gegenbeispiele zeigen: *Ton, garen, Schere, Scham, Krone.*
- Nicht jedes h, das auf einen lang gesprochenen Vokal folgt, muss ein Dehnungs-*h* sein. Ein **stummes h** kann auch den **Beginn einer neuen Silbe** anzeigen (z. B. *zie|hen, ge|hen*). Wichtig: Ein solches **silbeninitiales h** bleibt in allen Wortformen erhalten, auch wenn es nicht mehr am Anfang einer Silbe steht (z. B. *zieht, geht*).

  Tipp: Schlage im Zweifel im Wörterbuch nach, wenn du nicht weißt, ob du nach einem langen Vokal ein stummes h einfügen musst. Oder orientiere dich an einem Wort aus der gleichen Wortfamilie, das du sicher schreiben kannst.

136 Erkläre, warum die folgenden Schreibweisen eindeutig falsch sind.

Huhpe – Lehder – strehben – Rehgen – ruhfen – Mohde

____

____

137 Die folgenden Wörter sind alle richtig geschrieben: Was beweist das? Fülle die Lücken passend aus.

Strom – wenig – schonen – Schule – Mond – Tal

Nach ______________ wurde *kein* ______________ gesetzt, obwohl unmittelbar danach einer der Konsonanten ______________ folgt.

138 Im folgenden Text sind zehn Fehler enthalten, die das Dehunungs-h betreffen: Entweder ist fälschlicherweise eines gesetzt worden – oder es fehlt dort, wo es nötig wäre. Streiche falsch geschriebene Wörter durch und schreibe sie am Rand richtig auf.

„Blauer Abend in Berlin“

In Loerkes Gedicht „Blauer Abend in Berlin“ wird das Leben der Menschen in einer Großstadt beschrieben. Der lyrische Sprecher scheint von oben auf die Stadt herabzublicken. Das Blau des Himmels kommt ihm so vor wie Wasser, das durch die Straßen fließt. In seiner Vorstellung scheint es ihm, als währen die Straßen und Kanäle nach einem festen Plahn gewaltsam zwischen die Häuser gehauen worden. Dagegen wirkt das Treiben der Menschen eher ziellos und ungeordnet. Die Stadtbewoner werden nicht wie Lebewesen dargestellt, die eigenständig handeln, sondern wie Getriebene. Ihr Tuhn scheint von außen bestimmt zu sein. Die Menschen bewegen sich vor und zurück, als würden sie vom Ströhmen des Wassers mitgetrieben, und sie fragen sich, ob es nicht doch noch etwas gibt, das wichtiger und wesentlicher ist als das, was sie kennen. Auch wird ihnen klahr, dass sie überhaupt keinen direkten Kontakt mehr zur Natur haben. Solche Gedanken kommen ihnen natührlich erst am Abend, wenn sie nach der Arbeit in ihre Wonungen zurückkehren, denn erst dann finden sie ein wenig Ruhe. Ihre Vorstellungen von einem höheren Lebenssinn bleiben aber vage, und so eilen sie weiter ziellos durch die Straßen. Dem lyrischen Sprecher kommt es so vor, als würde das Blau des Himmels, das sie nur aus der Ferne warnehmen, in ihnen leise Anungen von einem höheren Lebenssinn wecken.

Sich schriftlich äußern

Ein Gedicht analysieren und interpretieren

Eine Gedichtanalyse baust du folgendermaßen auf:

- Beginne deine **Einleitung** mit dem sogenannten **Basissatz**. Mit ihm informierst du über den **Namen des Verfassers/der Verfasserin**, die **Textsorte** (hier: Gedicht), den **Titel** des Gedichts und das **Thema**. Es empfiehlt sich, in einem zweiten Satz kurz auf den Umfang des Textes einzugehen. Beschreibe gleich die Formmerkmale, die sich auf den ersten Blick erkennen lassen (Anzahl der Strophen und deren Länge).
- Am **Anfang des Hauptteils** fasst du den Inhalt des Gedichts knapp zusammen. Gib Auskunft über diese W-Fragen: ***Wo** ist der Schauplatz des Geschehens? **Wann** spielt sich das Geschehen ab? **Wer** sind die Personen, um die es geht? **Was** lässt sich über ihre Situation sagen?*
- In der **Mitte des Hauptteils** deutest du den Text. Formuliere zunächst deine **Kernaussage** und belege anschließend deren Richtigkeit, indem du auf **Einzelheiten** eingehst. Beantworte jetzt also die Wie-Frage: ***Wie** ist das Thema im Einzelnen dargestellt?* Schreibe z. B. auf, was sich über die Situation der Beteiligten sagen lässt und wie sich das zeigt. Wichtig: Du solltest deine Aussagen jeweils **anhand von Textstellen belegen** (Zeilenangaben nicht vergessen!). Gehe dabei auch auf sprachliche Besonderheiten ein (z. B. auf sprachliche Bilder). Beende diesen Abschnitt am besten mit einem **Zwischenergebnis**.
- Im **letzten Abschnitt des Hauptteils** stellst du einen Zusammenhang zwischen der **Form** und dem **Sinn** her: Verweise auf die entscheidenden Formmerkmale und zeige auf, inwiefern sie zum Inhalt des Gedichts passen.
- Am **Schluss** formulierst du eine Art **Fazit:** Fasse zusammen, weshalb deine Analyse die Kernaussage bestätigt, die du zu Anfang des Hauptteils aufgestellt hast. Gut ist es, wenn du außerdem in ein bis zwei Sätzen nachweist, inwiefern das Gedicht typisch für die Epoche ist, der es zuzuordnen ist. Du kannst dich abschließend auch dazu äußern, wie das Gedicht auf dich wirkt und wie es dir gefällt.

139 Analysiere und interpretiere das Gedicht „In Danzig“ von Joseph von Eichendorff (→ Heft). Gehe so vor:

- ▶ Formuliere in der Einleitung einen Basissatz, in dem du Textsorte, Titel und Autor nennst sowie das Thema bestimmst. Erwähne hier schon die Formmerkmale, die auf Anhieb zu erkennen sind.
- ▶ Beschreibe zu Beginn des Hauptteils mit wenigen Sätzen die Situation in der Stadt.
- ▶ Gehe dann auf Einzelheiten ein. Berücksichtige auch Stilmittel, z. B. sprachliche Bilder. Verweise dabei auf Textstellen.

- Erläutere die Empfindungen des lyrischen Sprechers. Zeige auf, welche Gefühle er der Stadt entgegenbringt. Verweise wieder auf Textstellen.
- Stelle einen Zusammenhang zwischen Inhalt und Form her.
- Ordne das Gedicht begründet der Epoche der Romantik zu.
- Formuliere am Schluss ein Fazit. Du kannst dich hier auch dazu äußern, wie das Gedicht auf dich wirkt.

Kapitel 6: Verpackungsfrei einkaufen

VON CHRISTIAN ENDT

Uncle Ben's, Barilla, Persil: Wer beim Einkaufen nach Reis, Nudeln oder Waschmittel sucht, findet hauptsächlich Marken. Bunte Logos prangen in großen Buchstaben auf den Kartons, Dosen und Folien. Das Produkt wird zur Nebensache; Supermarktregale sind vor allem riesige Werbeflächen.

Beim ersten Besuch wirken die Regale von „Lunzers Maß-Greißlerei" daher irritierend leer. Die Warenauslage beschränkt sich auf zwei Regale, zwei lange Tische und eine große Theke mit Käse und Gebäck. Milchprodukte und Getränke stehen im Nebenraum. Vor allem aber werden alle Produkte ohne Verpackungen verkauft.

Eine Greißlerei ist in Österreich das, was man in Deutschland einen Tante-Emma-Laden nennt. Das Geschäft nahe dem Prater[1] in Wien besinnt sich also auf ein sehr altes Konzept, das im heutigen Einzelhandel dennoch sensationell neu wirkt. [...]

Ein radikaler Ansatz

Maß-Greißlerei-Gründerin Andrea Lunzer arbeitete früher im Marketing eines großen Discounters und beschäftigte sich dort viel mit Verpackungen. Bereits im Studium gehörten nachwachsende Rohstoffe zu Lunzers Schwerpunkten,

1 *Prater:* Vergnügungspark in Wien

dieses Wissen wollte sie in die Industrie tragen. „Die waren zunächst interessiert, verlangten aber nach einer schnellen Greenwashing-Lösung[2]. Ein bisschen Bio-Plastik, und dann die grüne Flagge.“

Lunzer war das nicht genug, die 32-Jährige suchte „einen radikalen Ansatz“[3]. Die Gelegenheit für das eigene Geschäft ergab sich zufällig, als ein Laden in ihrem Haus aufgab. Innerhalb von vier Tagen musste sie sich entscheiden. „Ich bin meinem Bauchgefühl gefolgt, viel durchgerechnet habe ich nicht.“

[...] Verkaufsverpackungen, vor allem aus Plastik, sind ein großes Umweltproblem. Über vier Millionen Tonnen Verpackungsmüll werden laut Statistischem Bundesamt in Deutschland pro Jahr eingesammelt. Die Herstellung der Kunststoffe verbraucht große Mengen Erdöl, Wasser und Energie.

Die Recyclingmöglichkeiten sind begrenzt, häufig werden die Plastikabfälle verbrannt oder gelangen in die Natur. Chemiekonzerne und Handelsketten setzen daher inzwischen teilweise auf Bioplastik, das etwa aus Maisstärke hergestellt wird und kompostierbar ist. Studien belegen jedoch, dass die Ökobilanz[4] dieser Materialen nicht besser ist als die von herkömmlichem Kunststoff. Bisher löst nur Vermeidung das Plastikproblem.

Ein Nebeneffekt des verpackungsfreien Einkaufens: Die Kunden können genau die Mengen abwiegen, die sie benötigen, und müssen zu Hause weniger Reste wegwerfen.

Viele kommen, ohne zu kaufen

Die Maß-Greißlerei ist inzwischen gut zwei Monate geöffnet. Gerade was frische Produkte angeht, ist das Sortiment überschaubar. Das ist gewollt: Lunzer legt Wert auf regionalen Bezug von Obst und Gemüse. Zucchini oder Tomaten sucht man Anfang April daher vergeblich. Dafür gibt es mit Mangold und Süß-

2 *Greenwashing-Lösung:* eine Möglichkeit, Produkte umweltfreundlich erscheinen zu lassen, ohne dass sie es wirklich sind. Sie werden nur so dargestellt („grün gewaschen“)

3 *ein radikaler Ansatz:* ein grundsätzliches Vorgehen, bei dem man ein Problem bei der Wurzel packt

4 *Ökobilanz:* Berechnung, die zeigt, welche Auswirkungen eine Maßnahme auf die Umwelt hat

kartoffeln auch Sorten, die in den meisten Supermarktregalen fehlen. Alle Lebensmittel bei Lunzer sind bio-zertifiziert. Die Gründerin ist selbst auf dem elterlichen Bio-Bauernhof aufgewachsen, von wo sie nun einen Teil ihrer Waren bezieht.

Die Kundschaft der Maß-Greißlerei besteht laut Lunzer aus jungen Leuten und umweltbewussten Familien genauso wie aus „älteren Damen, die sich freuen, dass sie wieder ein einzelnes Stück Knoblauch kaufen können". Viele Besucher würden sich alles in Ruhe ansehen, ohne zu kaufen: „Wien ist nicht New York, hier ist man sehr vorsichtig gegenüber Neuem." Während das verpackungsfreie Verkaufskonzept noch auf Zurückhaltung stößt, sorgt ein kleines, integriertes Café von Anfang an für Einnahmen.

Die Kunden bringen im Idealfall eigene Behälter mit, in die sie etwa Mehl, Nüsse, Gewürze und Obst füllen; bezahlt wird nach Gewicht. Alternativ liegen Papiertüten bereit. Wer möchte, kann bei Lunzer auch Vorrats- und Einmachgläser kaufen. Nur Getränke und Milchprodukte verkauft die Greißlerin in Pfandflaschen, Butter und Käse sind in Papier eingewickelt. „Überraschend viele Leute kommen mit ihren eigenen Gefäßen", erzählt Lunzer. „Denen gehen die Verpackungen so auf die Nerven, die machen das mit Lust."

Eingesammelte gebrauchte Verkaufsverpackungen privater Endverbraucher:

Verpackungsart	eingesammelte Menge in 1 000 Tonnen		
	2012	**2013**	**2014**
Gemischte Verpackungen (z. B. LVP[1])	2.711,6	2.875,9	2.909,4
Verpackungen aus Papier, Pappe, Karton	1.208,0	1.314,4	1.307,9
Gemischtes Glas (Bunt-, Mischglas)	245,4	250,7	252,9
Farblich getrennt gesammeltes Glas (Grün-, Braun-, Weißglas)	1.755,1	1.836,3	1.792,6
Getrennt gesammelte Kunststoffe	86,5	67,3	72,0
Getrennt gesammelte Metalle	39,7	32,5	34,8
Getrennt gesammelte Verbunde[2]	5,6	4,9	5,1
Insgesamt	6.051,9	6.382,2	6.374,6

Quelle: Statistisches Bundesamt, Wiesbaden 2016

1 *Leichtverpackungen (LVP):* die im Rahmen des Dualen Systems bundesweit getrennt gesammelt und in der Regel in gelben Abfallbehältern („gelber Sack") zur Abholung bereitgestellten Abfälle

2 *Verbundstoffe:* Materialien, die aus mindestens zwei Werkstoffen bestehen, die miteinander verbunden sind und sich nicht ohne Weiteres von Hand trennen lassen, z. B. Getränkekartons

Textsorten kennen

Journalistische Textsorten

Als journalistische Textsorten gelten Texte, die in einer **Zeitung** erscheinen. Gemeint sind nicht nur gedruckte Zeitungen, sondern auch Online-Medien. Man unterscheidet vor allem diese **drei journalistischen Textsorten:**

- **Berichte:** Sie sind **knapp** und **sachlich** und **informieren** die Leser*innen über Neuigkeiten. In der Regel sind sie im **Präteritum** verfasst. Typisch für Berichte ist die **Reihenfolge der Informationen:** Im ersten Absatz werden diese **W-Fragen** beantwortet: *Wer? Was? Wann? Wo?* Erst dann geht es um Einzelheiten: *Wie ist es dazu gekommen?*
- **Reportagen:** Sie sind **ausführlicher** als Berichte und auch sehr viel **anschaulicher**. Meist geht es um grundsätzliche **Trends oder Entwicklungen**. Mit ihrer Darstellung erweckt die verfassende Person den Eindruck, als beobachte sie etwas ganz aus der Nähe. Aus diesem Grund beginnt sie oft mit einem **Beispiel**, ehe sie sich dem grundsätzlichen Thema zuwendet. Häufig wechseln sich „Nahaufnahmen" und allgemeine Überlegungen ab. Meist stehen Reportagen im **Präsens**.
- **Kommentare:** Ein Kommentar bezieht sich auf ein aktuelles Ereignis oder eine aktuelle Entwicklung. In der Regel reagiert die verfassende Person mit einem Kommentar auf einen Bericht, der am selben Tag in der Zeitung erscheint. Sie nimmt diesen zum Anlass, um ihre **Meinung** dazu zu äußern. Zunächst nimmt sie Bezug auf das Ereignis oder die Entwicklung, um die es geht, danach setzt sie sich **argumentativ** damit auseinander, um am Schluss zu einem **Ergebnis** zu gelangen. Auch Kommentare stehen in der Regel im **Präsens**.

140 Welcher Textsorte ist der Text „Verpackungsfrei einkaufen" zuzuordnen? Triff eine Entscheidung und begründe sie anschließend stichwortartig.

Bei dem Text handelt es sich um ...

- ☐ einen Bericht.
- ☐ eine Reportage.
- ☐ einen Kommentar.

Begründung: ______________________________

____

____

____

____

Lesestrategien entwickeln

Die Struktur eines Textes in den Blick nehmen

Achte immer auch auf die **Struktur** eines Textes. Überlege, in welche **Abschnitte** sich der Text **untergliedern** lässt und in welcher **Reihenfolge** diese angeordnet sind. Versuche, das **„Gerüst“** des Textes aufzudecken. Dadurch kannst du erkennen, was der verfassenden Person wichtig ist. Frage dich, welche Abschnitte den größten Raum einnehmen und wo sie platziert sind – was am Schluss steht, wird besonders hervorgehoben.

Einen **neuen Sinnabschnitt** erkennst du mithilfe der folgenden Fragen:

- ***Worum** geht es?* Wenn der Verfasser/die Verfasserin einen neuen Gedanken aufgreift, beginnt ein neuer Sinnabschnitt.
- *Gibt es einen Wechsel in der **Perspektive**?* Es kann sein, dass der Verfasser/die Verfasserin etwas zunächst ganz aus der Nähe darstellt (Beispielebene) und dann plötzlich eine allgemeine Sicht auf die Dinge einnimmt (Verallgemeinerung).
- *Gibt es Veränderungen in der **Darstellung**?* Beispielsweise kann die verfassende Person einen Sachverhalt zuerst mit eigenen Worten darstellen und später eine andere Person zu Wort kommen lassen. Achte also darauf, wer spricht – und was gesagt wird.
- *Gibt es einen **Tempuswechsel**?* Wenn der Verfasser/die Verfasserin sich zunächst im Präsens äußert und später ins Präteritum wechselt, beginnt ein neuer Textabschnitt: Statt auf die Gegenwart (oder auf Allgemeingültiges) wird der Blick plötzlich auf die Vergangenheit gerichtet.

141 Lege die Struktur des Textes „Verpackungsfrei einkaufen“ offen. Kennzeichne den Beginn eines jeden Sinnabschnitts mit ⌜ und notiere jeweils am Rand, welche Besonderheit diesen Abschnitt auszeichnet.

142 Überlege nun, was dem Verfasser wichtig ist. Kreuze die Aussage an, der du am meisten zustimmst. Begründe deine Entscheidung anschließend.

☐ Es geht dem Verfasser um die Eröffnung eines Ladens, über die er den Leser informieren will.

☐ Der Verfasser macht sich Gedanken über das Problem des anwachsenden Verpackungsmülls.

☐ Er verbindet beides miteinander, aber die Eröffnung des Ladens ist ihm wichtiger.

☐ Er verbindet beides miteinander, aber es geht ihm vor allem um das Problem mit dem Verpackungsmüll.

Begründung: ____

____

Den Text erschließen

143 Produkt und Marke – welche Aussagen über diese beiden Begriffe treffen laut Text zu und welche nicht? Kreuze entsprechend an.

		trifft zu	trifft nicht zu
a	Das Produkt ist die eigentliche Ware.	☐	☐
b	Ohne Marke gibt es kein Produkt.	☐	☐
c	Die Marke scheint wichtiger zu sein als das Produkt.	☐	☐
d	Anhand eines Logos lässt sich ein Produkt einer Marke zuordnen.	☐	☐
e	Unternehmen werben mit einer Marke für ein Produkt.	☐	☐

144 „Supermarktregale sind vor allem riesige Werbeflächen." (Z. 4) Was meint der Verfasser damit? Kreuze die passende Aussage an.

☐ An den Supermarktegalen wird inzwischen viel Werbung platziert.
☐ Die Supermarktregale dienen nur noch der Werbung.
☐ Die Waren in den Supermarktregalen sind wie Werbung.
☐ Die Regale in den Supermärkten sind immer größer geworden.

145 Erkläre, was „nachwachsende Rohstoffe" (Z. 17) sind. Schreibe einen vollständigen Satz.

____

____

____

146 Es heißt, die Regale in Lunzers Maß-Greißlerei würden „irritierend leer" (Z. 6) wirken. Warum ist das so – und warum nicht?
Kreuze entsprechend an.

		trifft zu	trifft nicht zu
a	Fast alle Waren sind ausverkauft.	☐	☐
b	Das Warenangebot ist überschaubar.	☐	☐
c	Die Waren werden ohne Verpackung verkauft.	☐	☐
d	Es wird fast nur Obst und Gemüse angeboten.	☐	☐
e	Die meisten Waren lagern in einem Extraraum.	☐	☐

147  Der Verfasser sagt: „Das Geschäft [...] besinnt sich also auf ein sehr altes Konzept, das im heutigen Einzelhandel dennoch sensationell neu wirkt." (Z. 11 ff.) Das klingt wie ein Widerspruch. Löse ihn auf.

____

____

____

____

____

____

148 Erkläre, warum man im April in der Maß-Greißlerei keine Zucchini kaufen kann.

____

____

____

____

149 Welche Aussagen über die Betreiberin der Maß-Greißlerei treffen zu und welche nicht? Kreuze entsprechend an.

Andrea Lunzer ...	trifft zu	trifft nicht zu
a ist auf einem Bio-Bauernhof aufgewachsen.	☐	☐
b kennt sich mit nachwachsenden Rohstoffen aus.	☐	☐
c war in der Marketing-Abteilung eines Discounters tätig.	☐	☐
d konnte bei ihrer vorherigen Arbeitsstelle viele Ideen umsetzen.	☐	☐
e legt keinen Wert darauf, viel Geld zu verdienen.	☐	☐

150 Es heißt, Andrea Lunzer habe einen „radikalen Ansatz" (Z. 22) gesucht. Was bedeutet das? Kreuze die passende Aussage an (siehe auch nächste Seite!).

Sie wollte ...

☐ nicht mehr für einen Discounter arbeiten.

☐ endlich ihre eigene Chefin sein.

- [ ] sich einen Namen als Umweltaktivistin machen.
- [ ] einen ernsthaften Beitrag für die Umwelt leisten.

151 Wer zählt zu den Kundinnen und Kunden der Maß-Greißlerei?
Hinweis: Du musst drei Personengruppen nennen.

- ______________________________
- ______________________________
- ______________________________

152 Wie werden die Waren bezahlt? Kreuze die passende Aussage an.

Sie werden bezahlt nach …

- [ ] Größe.
- [ ] Gewicht.
- [ ] Qualität.
- [ ] Umfang.

153 Womit verdient die Ladeninhaberin das meiste Geld?

____

154 Wer bekommt eine Papiertüte? Kreuze an.

Eine Papiertüte bekommt ein Kunde, der …

- [ ] keine Plastiktüte erhalten möchte.
- [ ] kein eigenes Gefäß mitgebracht hat.
- [ ] bereit ist, extra dafür zu bezahlen.
- [ ] von einer Ware nur eine kleine Menge kauft.

155 Es heißt, Verpackungen seien ein großes Umweltproblem (vgl. Z. 29 ff.). Welche Erklärungen führt der Verfasser dafür an bzw. nicht an? Kreuze an.

Verpackungen …	trifft zu	trifft nicht zu
a verbrauchen bei der Herstellung viele Ressourcen.	☐	☐
b bestehen meistens aus Kunststoff.	☐	☐
c erzeugen viel Müll.	☐	☐
d erschweren die Mülltrennung.	☐	☐
e sorgen für unnötigen Warenüberfluss.	☐	☐
f lassen sich nur in geringem Maße recyceln.	☐	☐

156 Der Verfasser bezeichnet vor allem Verpackungen aus Plastik als ein großes Umweltproblem (vgl. Z. 29 ff.).

a Wie begründet er das?

____

____

____

b Welche Begründung hat er vergessen?

____

____

____

157 Wie lässt sich das Umweltproblem, das durch den Verpackungsmüll erzeugt wird, verringern? Stichworte genügen als Antwort.

____

Sieh dir die Tabelle auf S. 85 an und bearbeite dann die folgenden Aufgaben.

158 Von welcher Verpackungsart wurden in allen drei Jahren die größten Mengen eingesammelt und von welcher die kleinsten?

- ▶ Die größten Mengen gab es bei ______________________________
- ▶ Die kleinsten Mengen gab es bei ______________________________

159 Wie haben sich die Mengen der eingesammelten Verpackungen im Laufe der Jahre 2012 bis 2014 entwickelt? Kennzeichne die entsprechenden Felder so:

gegenüber dem Vorjahr gestiegen: ↑
gegenüber dem Vorjahr gesunken: ↓

	2013	2014
Gemischte Verpackungen		
Verpackungen aus Papier, Pappe, Karton		
Gemischtes Glas		
Farblich getrennt gesammeltes Glas		
Getrennt gesammelte Kunststoffe		
Getrennt gesammelte Metalle		
Getrennt gesammelte Verbunde		

160 **a** Erkläre, was mit „gemischten Verpackungen“ gemeint ist. Schreibe einen vollständigen Antwortsatz.

b Warum sind gerade gemischte Verpackungen umweltschädlich? Schreibe einen vollständigen Antwortsatz.

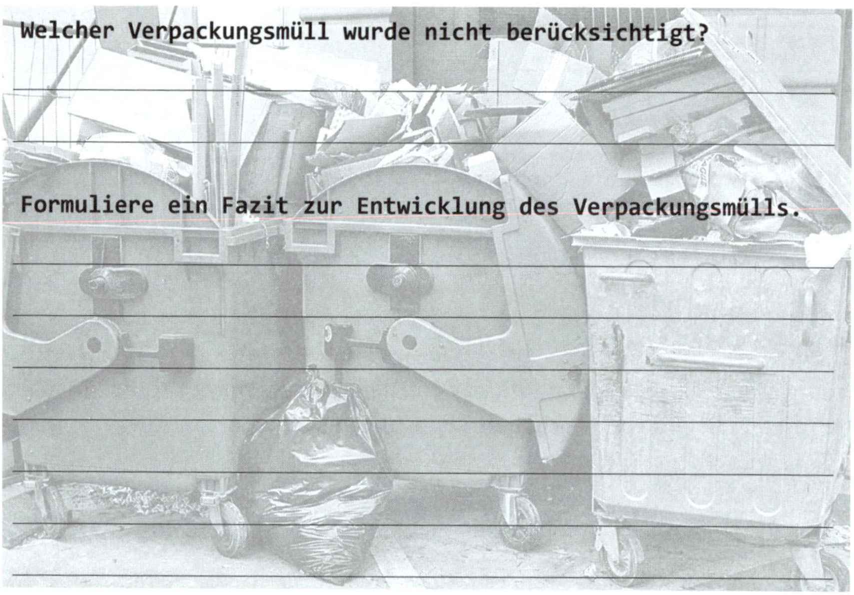

161 Welcher Verpackungsmüll wurde nicht berücksichtigt?

162 Formuliere ein Fazit zur Entwicklung des Verpackungsmülls.

163 Nach der Lektüre des Textes „Verpackungsfrei einkaufen“ meint ein Schüler: „Die Eröffnung dieses Ladens ist doch nur ein neuer Marketing-Trick. Die Frau glaubt wohl, dass sie damit viel Geld verdienen kann.“

Nimm begründet Stellung zu dieser Äußerung. Beziehe dich auf Textstellen.

Die Sprache untersuchen

Aktiv und Passiv unterscheiden

- Im **Aktiv** rückt der „Täter" in den Mittelpunkt: Von Interesse ist das, was er **tut**. Akteur kann sowohl eine Person als auch eine Sache sein.
  Beispiele: Die Ladenbesitzerin verkauft ihre Waren unverpackt.
  Die Getränke stehen im Nebenraum.
- Im **Passiv** richtet sich das Interesse auf die Person oder Sache, der eine **Handlung gilt**.
  Beispiele: Den Kunden werden Papiertüten angeboten.
  Die Waren werden nach Gewicht verkauft.
- Das **Passiv** erkennst du an einer Kombination aus dem **Hilfsverb *werden*** und dem **Partizip Perfekt** (z. B. *angeboten, verkauft*).
  Beispiel: Wien wird mit New York verglichen.
  → werden + Partizip Perfekt: Passiv
  Aber: Die Kunden werden wiederkommen.
  → werden + Infinitiv des Verbs: Futur I, Aktiv

164 Aktiv oder Passiv? Kreuze entsprechend an. Unterstreiche in den Passivsätzen jeweils das Hilfsverb *werden* und das Partizip Perfekt.

		Aktiv	Passiv
a	In einem Wiener Laden werden neuerdings Waren unverpackt verkauft.	☐	☐
b	Die Kundinnen und Kunden werden sich an diese Art des Verkaufs gewöhnen.	☐	☐
c	Die Ladenbesitzerin wird ihr Sortiment im Laufe der Zeit ausweiten.	☐	☐
d	In ihrem Geschäft werden bevorzugt Produkte aus der Region angeboten.	☐	☐
e	Die Waren werden in Papiertüten oder in Gefäße gefüllt.	☐	☐
f	Viele Kundinnen und Kunden haben ihre eigenen Gefäße mitgebracht.	☐	☐
g	Gefäße können aber auch im Laden gekauft werden.	☐	☐
h	Diese Art des Verkaufs wird zunehmend auf Interesse stoßen.	☐	☐

Vorgangspassiv und Zustandspassiv

- **Vorgangspassiv:** In den meisten Fällen wird mit dem Passiv ein **Vorgang** dargestellt. Man nennt diese Art Passiv deshalb auch **Vorgangspassiv:** Es informiert darüber, dass etwas **getan wird**.

  Beispiel: Der Laden wird eröffnet.

- **Zustandspassiv:** Nach Beendigung des Vorgangs ist ein bestimmtes Ergebnis – ein **Zustand** – erreicht. Um diesen zu beschreiben, kann man das Zustandspassiv verwenden. Dann nimmt man statt des Hilfsverbs *werden* das Hilfsverb *sein*.

  Beispiel: Der Laden ist eröffnet.

- Manchmal wirst du unsicher sein, ob ein Satz im **Aktiv** oder im **Zustandspassiv** formuliert ist. Beide Arten von Sätzen können nämlich genau gleich aussehen. Ob das Zustandspassiv vorliegt, kannst du aber prüfen, indem du zur Probe das Wort *worden* hinzufügst.

  Beispiele: Die Waren sind verpackt. Die Waren sind verpackt worden.
  → Zustandspassiv (Jemand hat vorher dafür gesorgt, dass die Waren verpackt wurden.)
  Viele Kunden sind gekommen. ~~Viele Kunden sind gekommen worden~~.
  → kein Zustandspassiv, sondern Perfekt, Aktiv

165 Wandle die folgenden Sätze ins Zustandspassiv um.

Vorgangspassiv	Zustandspassiv
Vieles wird im Haushalt getan.	
Das Essen wird gekocht.	
Der Tisch wird gedeckt.	
Der Abwasch wird erledigt.	
Die Wäsche wird gewaschen.	
Die Fenster werden geputzt.	
Der Fußboden wird gefegt.	
Die Flaschen werden entsorgt.	
Die Einkäufe werden erledigt.	

Richtig schreiben

Bindestrich-Schreibungen

Der Bindestrich dient dazu, die **Bestandteile von Zusammensetzungen** optisch voneinander zu **trennen**. Das ist eine Hilfe für die Leser*innen: So können sie die Konstruktion der Zusammensetzung besser durchschauen.
Bei der Schreibung mit Bindestrich muss man ein paar Grundregeln beachten:

Der Bindestrich trennt …

- Zusammensetzungen, die mit einer **Ziffer**, einem einzelnen **Buchstaben** oder einer **Abkürzung** beginnen. Der Bindestrich steht **unmittelbar nach** der Ziffer, dem Buchstaben oder der Abkürzung. Wenn der erste Teil der Zusammensetzung mit einem Suffix endet, z. B. mit *er*, steht der Bindestrich **nach dem Suffix**.

  Beispiele: 3-Tonner, 5-mal, 15-jährig/der 15-Jährige, s-Laut, x-Achse, x-mal
  Aber: die 68er-Generation, ein 100stel-Millimeter

- **alle Wörter von mehrteiligen Zusammensetzungen**, in denen **eine Zusammensetzung mit Bindestrich** enthalten ist.

  Beispiele: 3-Zimmer-Wohnung, 10-Euro-Schein, Hals-Nasen-Ohrenarzt

- Zusammensetzungen aus **zwei oder mehr Wörtern**, die in ihrer Gesamtheit als **Nomen** anzusehen sind.
  Man schreibt die einzelnen Wörter entsprechend ihrer ursprünglichen Wortart (groß oder klein). Ausnahmen: Grundsätzlich **großgeschrieben** werden das **erste Wort** sowie **nominalisierte Verben am Schluss**.

  Beispiele: das Make-up, das Entweder-oder, das Auf-der-faulen-Haut-Liegen, das Sowohl-als-auch, das Von-der-Hand-in-den-Mund-Leben

- Zusammensetzungen, die **ohne Bindestrich unübersichtlich** oder **missverständlich** erscheinen. Auch mehrteilige Wörter aus dem Englischen kann man mit Bindestrich trennen.

  Beispiele: Zoo-Orchester, See-Elefant, Druck-Erzeugnis, Greenwashing-Lösung

166 Bei welchen der folgenden Zusammensetzungen sollte man die einzelnen Bestandteile durch Bindestrich trennen?
Schreibe in diesen Fällen die Schreibung mit Bindestrich daneben. Wörter, deren Schreibweise ohne Bindestrich in Ordnung sind, kennzeichnest du mit ✓.

Kaffeeernte	
Indentaghineinträumen	
Standbymodus	
Recyclingmöglichkeiten	

Doityourselfbewegung	
TÜVPlakette	
Ausdauersport	
xbeliebig	
Weltuntergang	
Mundzumundbeatmung	
Schrotttransport	
Fünfprozenthürde	
Unternehmergeist	
Kopfankopfrennen	
Katzundmausspiel	

167 Erkläre, weshalb man die folgenden Wörter besser mit Bindestrich schreibt.

Musik-Erzeugnis:

Bau-Mast:

Flucht-Raum:

168 Schreibe die folgenden Zahlen als Ziffern und setze an den passenden Stellen jeweils einen Bindestrich.

a die Fünfzehnjährigen: ______

b hundertprozentig: ______

c in den achtziger Jahren: ______

d Achthundertjahrfeier: ______

e ein Vierzylinder: ______

f ein Fünfkilobeutel: ______

g ein hundertstel Millimeter: ______

h Tempodreißigzone: ______

i Fünfprozenthürde: ______

169 Wandle die folgenden Formulierungen in Zusammensetzungen mit Bindestrich um.

Hinweis: Du musst die Verben in den Zusammensetzungen nominalisieren.

a Es ist so, dass man sich die Haare raufen möchte.

______

b Es ist schlecht, von der Hand in den Mund zu leben.

______

______

c Es ist so, dass man aus der Haut fahren könnte.

______

d Es gefällt mir nicht, ständig auf der Lauer zu liegen.

______

______

Sich schriftlich äußern

Einen Kommentar schreiben
Mit einem Kommentar **beziehst du Stellung** zu etwas, das vor Kurzem passiert ist. Das bedeutet: Du äußerst zu dem, was geschehen ist, deine **Meinung** und **begründest** sie. In der Regel bezieht sich ein Kommentar auf einen Bericht, der in derselben Zeitung erschienen ist.

Um einen Kommentar zu schreiben, gehst du so vor:

- In der **Einleitung** nimmst du Bezug auf etwas, das passiert ist und von dem du erfahren hast. In der Regel beziehst du dich dabei auf einen Zeitungsartikel. Achte darauf, dass deine Einleitung nicht zu lang gerät. Zwei, drei Sätze genügen.
- Zu **Anfang des Hauptteils** äußerst du deine **Meinung** dazu. Sage pauschal, was du grundsätzlich davon hältst.
- Im **weiteren Verlauf des Hauptteils** stellst du deine Meinung ausführlich dar. Formuliere **mehrere Argumente** zu dem Thema aus.
- Am **Schluss** bekräftigst du deine Meinung noch einmal. Verweise in dem Zusammenhang auf deine entscheidende Begründung. Du kannst abschließend auch Appelle an einen bestimmten Personenkreis richten.

170 Schreibe einen Kommentar zu dem Zeitungstext „Verpackungsfrei einkaufen“. Überlege dir auch eine passende Überschrift (→ Heft).

Gehe so vor:

- Beziehe dich in der Einleitung zunächst auf den Zeitungstext.
- Äußere zu Beginn des Hauptteils deine Meinung zu dem, was du in dem Text erfahren hast.
- Begründe deine Meinung ausführlich. Formuliere mindestens drei Argumente aus.
- Bekräftige deine Meinung. Verweise dabei auf den Hauptgesichtspunkt.

Kapitel 7: Eine kaiserliche Botschaft

Von Franz Kafka

Der Kaiser – so heißt es – hat Dir, dem Einzelnen, dem jämmerlichen Untertanen, dem winzig vor der kaiserlichen Sonne in die fernste Ferne geflüchteten Schatten, gerade Dir hat der Kaiser von seinem Sterbebette aus eine Botschaft gesendet. Den Boten hat er beim Bett niederknien lassen und ihm die Botschaft ins Ohr zugeflüstert; so sehr war ihm an ihr gelegen, dass er sich sie noch ins Ohr wiedersagen ließ. Durch Kopfnicken hat er die Richtigkeit des Gesagten bestätigt. Und vor der ganzen Zuschauerschaft seines Todes – alle hindernden Wände werden niedergebrochen und auf den weit und hoch sich schwingenden Freitreppen stehen im Ring die Großen des Reichs – vor allen diesen hat er den Boten abgefertigt. Der Bote hat sich gleich auf den Weg gemacht; ein kräftiger, ein unermüdlicher Mann; einmal diesen, einmal den andern Arm vorstreckend schafft er sich Bahn durch die Menge; findet er

Widerstand, zeigt er auf die Brust, wo das Zeichen der Sonne ist; er kommt auch leicht vorwärts, wie kein anderer. Aber die Menge ist so groß; ihre Wohnstätten nehmen kein Ende. Öffnete sich freies Feld, wie würde er fliegen und bald wohl hörtest Du das herrliche Schlagen seiner Fäuste an Deiner Tür. Aber statt dessen, wie nutzlos müht er sich ab; immer noch zwängt er sich durch die Gemächer des innersten Palastes; niemals wird er sie überwinden; und gelänge ihm dies, nichts wäre gewonnen; die Treppen hinab müsste er sich kämpfen; und gelänge ihm dies, nichts wäre gewonnen; die Höfe wären zu durchmessen; und nach den Höfen der zweite umschließende Palast; und wieder Treppen und Höfe; und wieder ein Palast; und so weiter durch Jahrtausende; und stürzte er endlich aus dem äußersten Tor – aber niemals, niemals kann es geschehen – liegt erst die Residenzstadt[1] vor ihm, die Mitte der Welt, hochgeschüttet voll ihres Bodensatzes[2]. Niemand dringt hier durch und gar mit der Botschaft eines Toten. – Du aber sitzt an Deinem Fenster und erträumst sie Dir, wenn der Abend kommt.

1 *Residenzstadt:* Stadt, in der der Wohnsitz des Herrschers liegt
2 *Bodensatz:* Ablagerungen, die sich unten gebildet haben, im übertragenen Sinne auch: Pöbel

Textsorten kennen

Die Parabel
Kafkas Erzählung „Eine kaiserliche Botschaft" ist eine Parabel. Parabeln sind **gleichnishafte Geschichten** mit **doppeltem Sinn:** Vordergründig wird eine einfache Handlung erzählt, die jeder auf Anhieb versteht, aber dahinter verbirgt sich ein **tieferer Sinn** über das Leben der Menschen. Parabeln gibt es in verschiedenen Gattungen, z. B. als Prosatexte und als Dramen.

171 Wovon handelt Kafkas Erzählung „Eine kaiserliche Botschaft" vordergründig – und wovon nicht? Kreuze entsprechend an.

		trifft zu	trifft nicht zu
a	Der Kaiser hat einem einzelnen Untertanen eine Botschaft geschickt.	☐	☐
b	Der Untertan hofft auf eine Botschaft des Kaisers.	☐	☐
c	Er weiß, dass der Kaiser ihm eine Botschaft geschickt hat.	☐	☐
d	Dem Kaiser ist es nicht wichtig, dass die Botschaft den Empfänger erreicht.	☐	☐
e	Der Untertan wird die Botschaft niemals erhalten.	☐	☐

172 Welchen tieferen Sinn könnte diese Parabel haben? Kreuze die Deutung an, der du am ehesten zustimmen würdest. Begründe deine Entscheidung.

- ☐ Der einzelne Mensch fühlt sich verloren und allein.
- ☐ Der Einzelne sucht vergeblich nach dem Sinn seines Lebens.
- ☐ Jeder ist für sich und sein Leben selbst verantwortlich.
- ☐ Es gibt keinen Kontakt zwischen dem Einzelnen und einem höheren Wesen.

Begründung:

____

____

Den Autor kennen

Franz Kafka (1883–1924)
Franz Kafka ist ein deutscher Autor, der in Prag aufgewachsen ist und dort fast sein ganzes Leben verbracht hat. Seine Werke gehören zur Weltliteratur. Die Parabel „Eine kaiserliche Botschaft" entstand 1917.

173 Recherchiere im Internet über den Autor Franz Kafka. Stelle die wichtigsten Informationen übersichtlich zusammen. Orientiere dich bei der Darstellung an den Vorgaben für Theodor Fontane (vgl. S. 24).

Lesestrategien entwickeln

Den Kern von Aussagen bestimmen

- Texte, deren Satzkonstruktionen sehr lang sind wirken unübersichtlich und sind oft schwer zu verstehen. Frage dich: Welche Information bildet den **Kern der Aussage** und welche Informationen sind (dem Anschein nach) eher nebensächlich?
- Du kannst **Hauptinformationen** bestimmen, indem du zunächst nach den **Bestandteilen des Hauptsatzes** suchst und alle Teilsätze erst einmal beiseitelässt. Bestimme also das **Prädikat** des Hauptsatzes und das zugehörige **Subjekt** sowie ggf. weitere Satzglieder (z. B. Objekte oder Adverbiale).

  Beispiel: Ein Mann, der eines Abends am Fenster sitzt und sich Gedanken darüber macht, was der Sinn seines Lebens sein könnte, vielleicht deshalb, weil er das Gefühl hat, der Ablauf des Tages sei für ihn wenig zufriedenstellend gewesen, gerät ins Träumen.

  Der Kern dieser Aussage ist: *Ein Mann gerät ins Träumen.*
- Die **anderen Informationen** darfst du natürlich nicht vernachlässigen, aber ihnen solltest du erst Beachtung schenken, **nachdem** du den Hauptsatz identifiziert hast.

174 Reduziere den ersten Satz der Erzählung „Eine kaiserliche Botschaft“ so, dass nur noch der Hauptsatz bestehen bleibt.

175 Bestimme den Hauptsatz, der den Kern des vierten Satzes bildet (Z. 7–10).

176 Welche Zusatzinformationen enthalten die Teilsätze des ersten und vierten Satzes?

Zusatzbotschaften im ersten Satz:
- *Der Erzähler hat die Geschichte von anderen gehört („so heißt es", Z. 1).* -

Zusatzbotschaften im vierten Satz:

177 Welche Vorstellung werden die Leserinnen und Leser vom Einzelnen entwickeln, wenn sie den ersten Satz lesen? Schreibe einen vollständigen Satz.

Den Text erschließen

178 Untergliedere den Text in Sinnabschnitte. Trage die Zeilennummern ein und bestimme mit wenigen Worten jeweils den Inhalt des Abschnitts.

Hinweis: Achte darauf, an welchen Stellen es eine Art Wende in der Darstellung des Geschehens gibt. Man kann dabei evtl. unterschiedlicher Meinung sein. Eine festgelegte Anzahl an Sinnabschnitten gibt es nicht.

von Z. … bis Z. …	Inhalt
1:	
2:	
3:	
4:	
5:	
6:	

179 Beschreibe mit wenigen Worten die Situation des Kaisers.

180 Wo befindet sich der Einzelne? Du musst zwei Orte nennen.

181 Der Erzähler spricht den Einzelnen mehrmals direkt an.

a Nenne das Anredepronomen, das er verwendet.

b An welchen Stellen spricht er den Einzelnen direkt an? Notiere die Zeilennummern.

c Wer ist die Person, die der Erzähler direkt anspricht? Stichworte genügen.

182 Was lässt sich über den Boten sagen? Stelle sein Verhalten in einem Satz dar.

____

____

183 Es heißt im Text: „[...] gerade Dir hat der Kaiser [...] eine Botschaft gesendet." (Z. 3 f.) Was kommt mit diesen Worten zum Ausdruck? Kreuze die passende Aussage an. Begründe deine Entscheidung anschließend.

Dass der Kaiser demjenigen, der mit Du angesprochen wird, diese Botschaft gesendet hat, ist ...

☐ richtig. ☐ wunderbar.
☐ interessant. ☐ erstaunlich.

Begründung:

____

____

____

184 Wie wichtig ist dem Kaiser die Botschaft? Begründe deine Entscheidung.

Die Botschaft ist dem Kaiser ...

☐ wichtig. ☐ unwichtig.

Begründung:

____

____

____

185 Bestimme die Erzählperspektive und begründe deine Entscheidung. Stichworte genügen.

Erzählperspektive: ______________________________

Begründung: ______________________________

____

____

186 Welches Synonym verwendet der Erzähler für …

a den Kaiser? ____________________

b den Einzelnen? ____________________

187 Welche Eigenschaften verbindet man mit den Synonymen, die der Erzähler für den Kaiser und für den Einzelnen verwendet? Stichworte genügen.

____

____

188 Der Erzähler verfügt über ein Wissen, das der Einzelne nicht hat. Was weiß er?

Der Erzähler weiß, dass ____

____

189 **a** Markiere im Text überall die Konjunktion *aber*.
Hinweis: Diese Konjunktion wird viermal verwendet.

b Mit der Konjunktion *aber* kommt ein Gegensatz zum Ausdruck. Welcher Gegensatz ist jeweils gemeint?

Die Konjunktion *aber* in Zeile:	Der Gegensatz besteht zwischen …	und …

190 Nenne alle Hindernisse, die der Bote überwinden muss. Halte dich an die im Text dargestellte Reihenfolge.

Hindernisse:
- *die Menschenmenge und die Wohnstätten der Menschen* -

191 Was tut der Bote, um die Hindernisse zu überwinden? Zähle seine Bemühungen auf.

Bemühungen des Boten:
- *Der Bote streckt abwechselnd den linken und rechten Arm vor, um sich einen Weg durch die Menge zu bahnen (vgl. Z. 11 f.).* -

192 Erkläre, warum der Einzelne gern das „herrliche Schlagen seiner [des Boten] Fäuste“ (Z. 16) an seiner Tür hören würde.

193 Im Schlusssatz heißt es: „Du aber sitzt an Deinem Fenster und erträumst sie Dir, wenn der Abend kommt." (Z. 26 f.)

a Worauf bezieht sich das Personalpronomen *sie*?

Das Personalpronomen *sie* bezieht sich auf ______________________

b Wie könnte der Traum des Einzelnen aussehen?

____

____

____

Die Sprache untersuchen

Superlative beachten

Mit dem **Superlativ** drückt man aus, dass eine Eigenschaft **herausragend** ist. Wenn du in einem Text einen Superlativ entdeckst, solltest du dir zwei Fragen stellen:

- **Wem** wird diese Eigenschaft **zugeschrieben**?
  Hinweis: Eigenschaften können sowohl Personen als auch Sachen zugeschrieben werden.
- **Was sagt es** über die Person oder Sache **aus**, der diese Eigenschaft im Superlativ zugeschrieben wird?

194 Erkläre den Sinn der folgenden Superlative aus dem Text. Orientiere dich an den beiden Fragen im Merkkasten.

a *in die fernste Ferne* (Z. 2): ______________________

____

____

____

____

b *die Gemächer des innersten Palastes* (Z. 18): ______________________

____

____

____

____

c *aus dem äußersten Tor* (Z. 23): ____________________

____

____

____

Der Konjunktiv Präteritum

- Der **Konjunktiv Präteritum** (auch **Konjunktiv II** genannt) drückt etwas aus, das nur vorstellbar, nicht aber real ist. Deshalb nennt man diesen **Modus des Verbs** auch **Irrealis**.
- **Bildung des Konjunktivs II:** Du bildest den Konjunktiv Präteritum aus der Präteritumform des Verbs, fügst die Endung -e hinzu und wandelst, wenn das möglich ist, den Stammvokal in einen Umlaut um. Im Zweifel verwendest du die Umschreibung mit *würde*. Also dann, wenn sich die Form des echten Konjunktivs nicht von der Präteritumform des Indikativs unterscheidet oder wenn diese allzu ungewöhnlich klingt.

  Beispiele: kommen – kam → käme
  sagen – sagte → sagte → würde sagen

Hinweis: Manchmal verzichtet ein Autor/eine Autorin auf die Umschreibung mit *würde*, selbst dann, wenn sich der „echte“ Konjunktiv nicht von der Präteritumform des Indikativs unterscheidet. Das ist möglich, wenn klar zu erkennen ist, dass nur der Konjunktiv gemeint sein kann, weil alle anderen Verben in diesem Abschnitt im Konjunktiv stehen.

195 In einem Abschnitt der Erzählung „Eine kaiserliche Botschaft“ wird mehrmals der Konjunktiv Präteritum verwendet (vgl. Z. 15–25).

a Schreibe alle Konjunktivformen heraus, auch die, die sich vom Indikativ nicht unterscheiden lassen.

Konjunktivformen:
- würde ... fliegen (Z. 15) -

b Kennzeichne in deiner Liste alle echten Konjunktivformen mit ✓; wandle die gemeinten Konjunktivformen in echte Konjunktivformen um.

c Erkläre, inwiefern in diesem Abschnitt etwas Unrealistisches (Irreales) zum Ausdruck kommt.

____

____

____

196 Die Form „liegt“ (Z. 24), bezogen auf die Residenzstadt, steht im Indikativ Präsens, ist aber vom Sinn her auch als Konjunktiv zu verstehen.

a Erkläre, warum das so ist.

____

____

____

____

b Überlege, was mit der Indikativform zum Ausdruck kommt.

____

____

____

____

____

____

Wiederholungen als Stilmittel

Professionelle Schreiber*innen **setzen** Wiederholungen **gezielt ein**. Sie sind dann ein **Stilmittel**, mit dem eine **Intensivierung** angestrebt wird. Was mehrmals gesagt wird, wirkt besonders drängend. Es kann sein, dass es bei Wiederholungen zu leichten Veränderungen kommt; entscheidend ist, dass eine Wortgruppe im Kern nochmals aufgegriffen und im (fast) gleichen Wortlaut wiedergegeben wird.

Beispiel: Er kommt nicht. – Er kommt immer noch nicht. – Wieso kommt er nicht? – Er kommt einfach nicht.

197 **a** Suche im Text nach Wiederholungen. Schreibe die Worte, die wiederholt werden, heraus. Vergiss nicht, in Klammern die Zeilenangaben zu notieren.

Wiederholungen:
- Botschaft (Z. 4 f., Z. 26) -

b Was erfährt durch die Wiederholungen eine besondere Bedeutung?

Richtig schreiben

Ein Semikolon verwenden

Ein Semikolon dient dazu, Teilsätze, die inhaltlich zusammengehören, vom Rest des Satzes deutlich **abzugrenzen**. Auch ein einzelner Teilsatz lässt sich durch Semikolon abtrennen. Dadurch wird dessen Aussage stärker von den übrigen Satzinformationen abgegrenzt, als dies mit einem Komma möglich wäre. Zugleich wird aber angezeigt, dass es doch einen **Zusammenhang** zwischen den Teilsätzen gibt. Du solltest dort, wo ein Semikolon steht, kurz innehalten, um dir klarzumachen: Es scheint nur so, als sei der Satz hier schon zu Ende, aber er geht doch noch weiter. Nach einem Semikolon schreibt man **klein** weiter.

Beispiel: Der Mann machte sich auf den Weg; er lief rasch und kämpfte sich durch die Menge; es fiel ihm nicht schwer, sich seinen Weg zu bahnen.

198 Es gibt einen Satz, in dem Kafka elfmal Teilsätze durch ein Semikolon voneinander abtrennt (vgl. Z. 17–25). Wie wirkt sich das auf den Sinn aus? Kreuze an, welche der folgenden Aussagen zutreffen und welche nicht.

Das Semikolon zeigt an:	trifft zu	trifft nicht zu
a Einige Handlungsschritte gehören inhaltlich zusammen.	☐	☐
b Bei dem nachfolgenden Satz handelt es sich nicht um eine völlig neue Aussage.	☐	☐
c Dem Erzähler fällt immer noch etwas Neues ein, das er unbedingt hinzufügen will.	☐	☐
d Die Darstellung wirkt monoton und langweilig.	☐	☐
e Es kommt Spannung auf.	☐	☐
f Die dargestellte Handlung wirkt endlos.	☐	☐

199 Ersetze im folgenden Satz drei Kommas durch Semikolon.

Der Mann saß am Fenster und geriet ins Träumen,
der Tag neigte sich dem Ende zu, und er war nachdenklich
geworden, er fragte sich, was der Tag ihm gebracht hatte, aber
ihm fiel nichts Besonderes ein, er hatte nur die üblichen
Routinearbeiten erledigt, und das befriedigte ihn nicht.

Einen Gedankenstrich verwenden

- Der Begriff „Gedankenstrich“ deutet schon darauf hin, wann man ihn verwendet: Die schreibende Person hält kurz **inne**, um einem Gedanken, der ihr gerade gekommen ist, nachzugehen. Nach einem Gedankenstrich schreibt man **klein** weiter.
- Ein Gedankenstrich kann **zwischen zwei Sätzen** stehen; dann wirkt er wie eine Aufforderung an die lesende Person, hier kurz eine (Gedanken-)Pause einzulegen.
- Manchmal ist ein solcher Gedanke auch in einen anderen Satz **eingeschoben**; um ihn vom Rest des Satzes abzugrenzen, setzt die schreibende Person dann zwei Gedankenstriche. Einen solchen Einschub nennt man **Parenthese**. Was in Parenthese steht, wird dadurch **stärker herausgestellt**, weil sich die grammatische Struktur dieses eingeschobenen Satzes nicht an die grammatische Struktur des umgebenden Hauptsatzes anpasst. Es ist gewissermaßen ein Satz in einem Satz.

  Beispiel: „Der Kaiser – so heißt es – hat Dir [...] eine Botschaft gesendet.“ (Z. 1 ff.)

200 Es gibt im Text noch zwei weitere Parenthesen. Notiere diese Textstellen (Zeilennummern genügen) und erkläre mit eigenen Worten, welche Gedanken hier eingefügt wurden und warum sie wichtig sind.

- Parenthese 1 (Z. ________): ____________________

- Parenthese 2 (Z. ________): ____________________

201 Vor dem letzten Satz steht ein Gedankenstrich. Beschreibe dessen Wirkung.

202 Füge die Worte in Klammern jeweils an geeigneter Stelle in Form einer Parenthese in den Satz ein oder stelle sie nach einem Gedankenstrich an den Schluss des Satzes.

a Die Großen des Reiches versammelten sich um den todkranken Kaiser und sahen ihm beim Sterben zu. *(Die Mauern waren abgetragen worden.)*

b Der Kaiser hatte noch einen Boten zu sich bestellt. *(Er wollte noch eine wichtige Botschaft überbringen lassen.)*

c Der Untertan, den die Botschaft erreichen sollte, würde sie nicht erhalten. *(Er wohnte am anderen Ende des Reiches.)*

d Der Untertan wartete vergebens auf die kaiserliche Botschaft. *(Er hoffte auf eine wichtige Information.)*

Sich schriftlich äußern

Einen Perspektivwechsel vornehmen

Du kannst einen Text kreativ umgestalten, indem du die Perspektive einer der beteiligten Figuren einnimmst und die Handlung **aus ihrer Sicht** erzählst. Dabei verwendest du die Ich-Form. Bereite dich so auf das Schreiben vor:

- Stelle zunächst die **Handlungsschritte** zusammen, die sich dem Text entnehmen lassen. Schreibe sie **stichwortartig untereinander** auf ein eigenes Blatt.
- Frage dich dann: *Was weiß diese Person – und was weiß sie nicht?* Halte ihre **Kenntnisse** ebenfalls auf dem Blatt fest.
- Überlege, welche **Gedanken** dieser Person durch den Kopf gehen und welche **Gefühle** sie bewegen könnten. Schreibe das, was dir dazu in den Sinn kommt, in einem weiteren Abschnitt auf.
- Stelle nun **Bezüge** zwischen den einzelnen Handlungsschritten und den Gedanken und Gefühlen der betreffenden Person her. Am besten kennzeichnest du das, was zusammenpasst, in deiner Liste mit dem gleichen Buchstaben.

Nun hast du eine gute **Grundlage**, um eine Geschichte aus der Perspektive einer anderen Person zu erzählen. Orientiere dich beim Schreiben an der Reihenfolge der Handlungsschritte, die du notiert hast.

203 Erzähle die Geschichte „Eine kaiserliche Botschaft" aus der Sicht des Boten (→ Heft). Überlege dir am Schluss eine **neue Überschrift** und stelle sie voran.

Hinweis: Aus der Erzählung des Boten sollte hervorgehen, dass seine Bemühungen hoffnungslos sind! Wähle in Anlehnung an das Original beim Erzählen am besten das Präsens. Für Darstellungen im Rückblick, z. B. zur Vorgeschichte am Anfang, kannst du das Perfekt verwenden.

Kapitel 8: Geisterbahn

VON FRANZ XAVER KROETZ

Das Drama „Geisterbahn" von Franz Xaver Kroetz aus dem Jahr 1975 handelt vom tragischen Schicksal der Bauerntochter Beppi – und von ihrer Sehnsucht nach einem selbstbestimmten Leben, nach Liebe und Anerkennung.

Vorgeschichte: Die Eltern halten ihre stark kurzsichtige Tochter für geistig zurückgeblieben und behandeln sie schlecht. Nur der kurz vor der Rente stehende Hilfsknecht Sepp schenkt ihr Zuwendung, und es entwickelt sich zwischen den beiden eine Liebesbeziehung. Als Beppi eines Tages schwanger wird, wollen die Eltern das ungeborene Kind erst abtreiben lassen, bringen das aber doch nicht fertig. So bekommt Beppi ihr Kind. Allerdings ist sie dieser Situation hilflos ausgeliefert, denn die Eltern haben den Knecht entlassen und in die Stadt gejagt. Als sie damit drohen, den kleinen Georg in ein Heim zu geben, reißt Beppi aus und geht mit dem Kind in die Stadt. Sie findet Sepp in einem Untermietzimmer in München …

2. Akt, 1. Szene
Im Untermietzimmer von Sepp

BEPPI: Dann bin ich hingstellt und gsagt: Wenn der Georg in ein Heim muss, bringe ich mich um. *Sie lacht und nickt.*
Pause.
SEPP: Das is es. Wenn man die Zähn zeigt, nachad kann man alles habn. Bloß traun muss sich eins.
Pause.
Das hätt ich auch viel öfter tun solln, das wär es gwesn.
Pause.
Bloß, wo ich immer der Schwächer gwesn bin – *lächelt.* Da kann man sich net wehrn, wenn man der Schwächere is.
BEPPI: Wer wagt, gewinnt!
SEPP *schaut sie an:* Des hast von mir, gell!
BEPPI *nickt.*
SEPP: Des is ein Sprichwörtl sonst nix.
BEPPI: Wer wagt, gewinnt!
SEPP *lächelt:* Jeder ist seines Glückes Schmied!
Pause.
BEPPI: Dem Tüchtigen gehört die Welt.
SEPP: Sterne reißts vom Himmel, das kleine Wort: Ich will!
Pause.

Sepp: Und?

Beppi: Wer wagt, gewinnt!

Sepp: Ham mir schon ghabt.

Beppi: Nachad?

Sepp: Selbst ist der Mann!

Beppi: Genau.

Beide lächeln.

Sepp: Wenn ich gwusst hätt, dassd kommst, hätt ich gleich eine Wohnung gnommen.

Pause.

Wohnung is es keine, bloß ein Untermietzimmer.

Beppi: Schön.

Sepp: Man muss es nur erwartn können, dann is schön.

Beppi nickt.

Sepp: Hab ich es dir gsagt oder net, dass die Zeit vergeht.

Pause.

Sepp: Das kriegn mir schon, werst es schon sehn. Dass ich net gsund bin, das is mein Pech, weil ich nimmer jung bin.

Beppi: Wo?

Sepp *fasst undeutlich über seine Brust:* Aber zehn Jahr hab ich immer noch zum Lebn, werst es schon sehn.

Pause.

Wie ich jung war, hab ich des net ghabt. *Er geht zum Kinderwagen, schaut hinein, lacht.*

Jetzt is überstandn.

Pause.

Mir sagn, dass du meine Tochter bist, wo den Vater gsund pflegt. Ebn. Verstehst, dass keine Schwierigkeit gibt, bis mir eine Wohnung ham.

Pause.

Das is schwer, eine Wohnung, wo net teuer ist. Werst schaun.

Beppi *nickt:* Und der Georg?

Pause.

Sepp: Da tun mir so, als wär er ned da.

Pause.

Werst sehn, wo er klein is, geht das.

Textsorten kennen

Das moderne Volksstück

Ein **Volksstück** ist ein **Drama**, das von den Sorgen und Nöten der „kleinen Leute" handelt. Entsprechend gehören die **Protagonisten** auch den **unteren gesellschaftlichen Schichten** an. Bühnenbild und Kostüme wirken sehr **realistisch**, und die Figuren sprechen **Dialekt**. Das verleiht dem Geschehen auf der Bühne Glaubwürdigkeit.

Besonderheiten moderner Volksstücke:

- **Die Figuren:** In modernen Volksstücken stehen oft **Außenseiter** im Mittelpunkt. Sie leiden an ihrer Chancenlosigkeit und können kein selbstbestimmtes Leben führen.
- **Problem der Sprachlosigkeit:** Die Figuren sind **nicht in der Lage**, **sich** anderen **mitzuteilen**. Ihre Sprachlosigkeit erhöht ihr Leiden zusätzlich.
- **Die Darstellung:** Sie ähnelt von der Art her dem **Naturalismus** (vgl. S. 37), denn das Elend der kleinen Leute wird beklemmend realistisch dargestellt.
- **Gesellschaftskritik:** Die verfassende Person übt **Kritik an der Gesellschaft**. Indem sie auf der Bühne das Elend der armen Leute zeigt, fordert sie damit indirekt Veränderungen, um das Los solcher Menschen zu verbessern.

204 Weise nach, dass es sich bei dem Stück „Geisterbahn" von Franz Xaver Kroetz um ein modernes Volksstück handelt. Orientiere dich an den Besonderheiten dieser Textsorte. Nimm ein → eigenes Blatt hinzu.

Die Figuren:

Den Autor kennen

Franz Xaver Kroetz (*1946)

Franz Xaver Kroetz ist ein bayerischer Schriftsteller. Er schrieb hauptsächlich Theaterstücke, daneben auch Erzählungen und Gedichte. Zeitweise war und ist er auch als Schauspieler und Regisseur tätig.

205 Recherchiere im Internet, um Informationen über den Autor Franz Xaver Kroetz zusammenzustellen. Orientiere dich bei der Darstellung an dem Beispiel von Theodor Fontane (S. 24).

Lesestrategien entwickeln

Dialoge richtig lesen

Theaterstücke bestehen praktisch nur aus **Dialogen**. Es gibt **keinen Erzähler**, der Hinweise gibt, wie die eine oder andere Äußerung einer Figur zu verstehen ist. Deshalb gibt es viele **Leerstellen** im Text, die man selbst füllen muss.

Du musst also…

- die **Motive** der einzelnen Figuren durchschauen. Frage dich jeweils: *Warum sagt die Person das jetzt? Was will sie erreichen?*
- **Regieanweisungen beachten**. Sie zeigen dir, wie die Schauspieler*innen die eine oder andere Äußerung sprechen und was sie tun sollen. Tonfall, Mimik und Gestik spielen eine wichtige Rolle bei der Deutung. Auch Pausenhinweise sagen etwas aus. Frage dich: *Was geht der Person jetzt durch den Kopf?*
- mögliche **Widersprüche klären**. Manchmal passen zwei Äußerungen einer Figur auf den ersten Blick nicht zusammen oder ihre Mimik und Gestik scheint ihren Worten zu widersprechen. Versuche, solche Widersprüche aufzulösen. Frage dich: *Warum macht die Person das? Was geht in ihr vor?*
- den **Ablauf des Gesprächs rekonstruieren**. Frage dich: *Wie reagieren die Beteiligten aufeinander – und warum?*

206 Schau dir den Beginn der Szene aus Kroetz' Stück „Geisterbahn" genau an und bearbeite dann die folgenden Aufgaben:

a Beppi erzählt Sepp am Anfang, sie habe ihren Eltern gesagt: „Wenn der Georg in ein Heim muss, bringe ich mich um." (Z. 1 f.) Überlege, warum sie ihm das erzählt.

______

______

b Schreibe die Regieanweisung, die danach folgt, heraus.

____

c Erläutere, inwiefern es zwischen ihrer Äußerung und der nachfolgenden Regieanweisung einen Widerspruch gibt und wie sich dieser erklären lässt.

____

____

d Sieh dir die Äußerungen an, mit denen Sepp darauf reagiert, und überlege, was sie über ihn verraten. Schreibe seine wahren Gedanken auf. Achte dabei auf die Regieanweisungen.

____

____

____

Den Text verstehen

207 Sepp sagt: „Das is es." (Z. 4) Was meint er damit – und was nicht? Kreuze entsprechend an.

Er meint, dass …	trifft zu	trifft nicht zu
a Beppi sich richtig verhalten hat.	☐	☐
b man sich zur Wehr setzen muss.	☐	☐
c man manchmal mit Selbstmord drohen sollte.	☐	☐
d er sich öfter wie Beppi hätte verhalten müssen.	☐	☐

208 Welche Gedanken verrät Sepp mit seinen ersten Äußerungen – und welche nicht (vgl. Z. 4–10)? Kreuze entsprechend an.

	trifft zu	trifft nicht zu
a Wer sich wehrt, kann alles erreichen.	☐	☐
b Es gehört Mut dazu, sich zu wehren.	☐	☐
c Der Schwächere verhält sich immer falsch.	☐	☐
d Ich habe mich zu oft gewehrt.	☐	☐
e Ich war immer der Schwächere.	☐	☐
f Der Schwächere kann sich nicht wehren.	☐	☐

209 Erkläre, warum Sepp lächelt (vgl. Z. 9).

210 Fülle die zweite und dritte Pause mit Inhalt. Überlege, was Sepp jeweils durch den Kopf gehen könnte.

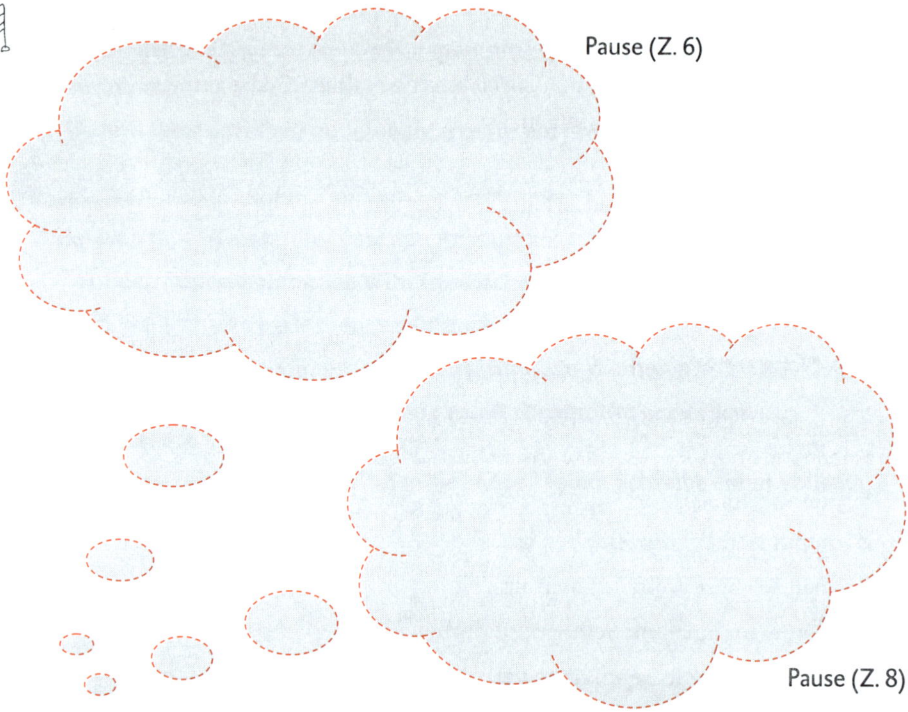

Pause (Z. 6)

Pause (Z. 8)

211 Sepp spricht mal in der Ich-Form von sich (z. B. in Z. 7), mal verwendet er das Pronomen *man* (z. B. in Z. 4 f. und Z. 9 f.). Finde eine Erklärung dafür.

212 Beppi reagiert auf Sepps Äußerungen mit dem Sprichwort „Wer wagt, gewinnt!“ (Z. 11).
Erkläre, wie sie darauf kommt.

Hinweis: Du musst zwei Erklärungen finden. Berücksichtige den Textzusammenhang.

213 Sepp sagt daraufhin: „Des is ein Sprichwörtl sonst nix.“ (Z. 14) Was bringt er damit zum Ausdruck?

214 Die zwei tauschen eine Reihe von weiteren Sprichwörtern aus. Was lässt sich daraus schließen – und was nicht? Kreuze entsprechend an.

		trifft zu	trifft nicht zu
a	Sie haben früher Sprichwörter ausgetauscht.	☐	☐
b	Beppi hat von Sepp häufig Sprichwörter gehört.	☐	☐
c	Sie konnte sich die Sprichwörter merken.	☐	☐
d	Die Sprichwörter gefallen ihr.	☐	☐
e	Sie hatten sich sonst nichts zu sagen.	☐	☐
f	Sie wollen sich gegenseitig Mut machen.	☐	☐

215 Welche Lehren bringen die folgenden Sprichwörter zum Ausdruck, die Sepp und Beppi austauschen? Ordne sie passend zu.

A Man sollte selbst zupacken und nicht auf die Hilfe anderer warten.
B Für sein Schicksal trägt jeder selbst die Verantwortung.
C Wer keine Angst hat, wird alles erreichen, was er sich wünscht.
D Wer hart arbeitet, wird überall erfolgreich sein.

Wer wagt, gewinnt!	
Jeder ist seines Glückes Schmied!	
Dem Tüchtigen gehört die Welt!	
Selbst ist der Mann!	

216 Ein Sprichwort scheint Beppi besonders zu gefallen, denn sie wiederholt es zweimal. Schreibe dieses Sprichwort heraus und finde eine Erklärung dafür, warum es ihr so gut gefallen könnte.

Sprichwort: ______________________

Mögliche Erklärung: ______________________

____

____

217 Ein Spruch fällt etwas aus der Reihe: „Sterne reißts vom Himmel, das kleine Wort: Ich will!“ Erkläre, was Sepp damit meint.

____

____

____

218 Lies dir alle Aussagen durch, die Sepp über seine Wohnverhältnisse macht (vgl. Z. 28–31, Z. 47–50). Was lässt sich daraus ableiten – und was nicht? Kreuze entsprechend an.

	trifft zu	trifft nicht zu
a Er hat damit gerechnet, dass Beppi zu ihm kommen würde.	☐	☐
b Er bedauert, dass er nicht gleich eine richtige Wohnung gemietet hat.	☐	☐

c Er möchte, dass Beppi und der kleine Georg bei ihm bleiben. ☐ ☐

d Er glaubt, dass er bald eine Wohnung finden wird. ☐ ☐

219 Beppi sagt an einer Stelle: „Schön." (Z. 32) Warum sagt sie das? Kreuze die passende Aussage an.

Sie möchte Sepp sagen, dass …

- ☐ sie das Untermietzimmer schön findet.
- ☐ er sich keine Gedanken um das Wohnen machen soll.
- ☐ sie sich auf eine gemeinsame Wohnung freut.
- ☐ sie Sepp für seine Unterstützung dankbar ist.

220 Abgesehen von den beengten Wohnverhältnissen deuten sich noch zwei weitere Probleme an. Welche? Formuliere zwei vollständige Sätze.

____

____

____

____

221 Sepp will den Vermieter anlügen, um keine Schwierigkeiten zu bekommen.

a Welche Lüge will er ihm erzählen? Schreibe einen Antwortsatz.

____

____

b Was zeigt er mit dieser Lüge? Kreuze die richtige Aussage an.

- ☐ Der Altersunterschied zwischen Beppi und ihm ist groß.
- ☐ Er befindet sich in einer ernsthaften Notlage.
- ☐ Er hat gegenüber dem Vermieter ein schlechtes Gewissen.
- ☐ Er freut sich darüber, dass Beppi ihm beisteht.

222 Erkläre, warum Sepp so tun will, als wäre der kleine Georg „ned da" (Z. 53).

____

____

223 Nimm begründet Stellung zu der folgenden Frage: Ist Beppi vom Autor so dargestellt, als wäre sie geistig behindert?

Hinweis: Bedenke, dass ihre Eltern das von ihr denken.

Die Sprache untersuchen

Dialekt

- Ein **Dialekt** wird in bestimmten **Regionen** benutzt, z. B. in Bayern, Sachsen, Baden-Württemberg oder Hessen. Unter den Sprechenden erzeugt er ein Gefühl der Vertrautheit und der Verbundenheit mit ihrer Heimat.
- Von der Standardsprache kann sich ein Dialekt in verschiedener Hinsicht unterscheiden, und zwar in Bezug auf …
  - die **Aussprache** (z. B. *Angscht* statt *Angst* oder *mia* statt *wir*),
  - die Verwendung **abweichender Ausdrücke** (z. B. *Semmeln* oder *Wecken* statt *Brötchen*),
  - einzelne **Verkürzungen** (z. B. *nei* statt *hinein*),
  - Abweichungen von Regeln der **Grammatik** (z. B. *des Pferd, wo rennt* statt *das Pferd, das rennt*).

224 Übersetze die bayerischen Ausdrücke und Formulierungen aus dem Stück „Geisterbahn“ in korrektes Hochdeutsch.

Dann bin ich hingstellt und gsagt: […] (Z. 1)	
Wenn man die Zähn zeigt, nachad kann man alles habn. (Z. 4)	
Da kann man sich net wehrn […]. (Z. 9 f.)	
Ham mir schon ghabt. (Z. 23)	

225 Beppi spricht am Anfang der Szene einen ganzen Satz auf Hochdeutsch.

a Schreibe diesen Satz heraus.

b Überlege, was das über sie aussagt.

226 Angenommen, das Stück wäre durchgängig auf Hochdeutsch geschrieben: Was würde das an der Stimmung ändern, die darin zum Ausdruck kommt?

Konditionalsätze formulieren

- Mit einem **Konditionalsatz (Bedingungssatz)** bringt man zum Ausdruck, dass eine Handlung nur dann erfolgt, wenn eine bestimmte **Bedingung** erfüllt ist. Um anzuzeigen, dass man von einer Bedingung spricht, verwendet man die Konjunktionen **wenn**, **falls** oder **sofern**. Am häufigsten kommt die Konjunktion *wenn* in Konjunktionalsätzen vor.

  Beispiel: Sepp kann nur dann eine Wohnung mieten, wenn sein Einkommen dafür reicht.

- Man unterscheidet **reale Bedingungen** und **irreale Bedingungen**. Eine reale Bedingung liegt vor, wenn man davon ausgeht, dass sie eingehalten werden kann. Von einer irrealen Bedingung spricht man, wenn klar ist, dass sie nicht erfüllbar ist.
- Reale Bedingungen, die sich erfüllen können, bringt man im **Indikativ Präsens** zum Ausdruck.

  Beispiel: Wenn ich Zeit habe, komme ich (*oder:* werde ich kommen).
  → Reale Bedingung: Indikativ Präsens

- Sätze, die **irreale Bedingungen** nennen, stehen im **Konjunktiv Präteritum** oder im **Konjunktiv Plusquamperfekt**.

  Beispiele: Wenn ich Zeit hätte, würde ich kommen (*oder:* käme ich.)
  → Irreale Bedingung: Konjunktiv Präteritum
  Wenn ich Zeit gehabt hätte, wäre ich gekommen.
  → Irreale Bedingung: Konjunktiv Plusquamperfekt (bei Vorzeitigkeit)

227 In der Szene aus dem Stück „Geisterbahn" gibt es vier Konditionalsätze. Schreibe sie heraus und ordne sie der richtigen Figur zu (Beppi oder Sepp?). Bestimme sie dann näher (real oder irreal?).

	Beppi	Sepp	real	irreal

228 Eine Äußerung Sepps ließe sich in Form eines Konditionalsatzes ausdrücken. Formuliere sie entsprechend um.

„Man muss es nur erwartn können, dann is schön.“ (Z. 33)

Aktives Zuhören

Jedes Gespräch dient dem Informationsaustausch. Wer sich mit einer anderen Person unterhält, möchte ihr etwas mitteilen, und er erwartet, dass sein Gegenüber auf das reagiert, was er sagt. Nur wenn ein Gespräch in diesem Sinne ein Geben und Nehmen ist, kann man von einer **gelungenen Kommunikation** sprechen. Wer sich in diesem Sinne auf die Äußerungen eines anderen einstellt, praktiziert **aktives Zuhören**.

Es gibt verschiedene Möglichkeiten, aktiv zuzuhören:

- Man zeigt dem anderen seine **Zuwendung**. Wichtig ist z. B., dass man mit ihm Blickkontakt hält und ihm zeigt, dass man sich auf ihn konzentriert. (Man lässt sich nicht ablenken, etwa dadurch, dass man zwischendurch auf sein Smartphone schaut.)
- Man erteilt seinem Gegenüber ab und zu ein **Feedback**. Das bedeutet: Man prüft, ob man das, was der Gesprächspartner gesagt hat, richtig verstanden hat. Das kann man tun, indem man mit eigenen Worten wiederholt, was man von ihm gehört hat. So kann man sein eigenes Verständnis von den Aussagen des anderen bestätigen oder korrigieren.
- Man stellt **Nachfragen**. Das bietet sich dann an, wenn man den Eindruck hat, der andere könnte noch nicht alles gesagt haben, was ihm wichtig ist.
- Man lässt seinen Gesprächspartner **aussprechen**. Auch wenn man meint, er würde sich allzu umständlich äußern, unterbricht man ihn nicht.
- Man wird **nicht ungeduldig**, wenn der andere zwischendurch eine Pause einlegt, sondern lässt ihm Zeit zum Nachdenken.
- Man **hält** die eigene **Meinung zurück**. (Es geht nicht darum, den anderen zu belehren, sondern darum, ihn zu verstehen.)

229 Untersuche den Dialog zwischen Beppi und Sepp. Lässt sich sagen, dass die beiden aktives Zuhören praktizieren? Beziehe dich zum einen auf ihre Äußerungen und ihr Verhalten, zum anderen auf die Merkmale aktiven Zuhörens.

Richtig schreiben

Den Apostroph richtig verwenden

- Der Apostroph wird oft falsch verwendet. Es handelt sich dabei um ein reines **Auslassungszeichen**; Grenzen zwischen einem Wort und der Endung *-s* werden dadurch nicht angezeigt. Man schreibt also „Uwes Vater" und nicht „Uwe's Vater".
- Auch die Endung *-s* bei **Pluralformen** wird nicht durch Apostroph abgetrennt. Es heißt deshalb *Jeans* und *Autos* (nicht *Jean's* oder *Auto's*!). Das gilt auch für die Pluralformen von Abkürzungen (*CDs* – nicht *CD's*).
- Wenn die Endung *-s* **Bestandteil eines Wortes** ist, wird sie nicht durch Apostroph abgetrennt. Richtig ist z. B. *vorwärts* (nicht *vorwärt's*).
- Bei Verschmelzungen von **Präpositionen mit einem bestimmtem Artikel** setzt man ebenfalls **keinen** Apostroph (*für das* → *fürs* – nicht *für's*, *bei dem* → *beim* – nicht *bei'm*!).

Grundsätzlich wird der Apostroph nur in diesen Fällen gesetzt:

- Man zeigt den **Wegfall des Buchstabens *e*** bei dem Pronomen ***es*** an (z. B.: *Geht's dir gut?* – für: *Geht es dir gut?*).
- Man kennzeichnet **Auslassungen im Wortinnern** (z. B.: *Ku'damm* statt *Kurfürstendamm*).
- Genitivformen von **Eigennamen**, die auf ***s, ß, x* oder *z*** enden, erhalten am Schluss einen Apostroph. Da man das Genitiv-s am Wortende in diesen Fällen nicht aussprechen könnte, lässt man es weg und kennzeichnet die Auslassung mit einem Apostroph (z. B.: *Max' Vater, Lukas' Auto*).

Verkürzungen in der **Umgangssprache** können im Schriftlichen auch durch Apostroph angezeigt werden (z. B.: *Willst du noch 'n Schluck trinken?* statt: *Willst du noch einen Schluck trinken?*).

230 Nenne jeweils drei weitere Beispiele für die korrekte Verwendung eines Apostrophs.

- Wegfall des Buchstabens *e* beim Pronomen *es*: ______________________
  ____
- Auslassungen im Wortinneren: ______________________
  ____
- Genitiv bei Eigennamen mit s, ß, x oder z am Ende: ______________________
  ____

231 Schreibe aus der Dramenszene die ersten fünf Sätze heraus, in denen Wörter umgangssprachlich verkürzt sind; kennzeichne die Verkürzungen mit Apostroph.

____
____
____
____
____
____

232 Ist der Apostroph in den folgenden Wörtern richtig oder falsch? Kennzeichne korrekt geschriebene Wörter mit ✓ und korrigiere falsch geschriebene Wörter.

Bitte nicht rückwärt's einparken!	
Ich hab's dir doch gesagt.	
Wenn's weiter nichts ist.	
Sie hat sich immer um's Kind gekümmert.	
Der Fahrer des Pkw's konnte ausfindig gemacht werden.	
Schaltet bitte eure Handy's aus!	
Franz Xaver Kroetz' Theaterstücke lösten manchen Skandal aus.	
Lassen Sie mich's wissen, wann Sie zurück sind.	

Sich schriftlich äußern

Den Inhalt einer Dramenszene zusammenfassen

Wenn man den Inhalt einer Dramenszene zusammenfasst, geht man prinzipiell genauso vor wie bei Zusammenfassungen von Auszügen aus anderen literarischen Texten:

- In der **Einleitung** formuliert man zuerst einen **Basissatz** mit diesen Informationen: **Titel**, **Textsorte**, **Name des Autors**, **Entstehungszeit** (soweit bekannt) und **Thema** des ganzen Dramas. Danach wird die Szene kurz **in den Kontext eingeordnet:** Man nennt die Nummer von Szene und Akt und zeigt mit wenigen Worten auf, in welchem Moment der Gesamthandlung die Szene spielt. Danach gibt man einen groben Überblick über das, was in dieser Szene geschieht. Indirekt beantwortet man diese W-Fragen: ***Wo** spielt die Szene? **Wann** spielt sie? **Wer** ist beteiligt? **Was** läuft zwischen den Figuren ab?*
- Im **Hauptteil** stellt man den **Ablauf** des Geschehens **genauer** dar: Jetzt erst geht man auf **Einzelheiten** ein. Dabei orientiert man sich an der Reihenfolge, die sich aus den Äußerungen der Figuren und aus ihrem Verhalten ergibt. Man sollte alles, was in der Szene gesagt wird, in **indirekter Rede** (Konjunktiv I) wiedergeben, damit der Berichtsstil gewahrt bleibt.
- Am **Schluss** zieht man eine Art **Fazit**, indem man erklärt, was in dieser Szene deutlich wird, z. B. über die Beziehung der Personen zueinander und über ihre Situation.

Hinweis: Bedenke, dass man praktisch nur erfährt, was die Personen sagen. Man muss deshalb verstehen, wie ihre Äußerungen gemeint sind: als Zustimmung, als Widerspruch, als Eingeständnis? Was eine Figur mit einer Äußerung zum Ausdruck bringt, muss man entsprechend darstellen, z. B. so: *räumt ein – stimmt zu – widerspricht – gibt zu bedenken* o. Ä.

233 Fasse den Inhalt der ersten Szene aus dem zweiten Akt des Dramas „Geisterbahn" von Franz Xaver Kroetz zusammen. Schreibe nicht mehr als 500 Wörter (→ Heft).

- Formuliere in der Einleitung einen Basissatz und benenne das Thema.
- Ordne die Szene zunächst in den Gesamtzusammenhang der Handlung ein. Berücksichtige dabei die Vorbemerkungen.
- Fasse die Handlung, die sich in der Szene abspielt, anschließend knapp zusammen.
- Stelle im Hauptteil den Ablauf des Gesprächs im Einzelnen dar und deute ausgewählte Äußerungen, die die Figuren miteinander wechseln.
- Formuliere am Schluss ein Fazit.

Kapitel 9: Über korrekte Wortwahl

Von Harald Martenstein

Ich habe zufällig in einem Buch geblättert, mit dem junge Schweizer sich auf die Abschlussprüfung in der Realschule vorbereiten. Dabei habe ich festgestellt, dass politische Korrektheit bereits Schulstoff ist, zumindest in der Schweiz. Eine Aufgabe lautete: „Streiche die politisch unkorrekten Wörter!" Zur Auswahl standen: „Trinker, dumm, nicht motiviert, dick, zum Kotzen, Zigeuner, Hure, gestorben, Invalide".

Ich hätte da, als Prüfer, lieber einen richtigen Satz daraus gemacht, das ist realitätsnäher und macht den Kindern mehr Spaß. Übersetze folgenden Satz in ein politisch korrektes Deutsch: „Zu dumm, dass der dicke Trinker ein Invalide ist, die ohnehin nicht motivierte Hure findet das zum Kotzen, aber er ist dann zum Glück rechtzeitig an seinem Zigeunerschnitzel erstickt und gestorben." [...]

Ich konnte die Aufgabe nicht lösen. Ich denke mal, „gestorben" und „nicht motiviert" sind korrekt. „Dick", „dumm", „Zigeuner" und „Hure" halte ich für eindeutig unkorrekt. Bei „Trinker" und „Invalide" weiß ich nicht so recht. Vielleicht sagt man „Alkoholkranker". Aber zu einem leidenschaftlichen Spezitrinker kann man doch nicht einfach so „du Spezikranker“ sagen. Das würde diesen Menschen verletzen. Ein Invalide ist einer, der wegen einer Kriegsverletzung behindert ist, oder? Find ich okay, als Wort, außer dass alle Invalidinnen dabei natürlich ausgeschlossen werden. Vielleicht ist „Invalide“ sexistisch. Aber bei „zum Kotzen“ war ich ratlos. Klar, ein derber Ausdruck, umgangssprachlich, aber politisch gesehen vermutlich korrekt. Es ist immerhin geschlechtsneutral. Die Kotzenden, wenn ich das mal so sagen darf, das Wort ist immerhin Schulstoff, die Kotzenden also sind ja auch keine fest umrissene Gruppe, die beleidigt sein könnte, wie etwa die Dummen. Sich erbrechen, das tut man meistens situativ. Schon eine halbe Stunde später trinkt so mancher ein Spezi. Ein Dummer dagegen ist eine halbe Stunde später immer noch genauso dumm.

Worum es mir anfangs ein bisschen leidgetan hat: das deutsche Palindrom. Bei einem Palindrom handelt es sich um eine Zeichenfolge, die von vorne und von hinten gelesen das Gleiche ergibt, etwa das Wort „Anna“. Satzpalindrome sind zum Beispiel die ökologische Parole „Leo, spar Rapsoel!“, das multikulturelle „Risotto, Sir!“ oder das zum bewussten Umgang mit Wasser aufrufende „Tunk nie ein Knie ein, Knut!“. Ich habe mal gehört, das längste noch halbwegs sinnvolle deutsche Satzpalindrom habe 32 Buchstaben, ohne Leerräume. Es heiße so: „Ein Neger mit Gazelle zagt im Regen nie.“ Das geht natürlich überhaupt nicht mehr. Aber ich habe herausgefunden, dass man jetzt ein politisch korrektes neues Palindrom gefunden hat, das exakt genauso lang ist, 32 Zeichen, und sogar einen Beitrag zur Verkehrserziehung leistet. Es heißt „Trug Tim eine so helle Hose nie mit Gurt?“.

Im Kampf gegen Steuersünder gelten sonderbarerweise diese Regeln noch nicht. Warum redet man ständig von „Schwarzgeld“? Das ist doch weiß Gott kein afrikanisches Phänomen. Das Wort „Steueroasen“ macht ausgerechnet die Menschen in der bitterarmen Sahelzone haftbar für Verbrechen, mit denen sie nichts zu tun haben. Und das Wort „Steuerflucht“ verharmlost zweifellos in gewisser Weise das Leid der echten Flüchtlinge. Sensibilität kommt bei uns immer nur selektiv zum Einsatz, wobei ich über das Wort „selektiv“ vielleicht noch nicht lange genug nachgedacht habe.

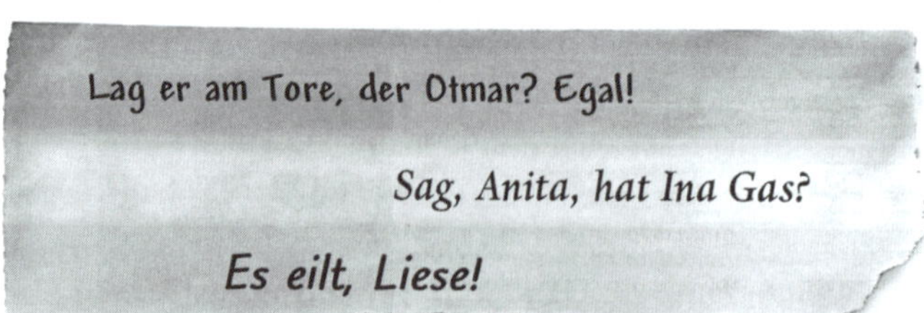

Textsorten kennen

Die Glosse

In einer Glosse äußert sich die verfassende Person **kritisch** zu einem gesellschaftlichen **Missstand**, und zwar auf **humorvolle Weise**. Oft greift sie einen aktuellen Anlass auf, um sich grundsätzlich über eine Unsitte o. Ä. lustig zu machen. Glossen gehören zu den **satirischen Texten**. Während eine „richtige" Satire aber jede Form annehmen kann, auch die eines literarischen Textes (z. B. die eines Dramas), handelt es sich bei einer Glosse stets um einen kurzen journalistischen Text.

Merkmale einer Glosse

- Die **Missstände**, um die es in einer Glosse geht, sind meist **harmlos**; sie können sich z. B. auf das Fehlverhalten einer bestimmten Gruppe oder auf einen neuen Trend beziehen.
- Die Darstellung ist **ironisch** und zeichnet sich insbesondere durch **Übertreibungen** aus.
- In der Regel verwendet der Verfasser/die Verfasserin eine **Sprache**, die etwas **salopp** klingt. Beispielsweise benutzt er/sie hin und wieder Ausdrücke, die man sonst nur aus der **Umgangssprache** kennt. Insofern wirkt eine Glosse fast so, als würde sie mündlich vorgetragen.
- Eine Glosse endet in der Regel mit einer **Pointe**, d. h., es gibt zum Schluss einen Überraschungseffekt.

234 Woran übt Harald Martenstein in seiner Glosse „Über korrekte Wortwahl" Kritik – und woran nicht? Kreuze entsprechend an.

Martenstein kritisiert …	trifft zu	trifft nicht zu
a Menschen, die sich nicht korrekt ausdrücken können.	☐	☐
b das Bemühen darum, sich politisch korrekt auszudrücken.	☐	☐
c den unkritischen Umgang mit Ausdrücken, die als politisch korrekt gelten.	☐	☐
d Aufgaben, die Schweizer Realschüler*innen lösen sollen.	☐	☐

235 Worüber macht sich der Verfasser lustig? Kreuze die passende Aussage an.

Er macht sich lustig über ...

- ☐ Wörter, die Schweizer Realschülerinnen und -schülern in der Abschlussprüfung vorgelegt wurden.
- ☐ Aufgaben, die Schweizer Realschüler*innen in ihrer Abschlussprüfung lösen mussten.
- ☐ seine Unfähigkeit, diese Aufgaben aus der Abschlussprüfung selbst lösen zu können.
- ☐ Menschen, die immer viel Wert darauf legen, sich politisch korrekt auszudrücken.

236 Was genau wirkt in dem Text übertrieben? Versuche zu erklären.

237 Nenne zwei umgangssprachliche Formulierungen aus dem Text.

238 Weise nach, dass der Text mit einer Pointe endet.

Lesestrategien entwickeln

Wortbedeutungen aus dem Textzusammenhang erschließen
Du wirst beim Lesen eines Textes immer wieder auf Wörter stoßen, deren Bedeutung du nicht (oder nur ungefähr) kennst. Oft kannst du die Bedeutung aber aus dem Textzusammenhang erschließen:

- Lies den **Satz, in dem dieses Wort steht**, noch einmal ganz genau. Bestimme die Wortart (Nomen? Adjektiv? Verb?).
- Suche im **vorangehenden Satz** nach einem Hinweis auf die Bedeutung des Wortes.
- Wenn du dort nicht fündig wirst, schaust du dir den **nachfolgenden Satz** an, um einen entsprechenden Hinweis zu finden.
- Hin und wieder musst du auch die **gesamten Textinformationen** zurate ziehen.

Wenn das alles nicht hilft, greifst du zu einem Lexikon oder recherchierst im Internet.

239 Erschließe die Bedeutung der folgenden Wörter.

a Satzpalindrom (Z. 31): ______________________________

____

____

____

b Steueroase (Z. 43): ______________________________

____

____

____

c Sahelzone (Z. 44): ______________________________

____

____

____

d selektiv (Z. 47): ______________________________

____

____

____

Den Text erschließen

240 Was nimmt der Verfasser zum Anlass, um sich mit dem Thema „politische Korrektheit“ zu befassen?

____

____

____

241 Der Verfasser sagt, dass „politische Korrektheit bereits Schulstoff ist, zumindest in der Schweiz“ (Z. 3 f.). Was lässt sich daraus schließen und was nicht? Kreuze entsprechend an.

		trifft zu	trifft nicht zu
a	In der Schweiz ist politische Korrektheit schon ein Thema.	☐	☐
b	Über politische Korrektheit wird in Deutschland noch nicht gesprochen.	☐	☐
c	Der Verfasser ist überrascht über die Aufgaben, die Schweizer Realschüler*innen lösen müssen.	☐	☐
d	Er begrüßt es, dass sich Schweizer Realschüler*innen mit politischer Korrektheit befassen sollen.	☐	☐

242 Der Verfasser sagt: „Ich konnte die Aufgabe nicht lösen.“ (Z. 13) Wie ist das zu verstehen? Kreuze die passende Aussage an.

☐ Er gibt ehrlich zu, dass die Aufgabe für ihn zu schwierig ist.
☐ Er meint, dass die Aufgabe gar nicht lösbar ist.
☐ Er glaubt, dass die Schüler*innen mit Abschlussprüfungen überfordert sind.

243 Einige Wörter aus der Liste hält der Verfasser für politisch korrekt, einige nicht und bei manchen ist er nicht sicher. Trage die Wörter passend in die Tabelle ein.

politisch korrekt	politisch unkorrekt	unklar

244 Der Verfasser sagt, er hielte es für besser, aus den einzelnen Wörtern einen Satz zu konstruieren. Welche beiden Gründe führt er dafür an?

▶ ______________________________

____

▶ ______________________________

____

245 Nenne einen weiteren Grund, der dafür spricht, die Wörter im Textzusammenhang zu präsentieren.

____

____

____

246 Erkläre den Sinn der folgenden Textstelle: „Find ich okay, als Wort […].“ (Z. 19)

____

____

____

____

____

247 „Vielleicht sagt man ‚Alkoholkranker‘.“ (Z. 16) Was kommt mit diesem Satz zum Ausdruck – und was nicht? Kreuze an.

		trifft zu	trifft nicht zu
a	Der Verfasser ist sich nicht ganz sicher.	☐	☐
b	Wer Alkohol trinkt, ist vielleicht krank.	☐	☐
c	Es gibt verschiedene Bezeichnungen für Alkoholiker.	☐	☐
d	Er weiß nicht, wie man angemessen über Alkoholiker spricht.	☐	☐
e	Das Wort „Trinker“ ist wohl politisch nicht korrekt.	☐	☐

248 Wie begründet der Verfasser seine Schwierigkeiten bei der Zuordnung des Ausdrucks „zum Kotzen“ (Z. 21)? Kreuze entsprechend an.

Der Ausdruck …

		trifft zu	trifft nicht zu
a	ist umgangssprachlich.	☐	☐
b	grenzt niemanden aus.	☐	☐
c	bezieht sich auf eine vorübergehende Situation.	☐	☐
d	steht in einem Übungsbuch für Schüler.	☐	☐
e	betrifft eine feste Gruppe.	☐	☐

249 Der Verfasser sagt, es habe ihm um das deutsche Palindrom „anfangs ein bisschen leidgetan“ (Z. 29).

a Unterstreiche das Palindrom, das er hier meint.

b Was ist das Besondere an **einem** Palindrom?

____

____

c Was ist das Besondere an **diesem** Palindrom?

____

____

d Warum sollte man dieses Palindrom nicht mehr verwenden?

Man sollte es nicht mehr verwenden, weil ______________________

____

____

____

250 Womit tröstet sich der Verfasser? Kreuze die passende Aussage an.

☐ Der Verfasser hat das Interesse an Palindromen verloren.

☐ Palindrome sind aus der Mode gekommen.

☐ Der Verfasser hat für sich ein neues Hobby entdeckt.

☐ Er ist inzwischen auf ein anderes Palindrom gestoßen.

251 Die Überschrift des Textes lautet „Über korrekte Wortwahl" – Was will der Verfasser über das Thema mitteilen? Kreuze die passende Aussage an.

(Politisch) Korrekte Wortwahl ist …

- ☐ überflüssig.
- ☐ sinnlos.
- ☐ schwierig.
- ☐ unmöglich.

Die Sprache untersuchen

Politische Korrektheit

Eine Sprache ist dann **politisch korrekt**, wenn die sprechende Person sich so ausdrückt, dass sich niemand diskriminiert fühlen kann.

Wer sich politisch korrekt ausdrückt, …

- **vermeidet Wörter**, durch die sich jemand **verletzt** fühlen könnte, weil damit **negative Vorstellungen** verbunden sind.
  Beispiel: Er spricht nicht von *Zigeunern*, sondern von *Sinti und Roma*.
- achtet darauf, **niemanden auszugrenzen**, indem er ihn „wie Luft behandelt", ihn also nicht **ausdrücklich erwähnt**. Diese Art von Ausgrenzung bezieht sich vor allem auf Angehörige des weiblichen Geschlechts.
  Beispiel: Politisch korrekt nennt ein Redner bzw. eine Rednerin immer beide Geschlechter: *Liebe Zuhörerinnen und Zuhörer …*

252 Überprüfe, ob der folgende Satz politisch korrekt ist:
Für die Kosten der Energiewende muss der Verbraucher aufkommen.
Begründe deine Meinung.

Probleme mit politisch korrekter Sprache

Das Bemühen, sich immer politisch korrekt auszudrücken, kann **Probleme** mit sich bringen:

- Politisch korrekte Sprache wirkt manchmal **ungenau**. Der Grund: Es kommt zu **Euphemismen** (Beschönigungen), und dadurch wird das, was gemeint ist, verschleiert.
  Beispiel: „einkommensschwach" statt „arm"
- Sie ist oft **umständlich**.
  Beispiel: An die Stelle von einfachen Berufsbezeichnungen, z. B. *Arzthelferin*, treten kompliziertere Ausdrücke, z. B. *medizinische Fachangestellte.*
- Sie klingt **unbeholfen** und **sperrig**, weil sie viele **Wiederholungen** mit sich bringt.
  Beispiel: Statt von *Schülern* und *Lehrern* zu sprechen, muss man immer beide Geschlechter nennen: *Schülerinnen und Schüler* sowie *Lehrerinnen und Lehrer.*
- Sie bleibt **folgenlos**, wenn sie sich nicht auf das Denken und Handeln der Menschen auswirkt.
  Beispiel: Was nützt es, wenn **Hausbesitzer*innen** korrekt von *Sinti und Roma* sprechen, aber nicht bereit sind, Angehörigen dieser Volksgruppe eine Wohnung zu vermieten?

253 a Wogegen richtet sich Martensteins Kritik **nicht**? Kreuze die richtige Aussage an.

Seine Kritik richtet sich **nicht** dagegen, dass politisch korrekte Sprache oft …

- [ ] ungenau ist.
- [ ] umständlich wirkt.
- [ ] unbeholfen und sperrig klingt.
- [ ] folgenlos bleibt.

b Welches der vier Probleme mit korrekter Sprache hältst du für das entscheidende? Begründe deine Meinung.

____

____

____

____

____

____

____

Sprachvarietäten unterscheiden

Das Deutsch, das wir kennen, ist nicht überall gleich. Wir unterscheiden z. B. **Standardsprache** und **Umgangssprache**. Daneben gibt es noch weitere **Sprachvarietäten**, z. B. **Fachsprache**, **Dialekt** oder **Jugendsprache**.

- **Standardsprache:** Das ist die Sprache, die den allgemein anerkannten Regeln folgt, insbesondere in Bezug auf die Grammatik. Sie wird überwiegend in schriftlichen Texten verwendet. Die Standardsprache gilt als korrekt und gehoben und wird in ganz Deutschland verstanden.
- **Umgangssprache:** Das ist die Sprache des Alltags. Sie wird überwiegend in mündlichen Gesprächen verwendet. Aufgrund typischer Merkmale (vgl. S. 31) klingt sie lässig und salopp.
- **Jugendsprache:** Sie wird von Jugendlichen gesprochen, wenn sie unter sich sind. Dabei verwenden sie bestimmte Ausdrücke, die von Erwachsenen nicht immer verstanden werden. Das gibt ihnen ein Gefühl der Zusammengehörigkeit. Zugleich grenzen sie sich dadurch von Erwachsenen ab.

254 Werte den Merkkasten über Sprachvarietäten aus. Trage die besonderen Merkmale von Standardsprache, Umgangssprache und Jugendsprache übersichtlich in der Tabelle ein (Stichworte).

Standardsprache	Umgangssprache	Jugendsprache

255 In der Glosse „Über korrekte Wortwahl“ gibt es einige Textstellen, die umgangssprachlich klingen. Schreibe zwei solcher Textstellen heraus und übertrage sie ins Standarddeutsch.

Sprachwandel

Sprache wandelt sich im Laufe der Zeit. Dafür gibt es vor allem folgende Gründe:

- **Die Welt ändert sich** – und mit ihr die Sprache. **Neue Dinge** kommen hinzu – und mit ihnen **neue Bezeichnungen, andere Dinge verschwinden** – und **ihre Bezeichnungen geraten in Vergessenheit**.
  Beispiel: Früher gab es Kassettenrecorder, und beim Abspielen der Kassetten entstand manchmal *Bandsalat*. Dieses Wort wird heute nicht mehr benutzt.
- **Fremdwörter erweitern den Wortschatz.** Früher drangen zunächst viele Fremdwörter aus dem **Lateinischen** in die deutsche Sprache ein, später wurden viele Wörter aus dem **Französischen** übernommen. Heute fließen vor allem **Anglizismen**, also Wörter aus dem englischen Sprachraum, ins Deutsche ein.
  Beispiele: *Fenster* (von lat. *fenestra*), *Allee* (aus dem Französischen), *surfen, chatten, Laptop* (aus dem Englischen)
- **Die Sprechenden verändern ihre Sprache.** Es gibt eine **Neigung zur Vereinfachung**, z. B. bei Verbformen: Mehrere Verben, die früher unregelmäßig waren, werden heute regelmäßig konjugiert.
  Beispiel: Früher *frug* (heute *fragte*) man jemanden, wenn man etwas nicht wusste.
- **Es gibt Versuche der Sprachlenkung.** Das betrifft z. B. das Bemühen um politisch **korrekte Sprache**. Dadurch haben sich einige Bezeichnungen geändert.
  Beispiel: Man sagt heute nicht mehr *Sonderschule*, sondern *Förderschule*.
- **Die Rechtschreibung ändert sich.** In früheren Jahrhunderten gab es in Deutschland keine einheitliche Rechtschreibung. Vereinheitlicht wurde sie erstmals im Jahr 1901. 1996 wurde die Rechtschreibung ein zweites Mal reformiert und ist seit 2007 in Schulen und Behörden verbindlich.
  Beispiel: Im 18. Jahrhundert schrieb man *bey* statt *bei* und *Thor* statt *Tor*.

256 Welche der folgenden Verben werden heute meist regelmäßig konjugiert? Markiere sie mit **!** und schreibe die regelmäßigen Formen daneben.

schnauben, schnob, geschnoben	
liegen, lag, gelegen	
saugen, sog, gesogen	
wenden, wandte, gewandt	
treten, trat, getreten	
waschen, wusch, gewaschen	
bleichen, blich, geblichen	

257 Übertrage die folgende Fabel von Martin Luther in ein modernes Deutsch (→ Heft). Korrigiere auch Rechtschreibung und Zeichensetzung.

Vom Raben vnd Fuchse

Ein Rab hatte einen Kese gestolen / vnd satzte sich auff einen hohen Baum / vnd wolte zeren / Als er aber seiner art nach nicht schweigen kan / wenn er isset / höret jn ein Fuchs vber dem Kese kecken[1] / vnd lieff zu / vnd sprach / O Rab / nu hab ich mein lebtag nicht schöner Vogel gesehen / von Feddern vnd Gestalt / denn du bist. Vnd wenn du auch so eine schöne Stimme hettest zu singen / so solt man dich zum Könige krönen / vber alle Vögel. Den Raben kützelt solch Lob vnd Schmeicheln / fing an / wolt sein schönen Gesang hören lasse / vnd als er den Schnabel aufffthe / empfiel im der Kese / den nam der Fuchs behen / fras jn / vnd lachet des thörichten Rabens.

1 *kecken:* gemeint: beim Essen Geräusche von sich geben (schmatzen)

Ironie verstehen

Mithilfe von Ironie übt man auf humorvolle Art Kritik an etwas. Dabei geht die sprechende Person so vor:

- Sie sagt das **Gegenteil** von dem, was sie meint.
- Sie benutzt **Übertreibungen** (evtl. auch **Untertreibungen**).
- Sie signalisiert mit **Tonfall** und **Mimik**, dass ihre Worte nicht ernst gemeint sind.

Beispiel: Du bist heute ja sehr gesprächig. *(Dabei grinst der Sprecher. In Wirklichkeit meint er:* Du bist heute aber sehr schweigsam!)

Ironie in schriftlichen Texten zu verstehen, ist nicht immer einfach, weil man die Schreibenden weder sieht noch hört. Es gibt aber sogenannte **Ironie-Signale:** Immer dann, wenn etwas **nicht so recht zusammenzupassen scheint**, muss man wachsam sein und sich fragen, ob das wirklich ernst gemeint sein kann. Achte auf **Widersprüche** in einem Text, um Ironie zu erkennen.

Beispiel: „Vielleicht ist ‚Invalide' sexistisch." (Z. 20)
Invalide zu sein, ist niemals erstrebenswert. Weshalb sollte sich eine Invalidin, die nicht eigens genannt wird, „ausgeschlossen" und damit ungerecht behandelt fühlen? Das zeigt, dass der Verfasser die Vermutung, das Wort „Invalide" sei vielleicht politisch unkorrekt, nur ironisch gemeint haben kann.

258 Suche in der Glosse nach einer weiteren Textstelle, die nur ironisch gemeint sein kann. Schreibe sie heraus und erkläre, worin der Widerspruch besteht.

Richtig schreiben

Fremdwörter richtig schreiben

Es gibt einige Fremdwörter, deren Schreibweise vielen Deutschen schwerfällt. Dafür gibt es verschiedene Gründe:

- Wörter, die ursprünglich aus anderen Sprachen stammen, werden oft anders ausgesprochen als im Deutschen.

  Beispiel: Im Französischen spricht man die Buchstabenfolge **-eur** beispielsweise aus wie **-ör** (z. B. in *Chauffeur*), und im Englischen spricht man die Buchstabenfolge **-ea** oft als **-ie** aus (z. B. in *Team*).

- Manchmal schreibt man in Fremdwörtern auch Buchstaben, die man gar nicht hören kann.

  Beispiel: Das **h** in den Wörtern *Apotheke* oder *Mathematik* kann man nicht hören, es muss aber geschrieben werden.

Tipp: Du solltest die Schreibweise von Fremdwörtern, die im Deutschen häufig vorkommen, auswendig lernen.

259 Ordne die folgenden Fremdwörter den Bedeutungserklärungen zu. Du erhältst ein Lösungswort, wenn du die Buchstaben, deren Nummern angegeben sind, von oben nach unten liest.

aggressiv – Barriere – brillant – ~~Courage~~ – Engagement – googeln – Individuum – Interesse – Katastrophe – Konkurrenz – Korruption – Ressentiment – Ressourcen – Revanche – Rhythmus – Smiley – Souterrain – symmetrisch –Toleranz – triumphal

Mut: *Courage*	1	*C*
gleichmäßiger Klang durch regelmäßige Betonungen:	2	
Hürde:	2	
Einzelperson:	2	
Vorräte, auch in der Natur:	8	
ein Emoticon, mit dem man ein Gefühl ausdrückt:	5	
Wettstreit:	3	
mit einer bestimmten Suchmaschine im Internet surfen:	4	
Rache:	2	
feindselig, angriffslustig:	4	
Vorurteil:	5	
spiegelbildlich:	10	
einen großen Sieg feiernd:	7	
Anteilnahme, Aufmerksamkeit:	3	
Bestechung:	8	
Einsatz, *auch* Vertrag (z. B. eines Künstlers):	3	
schlimmes Unglück:	1	
Tiefgeschoss, Etage unter dem Erdgeschoss:	5	
glänzend (z. B. in Bezug auf eine Leistung):	3	
Duldsamkeit, Nachsicht:	1	

Sich schriftlich äußern

Eine textgebundene Erörterung schreiben
Wenn du aufgefordert wirst, eine **textgebundene Erörterung** zu schreiben, wird von dir erwartet, dass du dir **sowohl zu dem Thema** eines Textes als auch zu der **Darstellung durch den Verfasser/die Verfasserin** Gedanken machst. Deine Überlegungen musst du so ausführlich gestalten, dass du am Ende zu einem **überzeugenden Ergebnis** gelangst. Ausgangspunkt ist dabei zunächst der Text. Du solltest aber in jedem Fall zusätzliches Wissen einbringen.

Eine textgebundene Erörterung strukturierst du so:
- In der **Einleitung** beziehst du dich mit wenigen Sätzen auf den Vorlagentext. Nenne die **Textsorte**, den **Titel des Textes**, den **Namen des Verfassers/der Verfasserin** sowie die **Quelle** (Erscheinungsort und -datum) und bestimme das Thema.
- Der **Hauptteil** ist **zweigeteilt:** Im **ersten Teil** gibst du den **Inhalt des Textes** wieder; im **zweiten Teil** folgt die **Auseinandersetzung mit den Gedanken des Verfassers/der Verfasserin**. Hier musst du auch **Argumente** ausformulieren.
- Formuliere am **Schluss** ein **Ergebnis:** Sage, was du von dem Text hältst, und verweise dabei auf deinen Hauptgedanken.

Hinweis: Ist die Quelle eines Textes nicht unmittelbar unter dem Text angegeben (z. B. in einem Schulbuch) findest du sie zusammen mit allen Quellenangaben im **Quellenverzeichnis** am Ende des Buches.

260 Schreibe eine textgebundene Erörterung zum Thema „politische Korrektheit". Nimm die Glosse von Harald Martenstein zur Grundlage für deine Argumentation (→ Heft).

- Formuliere eine Einleitung, in der du alle wichtigen Informationen nennst.
- Gib zu Beginn des Hauptteils kurz den Inhalt des Textes wieder.
- Setze dich anschließend mit den Gedanken des Verfassers auseinander. Gehe auch auf die Darstellung ein. Formuliere mindestens drei Argumente. Beziehe dich dabei sowohl auf Textstellen als auch auf dein eigenes Wissen.
- Formuliere am Schluss ein Ergebnis.

Kapitel 10: Der Soldat von La Ciotat

Von Bertolt Brecht

Nach dem ersten Weltkrieg sahen wir in der kleinen südfranzösischen Hafenstadt La Ciotat bei einem Jahrmarkt zur Feier eines Schiffsstapellaufs auf einem öffentlichen Platz das bronzene Standbild eines Soldaten der französischen Armee, um das die Menge sich drängte. Wir traten näher hinzu und entdeckten, daß es ein lebendiger Mensch war, der da unbeweglich in erdbraunem Mantel, den Stahlhelm auf dem Kopf, ein Bajonett[1] im Arm, in der heißen Junisonne auf einem Steinsockel stand. Sein Gesicht und seine Hände waren mit einer Bronzefarbe angestrichen. Er bewegte keinen Muskel, nicht einmal seine Wimpern zuckten.

Zu seinen Füßen an dem Sockel lehnte ein Stück Pappe, auf dem folgender Text zu lesen war:

> DER STATUENMENSCH
> (Homme Statue)
> Ich, Charles Louis Franchard, Soldat im ...ten Regiment, erwarb als Folge einer Verschüttung vor Verdun[2] die ungewöhnliche Fähigkeit, vollkommen unbeweglich zu verharren und mich beliebige Zeit lang wie eine Statue zu verhalten. Diese meine Kunst wurde von vielen Professoren geprüft und als eine unerklärliche Krankheit bezeichnet. Spenden Sie, bitte, einem Familienvater ohne Stellung eine kleine Gabe!

Wir warfen eine Münze in den Teller, der neben dieser Tafel stand, und gingen kopfschüttelnd weiter.

Hier also, dachten wir, steht er, bis an die Zähne bewaffnet, der unverwüstliche Soldat vieler Jahrtausende, er, mit dem Geschichte gemacht wurde, er, der alle diese großen Taten der Alexander, Cäsar, Napoleon ermöglichte, von

1 *Bajonett:* eine Stichwaffe, die am Lauf einer Schusswaffe befestigt ist

2 *Verdun:* Stadt im Nordosten Frankreichs. Während des Ersten Weltkriegs wollte die deutsche Armee diese Stadt einnehmen (Februar – Dezember 1916), um die französische Armee zu schwächen. Dabei starben 170 000 französische und 150 000 deutsche Soldaten. Die Schlacht um Verdun steht heute beispielhaft für die Schrecken eines modernen Krieges.

denen wir in den Schullesebüchern lesen. Das ist er. Er zuckt nicht mit der Wimper. Das ist der Bogenschütze des Cyrus, der Sichelwagenlenker des Kambyses, den der Sand der Wüste nicht endgültig begraben konnte, der Legionär Cäsars, der Lanzenreiter des Dschingis-Khan, der Schweizer des XIV. Ludwig und des I. Napoleon Grenadier[3]. Er besitzt die eben doch nicht so ungewöhnliche Fähigkeit, sich nichts anmerken zu lassen, wenn alle erdenklichen Werkzeuge der Vernichtung an ihm ausprobiert werden. Wie ein Stein, fühllos (sagt er), verharre er, wenn man ihn in den Tod schicke. Durchlöchert von Lanzen der verschiedensten Zeitalter, steinernen, bronzenen, eisernen, angefahren von Streitwagen, denen des Artaxerxes und denen des Generals Ludendorff, zertrampelt von den Elefanten des Hannibal und den Reitergeschwaden des Attila, zerschmettert von den fliegenden Erzstücken der immer vollkommeneren Geschütze mehrerer Jahrhunderte, aber auch den fliegenden Steinen der Katapulte[4], zerrissen von Gewehrkugeln, groß wie Taubeneier und klein wie Bienen, steht er, unverwüstlich, immer von neuem, kommandiert in vielerlei Sprachen, aber immer unwissend, warum und wofür. Die Ländereien, die er eroberte, nahm nicht er in Besitz, so wie der Maurer nicht das Haus bewohnt, das er gebaut hat. Noch gehörte ihm etwa das Land, das er verteidigte. Nicht einmal seine Waffe oder seine Montur[5] gehört ihm. Aber er steht, über sich den Todesregen der Flugzeuge und das brennende Pech der Stadtmauern, unter sich Mine und Fallgrube, um sich Pest und Gelbkreuzgas[6], fleischerner Köder für Wurfspieß und Pfeil, Zielpunkt, Tankmatsch, Gaskocher, vor sich den Feind und hinter sich den General!

Unzählige Hände, die ihm das Wams[7] webten, den Harnisch[8] klopften, die Stiefel schnitten! Unzählbare Taschen, die sich durch ihn füllten! Unermeßliches Geschrei in *allen Sprachen* der Welt, das ihn anfeuerte! Kein Gott, der ihn nicht segnete! Ihn, der behaftet ist mit dem entsetzlichen Aussatz der Geduld, ausgehöhlt von der unheilbaren Krankheit der Unempfindlichkeit!

Was für eine Verschüttung, dachten wir, ist das, der er diese Krankheit verdankt, diese furchtbare, ungeheuerliche, so überaus ansteckende Krankheit?

Sollte sie, fragten wir uns, nicht doch heilbar sein?

(Entstanden 1935, erschienen 1937)

3 *Grenadier:* einfacher Soldat der Infanterie (Heerestruppe bestehend aus Fußsoldaten)
4 *Katapult:* Steinschleuder
5 *Montur:* Kleidung, *hier:* Soldatenuniform
6 *Gelbkreuzgas:* ein Giftgas, das zum ersten Mal im Ersten Weltkrieg eingesetzt wurde
7 *Wams:* eine Art Jacke, die urspr. von fränkischen Panzerreitern zur Polsterung unter der Rüstung getragen wurde. Später wurde dieses Kleidungsstück auch zivil getragen (eine Art lange Weste).
8 *Harnisch:* metallene Rüstung

Lesestrategien entwickeln

Geschichtskenntnisse nutzen

Manchmal brauchst du **Geschichtskenntnisse**, um einen Text richtig zu verstehen. Gehe davon aus, dass der Autor bzw. die Autorin nichts dem Zufall überlassen hat: Wenn eine Person der Geschichte erwähnt wird, dann wird damit eine **Absicht** verfolgt. Gehe davon aus, dass diese Person für einen bestimmten Typ Mensch steht.

Beispiel: Cäsar führte als Feldherr viele Kriege für das damalige römische Reich, und seine Eroberungen führten dazu, dass Rom zum Weltreich wurde. Dazu bediente er sich ganzer Heerscharen von Soldaten. → Cäsar steht für einen Eroberer, der nur deshalb siegreich Kriege führte, weil er sich auf seine Soldaten verlassen konnte.

261 Lies dir den Überblick über die im Text erwähnten Feldherren durch. Überlege, warum Brecht sie in seiner Erzählung „Der Soldat von La Ciotat“ erwähnt hat.

Hinweis: Versuche, Gemeinsamkeiten zwischen den verschiedenen Feldherren festzustellen.

Überblick über die Feldherren, von denen im Text die Rede ist

Alexander (356–326 v. Chr.): Ein mazedonischer König, auch Alexander der Große genannt. Durch seine Kriege errichtete er ein Weltreich rund ums Mittelmeer.

Artaxerxes (5. und 4. Jh. v. Chr.): Name dreier persischer Könige. Artaxerxes II (453–359 v. Chr.) konnte durch seine Feldzüge die Großmachtstellung Persiens gegenüber den Griechen wiederherstellen.

Attila († 453 n. Chr.): König der Hunnen. Er errichtete durch Kriegszüge im Gebiet rund um das heutige Ungarn ein großes Reich. Seine Soldaten waren überwiegend Reiter.

Cäsar (100–44 v. Chr.): Ein römischer Feldherr, Staatsmann und Autor. Durch seine Kriege wurde Rom zu einer Weltmacht. Im Laufe der Zeit stieg er zum Alleinherrscher auf. Das spätere Wort „Kaiser“ geht auf seinen Namen zurück.

Cyrus (ca. 590–530 v. Chr.): Ein persischer König. Unter seiner Führung wurde Persien zu einem Weltreich. Die Soldaten des Cyrus galten als sehr gute Bogenschützen.

Dschingis-Khan (ca. Mitte 12. Jh.–1227): Ein Mongolen-Herrscher. Er führte im 13. Jahrhundert viele Kriege gegen benachbarte Völker, u. a. gegen China. Seine Soldaten waren Reiter, die mit Pfeil und Bogen oder mit Lanzen bewaffnet waren.

Hannibal (247–183 v. Chr.): Feldherr aus Karthago. Mit seinen Kriegen fügte er den Römern empfindliche Niederlagen zu. Berühmt ist er u. a. dafür, dass er mit 50 000 Soldaten und mehreren Elefanten die Alpen überquerte.

Kambyses (558–522 v. Chr.): Sohn des (→ Cyrus). Er führte im Jahr 525 v. Chr. Krieg gegen Ägypten. Bei den Streitwagen seiner Soldaten waren seitlich an den Rädern rotierende Messer angebracht.

Ludendorff (1865–1937): Preußischer General und Politiker. Er war während des Ersten Weltkriegs Oberbefehlshaber der preußischen Armee.

Ludwig XIV. (1638–1715): Französischer König, auch „Sonnenkönig" genannt. Durch seine Kriege erreichte Frankreich zeitweise eine Vormachtstellung in Europa. In seinem Söldnerheer gab es viele Schweizer.

Napoleon I. (1769–1829): Zunächst Feldherr, dann Konsul, schließlich Kaiser Frankreichs. Durch zahlreiche Kriege erlangte Frankreich Anfang des 19. Jahrhunderts die Herrschaft über weite Teile Europas.

262 Welche Gemeinsamkeiten zeichnen alle Soldaten aus, die unter einem der genannten Feldherren in den Krieg zogen? Beziehe dich auf den Text!

Den Autor kennen

Bertolt Brecht (1898 – 1956)
Bertolt Brecht ist ein bedeutender Dramatiker des 20. Jahrhunderts. Neben seinen Theaterstücken schrieb er auch Gedichte und Erzählungen. Schon früh begründete er eine neue Art von Theater: das sogenannte **epische Theater**. Brechts Dramen werden bis heute weltweit aufgeführt.

263 Recherchiere im Internet, um dir wichtige Informationen über Bertolt Brecht zu beschaffen. Stelle sie übersichtlich dar. Verwende dafür ein eigenes Blatt.

Den Text erschließen

264 Untergliedere den Text in Sinnabschnitte. Kennzeichne die Grenzen zwischen zwei Sinnabschnitten jeweils mit ⌐.

265 Aus welchem Grund sucht der Ich-Erzähler zusammen mit anderen einen öffentlichen Platz auf?

266 Welchem Irrtum unterliegt die Gruppe?

267 Warum muss es für den ehemaligen Soldaten eine Last sein, sich als „Statuenmensch“ zu präsentieren?

Hinweis: Bedenke die Witterungsverhältnisse.

268 Warum hält sich der „Statuenmensch" für einen Künstler?

269 Sowohl die Professoren als auch der Ich-Erzähler und seine Begleiter sehen in seiner „Kunst" eine Krankheit (vgl. Z. 18, Z. 54 u. 55). Worin unterscheiden sich ihre Vorstellungen von dieser Krankheit? Beziehe dich auf Textstellen.

a Die Professoren:

b Der Ich-Erzähler und seine Begleiter:

270 Welche Aussagen treffen auf den ehemaligen Soldaten zu und welche nicht? Kreuze entsprechend an.

Der Soldat …	trifft zu	trifft nicht zu
a will eine besondere Fähigkeit vorführen.	☐	☐
b ist arbeitslos.	☐	☐
c ist verbittert über sein Schicksal.	☐	☐
d hofft auf Spenden.	☐	☐
e hält sich für gesund.	☐	☐
f ist Familienvater.	☐	☐

271 Was denken der Erzähler und seine Begleiter über den ehemaligen Soldaten – und was nicht? Kreuze entsprechend an.

		trifft zu	trifft nicht zu
a	Er ist zu Recht stolz auf seine Fähigkeiten.	☐	☐
b	Er verdient eine kleine Belohnung.	☐	☐
c	Er ist sehr leidensfähig.	☐	☐
d	Er hat im Krieg Schlimmes erlebt.	☐	☐
e	Er hat durch seine Kriegserlebnisse etwas gelernt.	☐	☐

272 **a** Wie reagieren der Ich-Erzähler und seine Begleiter auf den „Statuenmenschen"? Kreuze die passende Aussage an.

Sie reagieren auf ihn mit …

☐ Mitleid.
☐ Erstaunen.
☐ Empörung.
☐ Verachtung.

b Notiere das Wort, an dem das zu erkennen ist. ____________________

273 Woher haben der Ich-Erzähler und seine Begleiter ihr Wissen über Eroberungskriege? Stichworte genügen.

____

____

274 Welche Eigenschaften werden einem typischen Soldaten laut Text zugeschrieben und welche nicht? Kreuze entsprechend an.

	Ein typischer Soldat zeichnet sich aus durch …	trifft zu	trifft nicht zu
a	Mut und Tapferkeit.	☐	☐
b	Kampfeswillen.	☐	☐
c	Leidensfähigkeit.	☐	☐
d	Unempfindlichkeit.	☐	☐
e	Entschlossenheit.	☐	☐
f	unglaubliche Geduld.	☐	☐
g	Unwissenheit.	☐	☐

275 Woran fehlt es den Soldaten nach Ansicht des Ich-Erzählers und seiner Gruppe? Kreuze die passende Aussage an.

Es fehlt ihnen an …

- ☐ einer guten Ausbildung.
- ☐ passender Munition.
- ☐ echtem Kampfeswillen.
- ☐ Wissen über ihre Situation.

276 Im Text gibt es viele Aufzählungen. Notiere jeweils drei Beispiele.

Aufgezählt werden	Beispiele
Namen von Feldherren	
Waffen	
Teile der Soldatenuniform	

277 Ab Zeile 44 wird die Situation des typischen Soldaten im Krieg näher beschrieben. Ergänze die fehlenden Worte.

Der Soldat hat …

- über sich ______
- unter sich ______
- um sich ______
- vor sich ______
- hinter sich ______

278 Der Erzähler sagt an einer Stelle: „Unzählbare Taschen, die sich durch ihn füllten!" (Z. 50) Interpretiere diesen Satz.

279 Für den Erzähler ist der typische Soldat sowohl ein **weltweites** als auch ein **zeitloses Phänomen**. Auf welche Weise bringt er das zum Ausdruck?

a Der Soldat als weltweites Phänomen:

b Der Soldat als zeitloses Phänomen:

280 Interpretiere die beiden Fragen, mit denen der Text schließt.

Die Sprache untersuchen

Tempuswechsel beachten

Achte beim Lesen eines Textes auch immer darauf, ob es gelegentlich zu einem **Tempuswechsel** kommt. Dabei ist ein Wechsel zwischen **Präsens** und **Präteritum** gemeint. Das sind die grundlegenden Tempora, in denen ein Text verfasst sein kann.

Hinweis: Andere Zeitformen, z. B. das Perfekt, beziehen sich jeweils auf diese beiden Basistempora. Um einen Tempuswechsel festzustellen, brauchst du sie nicht zu berücksichtigen.

- Das **Präteritum** ist das **Tempus des Erzählens:** Der Erzähler beschreibt in dieser Zeitform den Ablauf einer Handlung. Diese stellt er so dar, als habe sie sich in der **Vergangenheit** ereignet.
- Das **Präsens** kann **verschiedene Funktionen** haben:
  - Es drückt aus, dass etwas in der **Gegenwart** geschieht.
  - Als sogenanntes **szenisches Präsens** dient es dazu, die Leser*innen in das Geschehen mit einzubeziehen; sie sollen den Eindruck haben, direkt vor Ort zu sein und alles mitzuerleben.
  - In Kombination mit bestimmten **Adverbialien der Zeit** (z. B. *morgen, nächste Woche*) drückt das Präsens **Zukunft** aus.
  - Das Präsens wird verwendet, um **Grundsätzliches** oder **Verallgemeinerbares** zum Ausdruck zu bringen.

281 Schreibe aus der Erzählung „Der Soldat von La Ciotat“ einen Beispielsatz im Präteritum und einen im Präsens heraus. Unterstreiche jeweils die Verbform.

▶ Präteritum: ______________________________

____

▶ Präsens: ______________________________

____

282 Bestimme die Funktion des Präsens in dem Beispiel, das du herausgeschrieben hast. Kreuze die richtige Aussage an.

Das Präsens wird benutzt, um …

☐ zu zeigen, das etwas in dem Moment geschieht, in dem der Erzähler den Soldaten erblickt.

☐ den Leser*innen das Geschehen so anschaulich darzustellen, dass sie fast meinen, es mitzuerleben.

☐ etwas anzukündigen, das erst zu einem späteren Zeitpunkt geschehen wird.

☐ deutlich zu machen, dass dies kein Einzelfall ist, sondern als typisch anzusehen ist.

Das Partizip

Ein **Partizip** ist eine besondere **Form des Verbs**. Man unterscheidet:

- das **Partizip Präsens**. Es besteht aus dem **Infinitiv** des Verbs und der Endung **-d** (z. B. *laufen → laufend, kämpfen → kämpfend).*
- das **Partizip Perfekt**. Dabei handelt es sich um die 3. Form des Verbs (z. B. *laufen – lief – gelaufen*). Es kann mit unterschiedlichen Vorsilben beginnen (z. B. *stürmen → **ge**stürmt, befehlen → **be**fohlen, verachten → **ver**achtet*).

Funktionen des Partizips

- Das **Partizip Präsens** bringt **Gleichzeitigkeit** zum Ausdruck. Es zeigt an, dass eine nebengeordnete Aktivität zur gleichen Zeit passiert wie die Hauptaktivität.

  Beispiel: Der Erzähler betrachtete staunend den Soldaten. (Beides geschieht zur gleichen Zeit: Der Erzähler betrachtet den Soldaten – dabei staunt er.)
- Das **Partizip Perfekt** kann **unterschiedliche Funktionen** haben. Es kann sein:
  - **Teil einer Zeitform**, z. B. des Perfekts (z. B.: *Er hat gekämpft.*). In diesem Fall ist das Partizip immer auch Teil des Prädikats.
  - **Teil des Passivs** (z. B.: *Er wurde verletzt.*) Auch in diesem Fall ist das Partizip Teil des Prädikats.
  - **Teil eines verkürzten Satzes**. Dabei kann das Partizip adjektivisch oder passivisch gemeint sein.

    Beispiele: Im Kampfgebiet angekommen, … Gemeint: Nachdem er im Kampfgebiet angekommen war, … (Bedeutung aktivisch)

    Von einem Schuss getroffen, … Gemeint: Nachdem er von einem Schuss getroffen worden war, … (Bedeutung passivisch)
  - **attributives Adjektiv** (z. B.: *der verwundete Soldat*)

283 Schreibe aus dem Text drei Formen des Partizips Präsens und drei Formen des Partizips Perfekt heraus.

a Partizip Präsens: ______________________________

____

b Partizip Perfekt: ______________________________

____

284 Im Text wird mehrmals das Partizip Perfekt verwendet. Kreuze jeweils die Funktion an. Für die Funktionen wurden folgende Abkürzungen verwendet:

- Z (Teil einer Zeitform)
- P (Teil des Passivs)
- S (Teil eines verkürzten Satzes)
- A (attributives Adjektiv)

Partizip Perfekt	Z	P	S	A
bewaffnet (Z. 23)				
ausprobiert (Z. 32)				
durchlöchert (Z. 33)				
angefahren (Z. 34)				
zertrampelt (Z. 36)				
zerschmettert (Z. 37)				
zerrissen (Z. 39)				
kommandiert (Z. 40)				
gebaut (Z. 43)				

285 Welche Bedeutung überwiegt bei der Verwendung der Partizipien? Kreuze die passende Aussage an.

Es überwiegt ...

- [ ] die aktivische Bedeutung.
- [ ] die passivische Bedeutung.

286 Worauf beziehen sich die Partizipien in Aufgabe 284? Kreuze die passende Aussage an.

Die Partizipien beziehen sich auf ...

- [ ] einen bestimmten Soldaten.
- [ ] jeden Soldaten.

Richtig schreiben

Das Fehlerprofil bestimmen
Normalerweise wird dir nicht gesagt, nach welchen Fehlern du in den Texten suchen musst, die du geschrieben hast. Das ist deine Aufgabe. Gewöhne dir an, regelmäßig dein Fehlerprofil zu bestimmen. Überlege, wo deine **Fehlerschwerpunkte** liegen. Achte dabei sowohl auf **Rechtschreibfehler** als auch auf **Zeichensetzungsfehler**. So kannst du deine Rechtschreibung **gezielt verbessern**.

287 Suche im folgenden Text nach den Fehlern und korrigiere sie. Bestimme anschließend das Fehlerprofil dieses Schülers.

Hinweis: Auch Zeichensetzungsfehler kommen vor.

Als der erste Weltkrieg ausbrach meldeten sich viele junge Männer freiwillig zum dienst an der Waffe. Sie waren richtig Kriegsbegeistert, und dass wurde auch von ihnen erwartet. Natürlich glaubte niemand daran das er auf dem sogenannten Felde der Ehre sein Leben würde lassen müssen. Vielmehr gingen alle davon aus das der Krieg schnell vorbei sein würde. Niemand zweifelte daran das Deutschland einen raschen Sieg erzielen würde.

Es gab allerdings auch ausnahmen. Der Schriftsteller Bertolt Brecht vertrat eine ganz andere Meinung; schon als Schüler begrif er welche verheerenden Folgen militärische Auseinandersetzungen haben. Er scheute auch nicht davor zurück, in einem Aufsatz seine kritik am Krieg deutlich zum Ausdruck zu bringen. Ihm erschien es keineswegs Ehrenvoll, als Soldat im Krieg zu sterben. Für Brecht war es klar, dass jeder Mensch am Leben hängen würde.

Seine Lehrer reagierten mit völligem Unverständniss auf seine Argumentation. Beinahe wäre Brecht sogar aus der Schule geworfen worden. Doch dann einigte man sich darauf das er wohl nur aufgrund von unreife und Verwirrtheit einen solchen „Unsinn" geschrieben haben könnte, und so durfte er doch noch im Jahr 1917 die Schule abschliessen und sein Notabitur ablegen. Zu dieser Zeit kämpften schon viele seiner ehemaligen Mitschüler als Soldaten im Krieg. Wie viele von ihnen ihren einsatz überlebten, ist nicht bekant.

Fehlerprofil des Schülers

Der Schüler hat vor allem diese Probleme mit der Rechtschreibung und Zeichensetzung:

Sich schriftlich äußern

Einen Prosatext interpretieren

Um einen Prosatext zu interpretieren, genügt es nicht, dass du lediglich den **Inhalt rekonstruierst** und einige **deutende Aussagen** machst. Du musst außerdem auf die **Gestaltungsmittel** eingehen, die den Text auszeichnen, und erklären, welche **Wirkung** von ihnen ausgeht.

Strukturiere die Interpretation eines Prosatextes so:

- In der **Einleitung** fasst du den Inhalt der Handlung zusammen. Stelle einen **Basissatz** voran, in dem du über **Textsorte**, **Titel** und **Autor*in** informierst sowie über die **Entstehungszeit**, sofern sie dir bekannt ist. Bestimme außerdem das **Thema**.
- Im **Hauptteil** gehst du so vor:
  - Als Erstes formulierst du einen **Deutungsvorschlag**. Damit sagst du aus, welche **Botschaft** der Text den Leser*innen vermittelt. Bleibe dabei allgemein; formuliere eine Aussage, die auf den **ganzen Text** zutrifft.
  - Danach gehst du auf **Einzelheiten** ein. Beziehe dich auf wichtige Textstellen und deute sie. Vergiss nicht, zum Beleg **Textstellen** anzuführen.
  - Anschließend stellst du Überlegungen zur **Gestaltung des Textes** an. Wähle vier bis fünf **sprachliche Mittel** aus, die den Text in besonderer Weise auszeichnen (z. B. Aufzählungen oder Wiederholungen).
- Am **Schluss** formulierst du das **Ergebnis** deiner Textanalyse. Bestätige hier die Interpretationshypothese, die du zu Anfang des Hauptteils aufgestellt hast (natürlich mit anderen Worten). Du kannst in diesem Abschnitt auch dein Wissen über den Autor bzw. die Autorin einbringen, sofern sich das anbietet.

Hinweis: Auf der nächsten Seite findest du eine Übersicht über mögliche Fragen, die du dir stellen kannst, um die besonderen Gestaltungsmittel eines Prosatextes zu erfassen.

288 Interpretiere Brechts Prosatext „Der Soldat von La Ciotat“ (→ Heft). Die Einleitung mit der Inhaltsangabe ist schon vorgegeben.

In Brechts Erzählung „Der Soldat von La Ciotat“, erschienen im Jahr 1937, beschreibt der Ich-Erzähler ein Erlebnis, das er in einer südfranzösischen Hafenstadt hat. Zusammen mit einigen Begleitern besucht er einen Jahrmarkt, der anlässlich eines Schiffsstapellaufs stattfindet. Dabei stößt die Gruppe auf einen Soldaten, der wie eine Statue völlig bewegungslos auf einem Podest steht. Laut den Informationen, die auf einem Pappschild zu lesen sind, hat der Mann die Fähigkeit, lange Zeit völlig reglos zu stehen, während des Ersten Weltkriegs in Verdun erworben, wo er verschüttet wurde. Nun hat er keine Arbeit und präsentiert in der Öffentlichkeit seine „Kunst“ der Unbeweglichkeit, in der Hoffnung, von den Umstehenden eine kleine Spende dafür zu erhalten. Der Anblick dieses Mannes bewegt den Ich-Erzähler und seine Begleiter. Sie fangen an, sich grundsätzliche Gedanken über die Situation von Soldaten zu machen.

10 Fragen, die bei der Analyse eines Prosatextes hilfreich sind

1 In wie viele Sinnabschnitte lässt sich der Text untergliedern?
2 Wer ist der Erzähler?
3 Verwendet der Erzähler wörtliche Rede?
4 Lassen sich Auffälligkeiten bezüglich der Satzstrukturen feststellen?
5 Gibt es einen Wechsel in der Zeitform?
6 Gibt es auffällige Wiederholungen oder Aufzählungen?
7 Sind Besonderheiten bezüglich der Wortwahl festzustellen?
8 Gibt es eine ungewöhnliche Häufung bestimmter Wortarten oder Wortformen?
9 Welche Sprachbilder werden verwendet?
10 Gibt es Auffälligkeiten beim Klang der Wörter, z. B. durch Alliterationen oder Assonanzen?

Formulierungshilfen

- Der Text lässt sich in _____ Sinnabschnitte untergliedern.
- Die Handlung wird von einem _____ Erzähler dargestellt.
- Der Erzähler verwendet überwiegend einfache Hauptsätze/Satzreihen/Satzgefüge.
- Es gibt auch _____ elliptisch verkürzte Sätze.
- An _____ Stellen kommt es zu einem Tempuswechsel.
- Der Erzähler verwendet viele Adjektive/Partizipien/Fremdwörter/Fachbegriffe.
- Der Erzähler bringt seine Gedanken zu dem Thema _____ zum Ausdruck.
- Der Erzähler gibt Äußerungen von Beteiligten in Form von _____ wieder.
- Die Situation wird mithilfe von einigen Sprachbildern veranschaulicht.
- X wird mit Y verglichen.
- X ist personifiziert.
- Es gibt viele Aufzählungen. Aufgezählt werden …
- Einige Wörter werden mehrmals wiederholt.
- Der Text schließt mit einem Ausruf/einer Frage.

Vergiss nicht, dass du alle deine Aussagen am Text belegen musst!

Test

Auf dem Weg nach Robonien: Besserer Mensch oder perfekte Maschine?

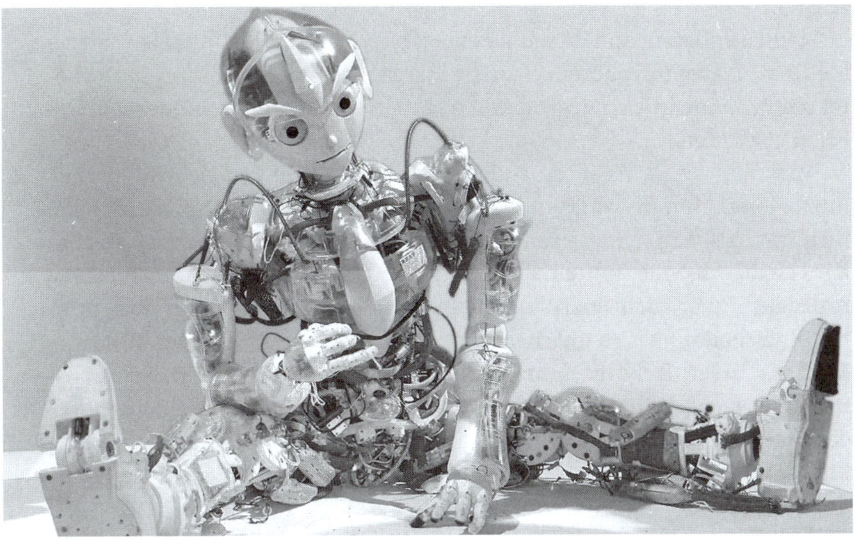

Längst sind die Zukunftsphantasien früher Science-Fiction-Klassiker technische Realität geworden. Roboter sind fester Bestandteil industrieller Produktionsmechanismen, drehen als automatisierte Staubsauger ihre Bahnen in unseren Wohnzimmern, kümmern sich um den Rasen oder spielen in der FIRA-Roboterfußballweltmeisterschaft[1] um den Sieg. Doch wie geht die Entwicklung weiter und welche Lebensbereiche werden Roboter in Zukunft erobern? […] **A**

Der Begriff „Roboter" leitet sich vom tschechischen Wort „robota", zu Deutsch, „Frondienst" oder „Zwangsarbeit" ab. Eine passende Bezeichnung, will man meinen, schließlich sind die technischen Helferlein dazu auserkoren, dem Menschen Arbeit abzunehmen. Auch die früheren Bezeichnungen als „Automaten" oder „Halbautomaten" zielen in diese Richtung und geben Hinweis auf den Charakter des Roboters. So bestand seine Hauptaufgabe darin, automatisiert mechanische Aufgaben zu übernehmen. **B**

1 *FIRA:* Verband für internationalen Roboterfußball (**F**ederation of **I**nternational **R**obot-soccer **A**ssociation). Er wurde am 5. Juni 1997 in Südkorea gegründet und veranstaltet seither jährlich die Roboterfußballweltmeisterschaft (den RoboCup) und daneben noch lokale Meisterschaften.

C Doch Entwicklung bleibt bekanntermaßen nie stehen. So wurde der Sieg des Computers Deep Blue über den damaligen Schachweltmeister Garri Kasparow im Jahr 1996 zum Wendepunkt der modernen Robotik. Eine künstliche Intelligenz bezwang das menschliche Denkvermögen. Roboter wurden zunehmend weiterentwickelt, lernten selbstständig, agierten und reagierten. Zur reinen Mechanik gesellten sich komplexe Denkprozesse. [...]

D Medizinroboter sind bereits heute fester Bestandteil hochkomplexer Medizin. Transportroboter, virtuelle Assistenzärzte und Chirurgie-Roboter sind zu einer nicht wegzudenkenden Unterstützung in modernen OP-Sälen geworden. [...]

E Auch als soziale Agenten sollen sie handeln und mit dem Menschen interagieren, ihm in Notlagen helfen und ihn bei gesundheitlichen Problemen unterstützen. Um diese Aufgabe zu übernehmen, braucht es zweierlei: Handwerkszeug, um eine ausreichende Unterstützung mechanisch zu realisieren, aber auch Sozialkompetenz, um gegebenenfalls für PatientInnen Entscheidungen zu übernehmen. Ähnlich wie im Film „Der 200 Jahre Mann" müssen Roboter dann lernen, was ein Mensch ist, was ihn ausmacht. In Japan laufen hierzu bereits erste Feldversuche mit einem Hotel, das nur noch von Robotern betrieben wird. Sollten solche Tests langfristig funktionieren, könnte man ein ähnliches Prinzip auf Krankenhäuser übertragen. [...]

F Wenn die Anknüpfungspunkte zwischen Mensch und Maschine zunehmend diverser und Teil unseres sozialen Umfelds werden, müssen wir letztlich entscheiden, in welcher Beziehung wir zu Robotern stehen. Sollen sie unsere Mittel, unsere Werkzeuge, Partner, Freunde oder sogar mehr sein? Auf dem Weg zu einer Antwort darauf müssen wir darüber diskutieren, wie Roboter aussehen sollen und wie nicht; wir müssen uns darüber klar werden, was Roboter eigentlich sind, und festlegen, welche Rolle sie in unserer Gesellschaft einnehmen sollen. [...] Längst weisen Roboter typisierte ästhetische Formen auf, längst bauen wir Roboter nach unserem Ebenbild. [...] So gehören unförmige Maschinen, die strikt Befehle befolgen und einzelne Aufgaben erledigen, der Vergangenheit an.

G Die Wahl zwischen der „perfekten Maschine" und dem „besseren Menschen" scheint also bereits entschieden. Die moderne Robotik baut am „Mensch 2.0": intelligent, lernfähig, sozial und allzeit bereit, ein Allroundtalent eben. [...] Die Mechanisierung und der technische Fortschritt werden weitergehen. Roboter werden den Alltag immer mehr mitbestimmen und begleiten. Die Frage bleibt, in welche Richtung dies gehen soll. [...]

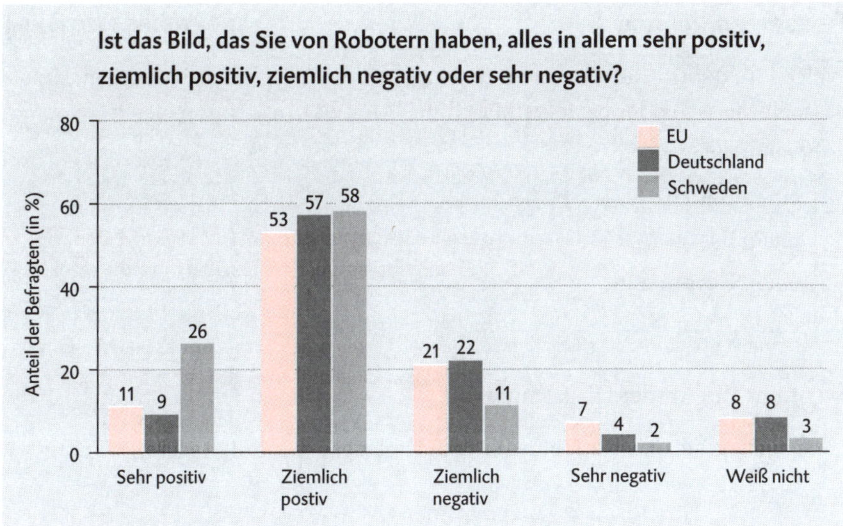

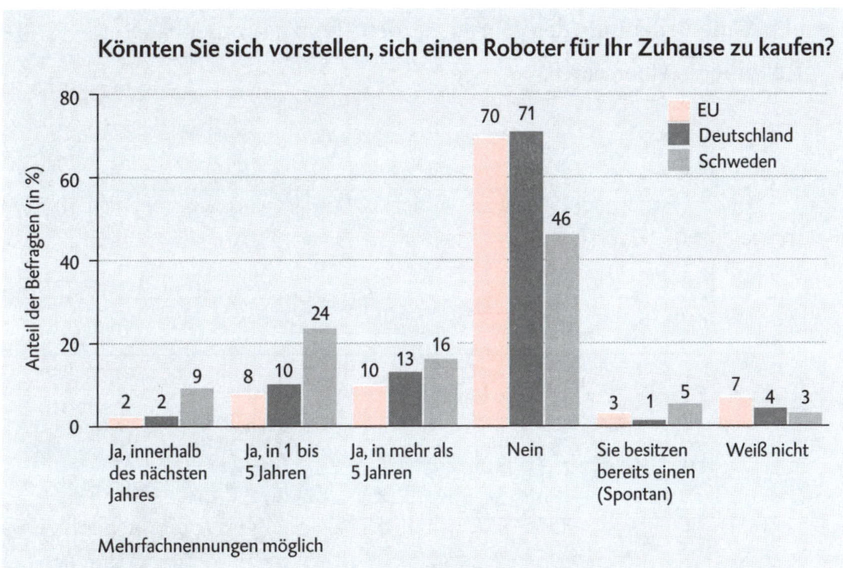

Quelle: Daten entnommen aus: Special Eurobarometer 427, © European Union, 2015; Daten erhoben von TNS Infratest: 29. 11. 2014 bis 9. 12. 2014; 27 801 Befragte; ab 15 Jahre

Textsorten kennen

Punkte

1 Welche Textsorte liegt bei dem Text „Auf dem Weg nach Robonien: Besserer Mensch oder perfekte Maschine?“ vor? 1 P.

Es handelt sich um …

- ☐ einen Bericht.
- ☐ einen Essay.
- ☐ einen Kommentar.
- ☐ eine Reportage.

2 Bestimme die Art der Diagramme. 1 P.

Bei den Diagrammen handelt es sich um ______________________

Lesestrategien entwickeln

3 Erschließe die Bedeutung der Wörter aus dem Textzusammenhang. 4 P.

a „Robonien“ (Überschrift)

____

____

b „interagieren“ (Z. 28)

____

____

c „divers“ (Z. 39)

____

____

____

d „komplex“ (Z. 21)

____

____

____

4 Untergliedere den Text in Sinnabschnitte, indem du die folgenden Zwischenüberschriften den passenden Textabschnitten (A–G) zuordnest. 3,5 P.

	Handwerkszeug und Sozialkompetenz nötig
	Roboter in der Medizin
	Roboter überall
	Wohin soll der Weg gehen?
	Der Wendepunkt in der Robotik
	Die Herkunft des Wortes „Roboter“
	Rolle der Roboter definieren

Den Text verstehen

5 Im ersten Satz des Textes heißt es: „Längst sind die Zukunftsphantasien früher Science-Fiction-Klassiker technische Realität geworden.“ (Z. 1 f.) Was bedeutet das – und was nicht? 2,5 P.

Kreuze entsprechend an.

		trifft zu	trifft nicht zu
a	Früher waren Roboter nur Fantasieprodukte.	☐	☐
b	Science-Fiction-Klassiker sind schon veraltet.	☐	☐
c	Man kann Roboter heutzutage bauen.	☐	☐
d	Inzwischen gibt es schon Roboter.	☐	☐
e	Roboter gibt es mittlerweile in jedem Haushalt.	☐	☐

6 Nenne die Sprache, aus der das Wort „Roboter“ stammt. 1 P.

7 Welche Vorstellungen hatten die Menschen früher von einem Roboter? Kreuze die passende Aussage an. 1 P.

Sie sahen in einem Roboter …

- ☐ einen Freund des Menschen.
- ☐ einen Diener des Menschen.
- ☐ einen Kollegen des Menschen.
- ☐ eine Bedrohung für den Menschen.

8 Wie haben sich Roboter bereits entwickelt – und wie werden sie sich in Zukunft weiterentwickeln? Ordne die Fähigkeiten dem passenden Zeitraum zu. 3,5 P.

Hinweis: Kreuze in jeder Zeile alle Zeiträume an, die infrage kommen.

Roboter können …	Früher	Heute	in Zukunft
a schwierige Rechenaufgaben lösen.	☐	☐	☐
b Befehle befolgen.	☐	☐	☐
c Menschen bei gesundheitlichen Problemen unterstützen.	☐	☐	☐
d Fußball spielen.	☐	☐	☐
e automatisierte Aufgaben übernehmen.	☐	☐	☐
f mit Menschen interagieren.	☐	☐	☐
g den Menschen mechanische Arbeiten abnehmen.	☐	☐	☐

9 Es heißt im Text, Roboter müssten noch „lernen, was ein Mensch ist, was ihn ausmacht“ (Z. 33 f.). Was bedeutet das? Kreuze die passende Aussage an. 1 P.

Roboter müssen noch lernen, …

- ☐ zwischen Menschen und Dingen zu unterscheiden.
- ☐ Menschen aufgrund ihres Aussehens zu erkennen.
- ☐ menschliche Gefühle zu verstehen.
- ☐ auf menschliche Bewegungen zu reagieren.

10 Wo werden Roboter heute schon eingesetzt und wo noch nicht? Kreuze entsprechend an. 2,5 P.

Sie kommen heute schon zum Einsatz …	trifft zu	trifft nicht zu
a in Fabriken.	☐	☐
b als Begleiter des Menschen.	☐	☐
c bei der Krankenpflege.	☐	☐
d als Helfer im Haushalt.	☐	☐
e in der Chirurgie.	☐	☐

11 Was markierte einen Wendepunkt in der Robotertechnik? Kreuze die passende Aussage an. 1 P.

☐ Ein Roboter gewann gegen einen Schachweltmeister.
☐ Man ersetzte Hotelpersonal durch Roboter.
☐ Mit Robotern wurden Fußballweltmeisterschaften ausgerichtet.
☐ Roboter wurden nicht mehr als unförmige Maschinen gebaut.

12 Es heißt im Text: „[…] längst bauen wir Roboter nach unserem Ebenbild.“ (Z. 46 f.) Was kommt mit diesem Satz zum Ausdruck und was nicht? Kreuze entsprechend an. 2,5 P.

	trifft zu	trifft nicht zu
a Roboter sehen heute so ähnlich aus wie Menschen.	☐	☐
b Der Mensch ist als Schöpfer der Roboter anzusehen.	☐	☐
c Wir bauen Roboter nach der Vorlage von Bildern.	☐	☐
d Dass Roboter aussehen wie Menschen, ist nichts Neues mehr.	☐	☐
e Nur Roboter, die menschlich aussehen, werden akzeptiert.	☐	☐

13 Erkläre den Sinn der Überschrift. 4 P.

____

____

____

____

____

____

14 *Sieh dir die Diagramme an und bearbeite die folgenden Aufgaben dazu:*

a Welche Einstellung haben die meisten Deutschen zu Robotern? Kreuze die passende Aussage an. 1 P.

Die meisten Deutschen sehen Roboter …

☐ sehr positiv. ☐ ziemlich negativ.
☐ ziemlich positiv. ☐ sehr negativ.

b Sehen die Deutschen Roboter positiver als die Europäer? Und wie sieht der Vergleich zwischen den Schweden und den Europäern aus? Kreuze jeweils die passenden Aussagen an. 2 P.

Die Deutschen sehen Roboter … 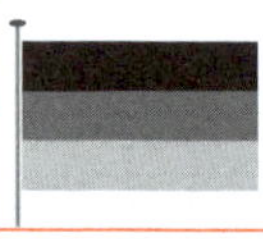	☐ deutlich positiver ☐ etwas positiver ☐ etwas negativer ☐ sehr viel negativer	… als die Europäer. 
Die Schweden sehen Roboter … 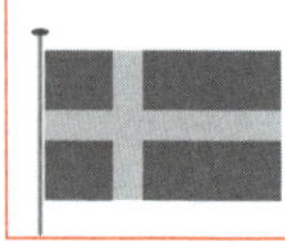	☐ deutlich positiver ☐ etwas positiver ☐ etwas negativer ☐ sehr viel negativer	… als die Europäer. 

c Wie viele Deutsche haben schon einen Roboter – und wie viele Schweden? Nenne die Prozentzahlen. 1 P.

Deutsche: ____________ Schweden: ____________

d Wie viele Deutsche wollen sich irgendwann einen Roboter kaufen – und wie viele Schweden? Nenne wieder die Prozentzahlen. 1 P.

Deutsche: ____________ Schweden: ____________

e Vergleiche die beiden Diagramme. Schreibe sowohl zu den Deutschen als auch zu den Schweden einen kurzen Text (→ Heft). 12 P.

- *Die Deutschen …*
- *Die Schweden …*

Die Sprache untersuchen

15 Schreibe aus dem ersten Absatz zwei Stellen heraus, in denen Roboter personifiziert sind. 2 P.

____

____

16 Welche der folgenden Sätze stehen im Aktiv und welche im Passiv? Kreuze entsprechend an. Kennzeichne den Satz, der im Zustandspassiv formuliert ist, zusätzlich mit ✓. 3,5 P.

	Aktiv	Passiv
Der Sieg eines Roboters über einen Schachweltmeister wurde zum Wendepunkt in der Robotik.		
Roboter wurden zunehmend weiterentwickelt.		
Ein Hotel in Japan wird nur noch von Robotern betrieben.		
Die Verbindung zwischen Mensch und Maschine wird Teil unseres sozialen Umfelds werden.		
Wir müssen uns über unsere Beziehung zu Robotern klar werden.		
Roboter sind längst nach unserem Ebenbild gebaut.		

17 Wandle die Verbformen in den folgenden Sätzen in den Konjunktiv II (Konjunktiv Präteritum) um. 3 P.

Hinweis: Verwende die Umschreibung mit *würde,* wenn dir das sinnvoll erscheint.

a Wenn es in jedem Haushalt Roboter gibt, müssen die Menschen zu Hause kaum noch etwas tun.

____

____

____

b Der Roboter erledigt alle wesentlichen Hausarbeiten, z. B. wischt er Staub oder räumt die Spülmaschine aus.

____

____

____

c Vielleicht werden Reinigungskräfte irgendwann überflüssig, wenn solche Helfer ihnen die ganze Arbeit abnehmen.

____

____

____

18 Verbinde die folgenden Satzpaare mit passenden Adverbien oder Konjunktionen. 2 P.

a Eine Maschine kann sich selbstständig bewegen und verschiedene Tätigkeiten ausführen. Man spricht von einem Roboter.

____

____

____

____

____

b Computer gelten nicht als Roboter. Sie können sich nicht selbstständig von einem Ort zum anderen bewegen.

___

___

___

19 Formuliere drei Ratschläge, die ein Mensch befolgen sollte, der seinem Gesprächspartner aktiv zuhören will. 3 P.

- ___

  ___

- ___

  ___

- ___

  ___

20 Was muss man tun, um sich politisch korrekt auszudrücken, und was nicht? Kreuze entsprechend an. 3 P.

		trifft zu	trifft nicht zu
a	Man drückt sich sprachlich korrekt aus.	☐	☐
b	Man adressiert eine Rede sowohl an weibliche als auch an männliche Zuhörende.	☐	☐
c	Man verwendet zur Bezeichnung von Personen nur Wörter, durch die sie sich nicht verletzt fühlen können.	☐	☐
d	Man vermeidet umgangssprachliche Ausdrücke.	☐	☐
e	Man sorgt durch seine Ausdrucksweise dafür, dass sich niemand diskriminiert fühlen kann.	☐	☐
f	Man vermeidet es, sich selbst in den Vordergrund zu stellen.	☐	☐

Richtig schreiben

21 Markiere im Text dieser Schülerin alle Wörter, die falsch geschrieben sind, und korrigiere sie am Rand. 12 P.

In der Industrie wurden Roboter zum ersten mal in den 60er-Jahren des vorigen Jahrhunderts eingesetzt. Sie sollten den Menschen am Fließband ersetzen: Dort übernahmen sie aufgaben, die sich ständig wiederholten und deshalb zu Ermüdung und Unaufmerksamkeit führten. Auch konnten sie Metallteile stapeln, die so heiß waren, das die Arbeiter sie nicht anfasen konnten.

Es dauerte nur zwei jahrzehnte, bis es z. B. normal wurde, bei der Herstelung von Autos Roboter einzusetzen. Inzwischen gibt es immer mehr Tetigkeiten, die von Robotern ausgeführt werden können. Die Maschinenmenschen haben viele Vorteile: Man weiß, das sie schneller und genauer arbeiten als Menschen, sie werden nie krank, haben keinen anspruch auf Urlaub und können Tag und Nacht betrieben werden, ohne zwischendurch eine Ruhepause zu brauchen. Auch können sie dort Arbeiten, wo es für Menschen gefehrlich wäre. Sogar in entfernt gelegenen und schwer erreichbaren Gebieten sind sie einsetzbar, beispielsweise auf dem Meeresboden oder auf dem Mars. Misionen im Weltraum lassen sich ohne Roboter kaum durchführen.

22 Sieh dir das Fehlerprofil der Schülerin aus Aufgabe 21 an: 8 P.

- Sie ist noch unsicher hinsichtlich der Groß- und Kleinschreibung.
- Sie kann noch nicht sicher zwischen *das* und *dass* unterscheiden.
- Sie achtet nicht auf Wortverwandtschaften, um herauszufinden, wie ein Wort geschrieben werden muss.
- Sie vergisst manchmal, Konsonanten, dort wo es nötig ist, zu verdoppeln.

Erteile der Schülerin Ratschläge, wie sie diese Fehler vermeiden kann.

Ratschlag zur Groß- und Kleinschreibung:
Ratschlag zur Schreibung von „das“ und „dass“:
Ratschlag zur Beachtung von Wortverwandtschaften:
Ratschlag zur Konsonantenverdoppelung:

23 Setze im folgenden Text die fehlenden Kommas. 6 P.

Ohne Roboter könnten Ozeane nicht erforscht werden. Die kleinen Helfer ergründen nicht nur die Meerestiefen sondern helfen auch dabei Umweltgefahren zu erkennen oder Schätze zu suchen. Es war ein Roboter der im Jahr 1986 in einer Tiefe von 3 965 Metern das Wrack der Titanic erkundete.

Unterwasserroboter sehen oft aus wie kleine ferngesteuerte U-Boote. Sie sind so programmiert dass sie ihre Aufgaben ohne Unterstützung des Menschen selbstständig ausführen können.

Auch in Krisengebieten werden Roboter häufig eingesetzt: Wo Feuersbrünste ausgebrochen sind helfen sie beim Löschen und wo Minen oder Bomben liegen entschärfen sie diese. Roboter die Bomben entschärfen haben einen frei beweglichen ferngesteuerten Arm mit dem sie einen Wasserstrahl in die Sprengstoffkammer schießen. Danach können Bomben nicht mehr explodieren.

Auch in privaten Haushalten gibt es inzwischen vielfältige Einsatzmöglichkeiten für Roboter: Sie können den Rasen mähen Staub saugen Fenster putzen und vieles mehr. Schon in naher Zukunft werden Roboter ganz selbstverständlich zum Alltag dazugehören.

Sich schriftlich äußern

24 Schreibe einen Kommentar zu dem Text „Auf dem Weg nach Robonien: Besserer Mensch oder perfekte Maschine?“. 32 P.

Bearbeite der Reihenfolge nach diese Teilaufgaben:

- Schreibe in der Einleitung einen Basissatz.
- Fasse den Inhalt des Textes zu Beginn des Hauptteils mit wenigen Sätzen zusammen.
- Äußere anschließend deine Meinung zum Inhalt des Textes.
- Begründe deine Meinung, indem du drei überzeugende Argumente formulierst.
- Bekräftige am Schluss deine Meinung. Verweise dabei auf den entscheidenden Gesichtspunkt.

Schreibe mindestens 500 Wörter (→ Heft).

Die Bewertung deines Textes erfolgt mithilfe des Bewertungsbogens auf Seite 262.

Lösungen

Auf den folgenden Seiten findest du die Lösungen zu allen Aufgaben.

- Damit du dich schneller orientieren kannst, sind viele der Lösungen **fett** (oder **rot**) **hervorgehoben**.
- Bei manchen Aufgaben sind **mehrere Lösungen möglich**. Die angegebene Antwort ist dann als Lösungsvorschlag anzusehen. Lass dich also **nicht beirren**, falls dein Ergebnis einmal von der Musterlösung abweicht! Wenn du dir nicht sicher bist, fragst du am besten bei deiner Deutschlehrerin oder deinem Deutschlehrer nach.
- Besonders die Lösungen zu Aufgaben aus dem Bereich „Sich schriftlich äußern" sind als **Vorschlag** zu verstehen. Um deine Leistung beim **Schreiben von Texten** selbst besser einschätzen zu können, kannst du dir diese Fragen stellen:
  - Hast du die Schreibaufgabe richtig verstanden?
  - Konntest du den Text flüssig schreiben?
  - Ist dein Text ausführlich genug?
  - Konntest du dich verständlich ausdrücken?
  - Hast du unschöne Wortwiederholungen vermieden?
  - Ist dein Text gut zu verstehen?
  - Hast du bei einem neuen Sinnabschnitt immer einen neuen Absatz gemacht, um dem Leser die Lektüre zu erleichtern?
  - Kannst du deinen Text ansprechend laut vorlesen?

  Je mehr Fragen du mit „Ja" beantworten kannst, umso besser ist deine Lösung.
- Prüfe immer auch deine **Rechtschreibung** und Zeichensetzung genau!
- War deine Lösung einer Aufgabe falsch, solltest du die **Übung** später noch einmal **wiederholen**.

Kapitel 1: Das Glück der Unerreichbarkeit (Auszug)

1 Miriam Meckel befasst sich mit diesem Thema:

[X] Zunahme von Stress durch ständige Erreichbarkeit

2

		trifft zu	trifft nicht zu
a	Sie informiert rein sachlich über den Umgang mit elektronischen Medien.	[ ]	[X]
b	Sie schildert eigene Erfahrungen aus ihrem persönlichen Alltag.	[X]	[ ]
c	Sie gibt den Leserinnen und Lesern Ratschläge für den Umgang mit den modernen Medien.	[ ]	[X]
d	Sie beschreibt ihr eigenes Verhalten auch selbstkritisch.	[X]	[ ]
e	Sie reichert ihre Darstellungen mit Beispielen an.	[X]	[ ]
f	Sie spricht ihre Leser*innen gelegentlich direkt an.	[ ]	[X]

3 [X] Ständige Erreichbarkeit kann Probleme bereiten.

[X] Wer nicht immer erreichbar ist, fühlt sich besser.

[X] Es werden Lösungsmöglichkeiten versprochen.

4 *Mögliche Lösungen:*

Buch 1: „Next. Erinnerungen an eine Zukunft ohne uns." Thema ist die unmittelbare Zukunft. Dabei spielen die Menschen keine Rolle mehr.

Buch 2: „Brief an mein Leben: Erfahrungen mit einem Burnout." Thema ist der Burnout, den die Verfasserin erlitten hat. Diese Erfahrung hält sie in Form eines Briefes fest, den sie an ihr Leben richtet.

5 Samstagvormittag gegen elf Uhr (vgl. Z. 30/31)

6 Sie wirkt sehr entschlossen und auch selbstsicher. Offenbar ist sie daran gewöhnt, viele Termine zu haben, und die Leser*innen gewinnen den Eindruck, dass es für sie selbstverständlich ist, diese auch einzuhalten. Dass sie eingesteht, Dinge, die ihr lästig sind, gerne aufzuschieben, klingt daher überraschend.

7

2	in einem Café sitzen und einen Kaffee trinken
1	ein Halogenlämpchen kaufen
3	an einer Telefonkonferenz teilnehmen
2	mit Freunden plaudern

8 1. Sie hat einen Anruf der Hausverwaltung beantwortet.
2. Sie hat mit einem Kollegen die Gliederung eines Aufsatzes besprochen.

9 Es vergingen ungefähr …

☒ 45 Minuten.

10

3	Sie diskutierte.
5	Sie versuchte die Besprechung abzukürzen.
6	Sie legte einfach auf.
4	Sie schrie zwischendurch ins Telefon.
2	Sie bat um einen Aufschub.
7	Sie stellte ihr Mobiltelefon ab.
1	Sie beantwortete rasch eine Frage.

11 ☒ Sie hoffte, dass ihr Kollege sich kurz fassen würde.

12 Sie hielt den Zeitraum für …

☒ lang.

13 Ich halte die Dauer des Gesprächs für …

☒ kurz.

Begründung: Es geht um die Besprechung eines Aufsatzes, den die Verfasserin gemeinsam mit einem Kollegen schreiben wollte. Dafür braucht man eigentlich mehr Zeit und Ruhe, denn es geht um einen anspruchsvollen Inhalt.

14 Mein Akku ist gleich leer.

15 a Das Sprachbild stammt aus dem militärischen Bereich.

b *Sie fühlt sich fast so, als* befände sie sich im Krieg und müsste gegen eine feindliche Armee kämpfen.

16 Sie hat den Termin für diese Telefonkonferenz selbst festgelegt.

17 Die Aussage wirkt ironisch. Die Verfasserin erweckt den Eindruck, als ob alle anderen auf sie Rücksicht nehmen müssten. Dabei weiß sie genau, dass in Wirklichkeit sie der Störenfried ist. Schließlich steht sie den anderen, die ihre Einkäufe erledigen wollen, im Weg.

18

		Verkäuferin	Verfasserin
a	Sie ist gut gelaunt.	X	
b	Sie spricht Dialekt.	X	
c	Sie ist verwundert.		X
d	Sie fängt an sich aufzuregen.		X
e	Sie lässt sich nicht beirren.	X	
f	Sie wird unverschämt.		X

19 Ich muss das Handy auch einmal für längere Zeit ausgeschaltet lassen!

20 *Mögliche Lösung:*

[X] Nein, ich glaube nicht, dass Miriam Meckel ihren Vorsatz einhalten kann.

Begründung: Sie scheint daran gewöhnt zu sein, für andere ständig erreichbar zu sein. Ich kann mir deshalb kaum vorstellen, dass sie ihr Verhalten grundsätzlich ändern wird, etwa, indem sie ihr Handy ab und zu für längere Zeit ausgeschaltet lässt.

21

		K oder A	SR oder SG
a	Wenn man sein Handy nie ausschaltet, wird man zu den unmöglichsten Zeiten angerufen.	**K**	**SG**
b	Man darf sich dann nicht darüber wundern, dass man sich gestört fühlt.	**K**	**SG**
c	In Cafés oder Restaurants sitzen Freunde manchmal zusammen, aber sie reden nicht miteinander.	**K**	**SR**

d	Stattdessen starren sie auf das Display ihres Smartphones, weil sie auf einen Anruf oder eine Kurznachricht warten.	K	SG
e	Vor einer Kinovorführung spielen viele Besucher mit ihren Handys, allerdings schalten sie die Geräte zu Beginn des Spielfilms meist aus.	A	SR
f	Sie finden den Spielfilm wichtiger, deshalb verzichten sie in dieser Zeit auf jeden Kontakt mit der Außenwelt.	A	SR

22 a Als das Gespräch endlich beendet war, entdeckte ich einen kleinen gelben Briefumschlag auf dem Display meines Mobiltelefons. Zwei Nachrichten waren während des Telefonats eingegangen. Die erste erinnerte mich daran, dass ich bereits seit zehn Minuten im Café an der Apostelstraße hätte sitzen müssen, weil ich dort verabredet war („Wann kommst du denn? Warten hier.“) Die zweite Nachricht lautete: „Meldest du dich heute gar nicht?“ Es war 11:10 an einem Samstagvormittag, ich hatte mich bislang nicht gemeldet. Der Tag hatte noch 12 Stunden und 50 Minuten, aber an der privaten Front war er bereits kommunikativ verloren.

b Die Verfasserin verwendet …

[X] sowohl unverbundene Hauptsätze als auch Satzreihen und Satzgefüge.

23

a Im Alltag setzen viele Menschen unterschiedliche Prioritäten, denn sie lassen sich von ihren Interessen leiten.	nK
b Während sie eingehende E-Mails oftmals sofort öffnen, schieben sie unerwünschte Hausarbeit immer wieder auf.	uK
c Aufräumen und Saubermachen stoßen bei den meisten nur auf ein geringes Interesse, dagegen sind viele von ihnen fast den ganzen Tag online.	A
d So ist es kein Wunder, dass sie auf jede eingehende Nachricht sofort reagieren.	uK
e Eine unaufgeräumte Küche haben sie aber nicht ständig im Blick, deshalb bleiben Berge von schmutzigen Tellern oft stundenlang stehen.	A

24 a Viele Schülerinnen und Schüler schalten ihr Handy nie aus, <u>weil/da</u> sie immer erreichbar sein wollen. / … <u>denn</u> sie wollen immer erreichbar sein.

b Auch in der Schule ist das Handy oft eingeschaltet, <u>obwohl</u> es dort verboten ist.

c Das wird aber von den Lehrerinnen und Lehrern selten bemerkt, <u>denn</u> die Jugendlichen haben oft den Vibrationsalarm eingeschaltet.

d Kontaktaufnahmen erfolgen oft lautlos, <u>allerdings</u> ahnen die Lehrkräfte nichts davon.

e Eingehende Nachrichten sind meist ein Grund zur Freude, <u>aber</u> sie können auch für Verdruss sorgen.

f Das Handy kann der empfangenden Person sogar richtigen Ärger bereiten, <u>wenn</u> sie von anderen gemobbt wird.

g Nicht immer freuen sich Jugendliche über eingehende Nachrichten, <u>trotzdem/dennoch</u> möchten sie ihr Handy nicht ausstellen.

25 Miriam Meckel beschreibt zu Beginn ihres Buches einen ihrer typischen Vormittage: Sie war auf dem Weg zu einem Lampenladen, <u>denn</u> sie wollte endlich eine Halogenlampe kaufen, <u>weil</u> das Lämpchen in ihrer Schreibtischleuchte seit Wochen kaputt war. Unterwegs klingelte mehrmals ihr Handy, <u>deshalb</u> kam es immer wieder zu Störungen. Einmal telefonierte sie zwanzig Minuten lang mitten auf der Straße, <u>obwohl</u> sie den Verkehrslärm als sehr störend empfand. Vorbeigehende Passanten unterhielten sich laut <u>und</u> das fand sie sehr unangenehm. Mehrmals schrie sie ins Telefon, <u>damit</u> sie von ihrem Gesprächspartner verstanden wurde.

26 Er hat das Begleitwort, z. B. den Artikel, auf das falsche Wort bezogen und dieses dann großgeschrieben. Dagegen hat er das entsprechende Nomen kleingeschrieben. Er hat den Fehler wahrscheinlich deshalb gemacht, weil es zwischen dem Begleitwort und dem Nomen noch ein anderes Wort gibt.

27 **Das liebe Handy …**

Handys sind heute aus dem ~~alltag~~ nicht mehr weg-	Alltag
zudenken. Inzwischen sind die meisten Menschen	
sogar im ~~besitz~~ eines ~~Modernen~~ Smartphones. So	Besitz / modernen
können sie nicht nur ~~anrufe~~ entgegennehmen und	(ihre) Anrufe
~~Eingehende~~ SMS oder WhatsApps lesen, sondern	eingehende

auch ~~Jederzeit~~ ins Internet gehen. Viele ~~nutzer~~ sind	*jederzeit / Nutzer*
fast den ganzen Tag online; das betrifft vor allem	
Jugendliche. Auf diese ~~weise~~ kommt nie ~~langeweile~~	*Weise / (große) Langeweile*
auf: Wer an einer Haltestelle auf seinen Bus warten	
muss oder an der Supermarktkasse in der Schlange	
steht, checkt zum ~~zeitvertreib~~ einfach seine Kurz-	*Zeitvertreib*
nachrichten oder schreibt selbst welche.	
Allerdings ist der ständige ~~blick~~ aufs Handy nicht	*Blick*
~~Ungefährlich~~. Im Straßenverkehr kann es deshalb	*ungefährlich*
leicht zu ~~unfällen~~ kommen. Deshalb ist es Autofah-	*(einzelnen) Unfällen*
rern auch verboten, während des ~~fahrens~~ zu telefo-	*Fahrens*
nieren – es sei denn, sie ~~Verfügen~~ über eine Frei-	*verfügen*
sprechanlage.	
Es stellt sich natürlich die ~~frage~~, ob es wirklich nö-	*Frage*
tig ist, auch unterwegs ständig zu telefonieren. An-	
rufer können schließlich einfach eine ~~nachricht~~	*Nachricht*
hinterlassen. Die lässt sich auch zu einem späteren	
Zeitpunkt lesen. Aber anscheinend sind einige	
Menschen so ~~Neugierig~~, dass sie keine ~~geduld~~ ha-	*neugierig, Geduld*
ben, so lange zu warten.	

28 *Lösungsvorschlag:*

An: miriam.meckel@ …
Betreff: Ihr Buch „Das Glück der Unerreichbarkeit“

Sehr geehrte Frau Meckel,

vor Kurzem habe ich die ersten Seiten Ihres Buches „Das Glück der Unerreichbarkeit“ gelesen. Sie schildern da, wie es Ihnen einmal ergangen ist, als Sie an einem Samstagmorgen zu einem Lampengeschäft gehen wollten. Vor allem erzählen Sie, dass Sie mehrere Anrufe und Kurznachrichten erhielten, während Sie auf dem Weg waren, und dass Sie das zunehmend nervös und am Ende sogar richtig aggressiv gemacht hat.

Zuerst musste ich lachen, als ich las, wie Sie mit der Verkäuferin im Lampenladen umgegangen sind. Dass eine Kommunikationswissenschaftlerin solche Ausdrücke benutzt, konnte ich gar nicht glauben. Haben Sie tatsächlich „Schlampe“ zu ihr gesagt? Das war wirklich ganz schön unverschämt! Eigent-

lich kann ich mir das gar nicht vorstellen. Zwar kenne ich Jugendliche, die solche Wörter benutzen, wenn sie sich über jemanden geärgert haben, aber ich finde, zu jemandem wie Ihnen passt eine solche Ausdrucksweise überhaupt nicht! Da müssen Sie wirklich sehr wütend gewesen sein.
Durch diese offene und ehrliche Beschreibung Ihres Verhaltens haben Sie aber sehr gut deutlich gemacht, welche Auswirkungen es haben kann, wenn jemand meint, ständig für andere erreichbar sein zu müssen. Den ersten Anruf nimmt man noch ganz gelassen entgegen, aber wenn das Handy immer wieder von Neuem klingelt, wird man doch nervös, und irgendwann ist man sogar richtig aggressiv. In letzter Zeit hört man ja auch regelmäßig, dass die Berufstätigen sich heute immer mehr unter Druck fühlen, weil sie oft noch nach Feierabend E-Mails oder Anrufe von ihren Vorgesetzten oder von Kolleginnen und Kollegen bekommen. Das passt bestimmt zu Ihren Erfahrungen. Ich bin zwar erst 16 Jahre alt und noch Schüler(in), aber sogar ich fühle mich manchmal gestresst, wenn ich ständig auf meinem Smartphone angerufen werde.
Das Handy ist natürlich gar nicht schuld am zunehmenden Stress, unter dem viele leiden. Wir selbst haben es letztlich in der Hand, zumindest von Zeit zu Zeit das Gerät ganz auszuschalten. Das ist es wahrscheinlich auch, was Sie sich damals vorgenommen haben, als Sie meinten, etwas ändern zu müssen.
Mich interessiert jetzt, ob Sie das auch wirklich geschafft haben. Ehrlich gesagt, kann ich mir das kaum vorstellen. Sie scheinen nämlich ein vielbeschäftigter Mensch zu sein: Sie sind Direktorin am Institut einer Universität, schreiben Bücher und sind außerdem auch noch Chefredakteurin eines Magazins.
Kann es sein, dass Sie sich zu viel aufzuladen? Vielleicht sollten Sie eher da ansetzen: Verringern Sie einfach Ihre Aufgaben und Pflichten! Solange Sie das nicht tun, werden Sie immer glauben, für andere erreichbar sein zu müssen, um wichtige Dinge mit ihnen besprechen zu können.
Trotzdem bin ich gespannt auf die Ratschläge, die Sie Ihren Leserinnen und Lesern erteilen. Sie können davon ausgehen, dass ich mir Ihr Buch beschaffen werde, um es ganz zu lesen. Mir gefällt, dass Sie so lebendig schreiben und sich auch auf Alltagssituationen beziehen. Vielleicht kann ich durch die Lektüre einige Tipps bekommen, nicht nur für heute, sondern vor allem für mein späteres Leben. Wenn ich berufstätig bin, möchte ich jedenfalls nicht immer für jeden erreichbar sein, und vielleicht erhalte ich dafür einige Anregungen von Ihnen.

Mit freundlichen Grüßen
(Dein Name) *(519 Wörter)*

Kapitel 2: Das Hänflingsnest

29
- Begriff „Novelle“: „novella“ – Neuigkeit
- Gattung: Prosaerzählung
- Umfang: mittlere Länge (ca. 30 bis 60 Seiten)
- Inhalt: ein ungewöhnliches Ereignis
- Struktur: linear
- Darstellung: als ob die Handlung wahr wäre, auf einen Höhepunkt zustrebend

30 Die Handlung wirkt einerseits realistisch, denn es ist durchaus möglich, dass ein junges Mädchen sich in seiner Familie ungerecht behandelt fühlt. Trotzdem endet sie so, dass man es kaum glauben kann, denn die Protagonistin steckt eine ganze Stadt in Brand, nur um sich an ihrem Bruder und ihrer Schwägerin zu rächen.

31
- Darstellung realistisch
- Gestaltung trotzdem künstlerisch („poetisch“)
- Figuren werden mit ihren Stärken und Schwächen beschrieben
- Menschen aus allen Schichten als Hauptperson möglich

32 Der Anfang der Novelle weist mehrere Merkmale des poetischen Realismus auf: Ein Junge und ein Mädchen treffen in einem Garten zusammen. Im Mittelpunkt stehen ganz normale Menschen. Sie unterhalten sich in einer alltäglichen Sprache miteinander und der Erzähler gibt ihre Äußerungen in Form von wörtlicher Rede wieder. Dadurch wirkt die Darstellung nicht nur anschaulich, sondern auch realistisch. Das Verhalten der beiden wird auch wirklichkeitsgetreu beschrieben; dabei ist schon zu erkennen, dass auch persönliche Schwächen zum Ausdruck kommen. Zumindest bei Grete ist schon zu erkennen, dass sie keine einfache Person ist, weil sie leicht erregbar zu sein scheint, etwa wenn sie Forderungen stellt oder sich weigert, einen Wunsch Valtins zu erfüllen. Auch reagiert sie auf eine seiner Aussagen unerwartet „scharf“ (Z. 55). Der Erzähler beschreibt aber auch ihr hübsches Aussehen und die Leichtigkeit ihrer Bewegungen.

33
- **Lebensdaten:** Der Schriftsteller Theodor Fontane wurde am 30. Dezember 1819 in Neuruppin (im heutigen Brandenburg) geboren und starb am 20. September 1898 in Berlin.
- **Wohnorte:** Fontane wechselte immer wieder den Wohnort. Als Kind lebte er zunächst in Neuruppin, dann zog er mit seinen Eltern nach Swinemünde um. Später lebte er u. a. in Leipzig, Dresden, Magdeburg und Berlin, zwischendurch auch eine Zeit lang in London.
- **Elternhaus:** Die Vorfahren beider Eltern waren französische Hugenotten. Sie wurden wegen ihres protestantischen Glaubens in Frankreich unterdrückt und verfolgt und flüchteten deshalb nach Preußen, wo sie eine neue Heimat fanden. Fontanes Vater betrieb zunächst in Neuruppin, später in Swinemünde eine Apotheke.
- **Eigene Familie:** Fontane lernte seine spätere Frau Emilie schon früh kennen: im Jahr 1835. Doch mit der Eheschließung ließ er sich Zeit: Erst zehn Jahre später verlobte er sich mit ihr. Es vergingen noch weitere fünf Jahre, ehe er sie heiratete. Das Paar bekam sieben Kinder, sechs Söhne und eine Tochter. Drei Söhne starben schon kurz nach der Geburt.
- **Werdegang:** Nach Ende seiner Schulzeit im Jahr 1838 wurde Fontane zunächst Apotheker – wie sein Vater. Seine Apothekerlehre beendete er im Jahr 1940. Eine eigene Apotheke konnte er sich aber nicht leisten. Deshalb arbeitete er mehrere Jahre als Apothekergehilfe in verschiedenen Apotheken. Diesen Beruf gab er 1949 auf, um als freier Schriftsteller zu leben.
  Fontane hatte schon früh angefangen, Texte zu schreiben, z. B. Gedichte und Erzählungen. Vom literarischen Schreiben konnte er jedoch nicht leben. Deshalb war er lange Zeit als Journalist tätig, um Geld für sich und seine Familie zu verdienen. Er unternahm mehrere Reisen, unter anderem nach London. Von dort aus arbeitete er einige Jahre als Pressekorrespondent für die preußische Regierung.
  Erst in höherem Alter erzielte Fontane seinen Durchbruch als Schriftsteller. 1877, im Alter von 58 Jahren, beendete er seinen ersten Roman („Vor dem Sturm"), der ein Jahr später veröffentlicht wurde. Danach schrieb er viele weitere Werke.
- **Werke:** Fontane verfasste hauptsächlich Romane und Novellen, daneben auch einige Gedichte. Bekannt sind vor allem seine Romane „Effi Briest", „Irrungen, Wirrungen" und „Frau Jenny Treibel". Außerdem veröffentlichte er einige Novellen, z. B. „Grete Minde" und „Unterm Birnbaum". Seine bekanntesten Gedichte sind „Herr von Ribbeck auf Ribbeck im Havelland", „John Maynard" und „Die Brück' am Tay".

- **Bedeutung als Autor:** Fontane gilt in Deutschland als herausragender Vertreter des poetischen Realismus. Indem er das Verhalten seiner Figuren sehr genau beschreibt, hält er der Gesellschaft einen Spiegel vor. Einige seiner Werke wurden auch verfilmt, z. B. der Roman „Effi Briest“.

34 In dem Märchen spielt eine böse Stiefmutter eine wichtige Rolle. Das Thema scheint Grete zu gefallen. Anscheinend kann sie sich gut mit einem Kind identifizieren, das unter einer bösen Stiefmutter leidet. Ihre Schwägerin Trud spielt für sie die Rolle der bösen Stiefmutter.

35
- *Besonderheiten von Schwalbennestern:* Die Nester bestehen aus Lehmkügelchen, die mit Speichel verklebt sind. Sie sind kaum einzusehen, denn sie sind bis auf ein kleines Einflugloch komplett zugemauert.
- *Weshalb Schwalbennester für Grete keine richtigen Vogelnester sind:* Für Grete sind Schwalbennester deshalb keine richtigen Nester, weil sie nicht weich sind, sondern eher hart. Sie sagt, ein richtiges Nest müsse so weich sein wie der Flachs, den die Kinderfrau verarbeitet (vgl. Z. 26 f.)

36

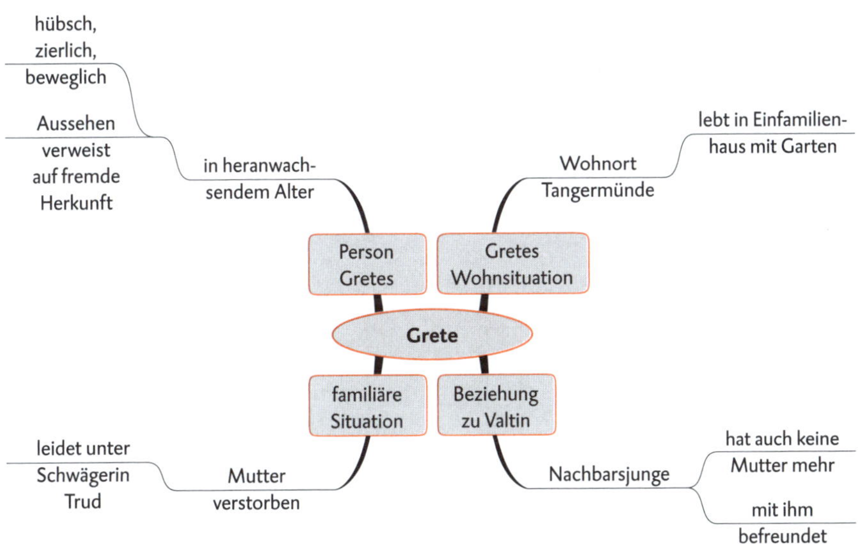

37 [X] Gleichgültigkeit

38 [X] Sie ist unwillig.

39 ☒ Sie befürchtet den Unwillen ihrer Schwägerin.

40 Sie ist ...

	trifft zu	trifft nicht zu
a rücksichtslos.	☐	☒
b neugierig.	☒	☐
c impulsiv.	☒	☐
d egoistisch.	☐	☒
e gedankenlos.	☒	☐

41 Valtin geht davon aus, dass der Vogel um seine Jungen besorgt ist.

42 Sie lehnt ihre Schwägerin heftig ab und will sie keinesfalls als ihre Mutter ansehen.

43 Sie ist hübsch, und er fühlt sich wohl in ihrer Nähe (*auch möglich:* Er ist in sie verliebt.)

44 Er macht ihr Komplimente und sagt ihr, dass er sie später einmal heiraten will. Sie nimmt ihn nicht ernst und macht sich sogar über ihn lustig.

45 Er hat die Bank, die dort steht, selbst gezimmert und betrachtet diese Stelle im Garten deshalb als seinen ganz persönlichen Platz.
Zudem kann er von da aus aufs Nachbarhaus schauen, also auf das Haus, in dem Grete wohnt.

46

	Grete	Valtin		Grete	Valtin
selbstbewusst	☒	☒	geschickt	☐	☒
fordernd	☒	☐	gehorsam	☒	☐
neugierig	☒	☐	schnippisch	☒	☐
entgegenkommend	☐	☒	abweisend	☒	☐

47 Es fällt ihnen schwer zueinanderzukommen; die Hindernisse zwischen ihnen sind groß.

48 Sie sehnt sich offenbar selbst nach einem Nest, also nach einem Zuhause, das ihr Wärme und Geborgenheit bietet. Sie hat bisher wohl immer nur Kälte erlebt; zumindest scheint sie das so zu sehen.

49 ☒ Figurenrede

50 *Mögliche Lösung:*
über Grete: „Grete sah neugierig hinein und wollte sich damit zu schaffen machen […].“ (Z. 52 f.)
Das zeigt: Sie interessiert sich für das Vogelnest und möchte die Jungen ganz aus der Nähe sehen.

über Valtin: „Und dabei sprang er vom Zaun in den Garten seines elterlichen Hauses zurück. “ (Z. 28 f.)
Das zeigt: Er geht davon aus, dass Grete ihm folgen wird, und kann es kaum erwarten, ihr das Vogelnest zu zeigen.

51 *Mögliche Lösung:*
Grete sagt: „Ich darf nicht“ (Z. 30)
Das zeigt: Sie hat Angst vor ihrer Schwägerin und will ihr deshalb lieber gehorchen.

Valtin sagt: „Wenn ich eine Schwester hätte, die könnte den ganzen Tag verbieten, ich tät es doch.“ (Z. 34 f.)
Das zeigt: Er ist selbstbewusst und schätzt die Rolle von Gretes Schwägerin realistisch ein.

52
- **a** WW, Str, V, dA
- **b** WW, Str, V
- **c** WW, Str, V, dA
- **d** WW, Str, V
- **e** WW, Str, Wdh, V, dA

53
- **a** Pfa**nn**e, la**n**den, (er) ke**nn**t (wegen *kennen*), (du) ka**nn**st (wegen *können*), Ru**n**de, Scha**n**de, Verba**nn**ung, le**n**ken
- **b** sto**pp**en, wi**pp**en, Stem**p**el, Sta**p**el, Gi**p**fel, Lam**p**e, Ho**p**fen, Wim**p**el
- **c** win**z**ig, pe**tz**en, tan**z**en, pla**tz**ieren, Pan**z**er, Ker**z**e, bren**z**lig, kür**z**lich
- **d** win**k**en, Geschen**k**e, De**ck**en, zan**k**en, we**ck**en, Geste**ck**, le**ck**er, star**k**

54 Gretes Situation ~~spizt~~ sich immer mehr zu. Als geradezu unerträglich empfindet sie ihre Lage, nachdem ihre ~~Schwägerinn~~ ein Kind bekommen hat. Nun fühlt sie sich erst recht an den Rand gedrängt. Ihre ~~Bedürfnise~~ als junges Mädchen spielen keine ~~Role~~; vielmehr ~~mus~~ sie ständig auf ihren kleinen Neffen ~~aufpasen~~ und darf das Haus kaum noch ~~verlasen~~.
Eines Tages kommt es zu einem ~~hefftigen~~ Streit mit Trud, bei dem Grete die ~~Selbstbeherschung~~ verliert und ~~gewallttätig~~ wird. In der Nacht darauf ~~verläst~~ sie zusammen mit Valtin die Stadt und begibt sich auf die Flucht. Ihr Vater ist inzwischen gestorben und so ~~hällt~~ sie nichts mehr in ihrer Heimat.
Die beiden schließen sich einer ~~Puppenspielergrupe~~ an, mit der sie durch die Lande ziehen. Sie bekommen ein Kind und fühlen sich ~~gantz~~ wohl, obgleich sie sehr arm sind. Aber ihr Glück ist nicht von Dauer, denn Valtin ~~erkranckt~~ schwer und stirbt. […]

spitzt
Schwägerin
Bedürfnisse
Rolle, muss
aufpassen
verlassen
heftigen
Selbstbeherrschung
gewalttätig
verlässt
hält
Puppenspielergruppe
ganz
erkrankt

55 *Hinweis:* Aussagen über Gretes Eigenschaften und Charaktermerkmale sind durch Fettdruck hervorgehoben. Die Ausführungen rund um diese Aussagen dienen jeweils als Belege.

Lösungsvorschlag:
Grete Minde, die Hauptfigur aus Theodor Fontanes gleichnamiger Novelle, ist ein junges Mädchen im Alter von ungefähr 13 Jahren. Sie ist hübsch und hat eine zierliche Figur. Aufgrund ihres Aussehens wirkt sie in der märkischen Stadt Angermünde wie eine Fremde. Ihre Mutter ist bereits verstorben, und sie lebt zusammen mit ihrem Halbbruder Gerdt und ihrer Schwägerin Trud. Der Nachbarsjunge Valtin ist ihr Freund.
Der Textauszug beschreibt eine Begegnung zwischen Grete und Valtin. Die Verhaltensweisen, die sie dabei zeigt, verraten viel über ihren Charakter: Als Valtin sie eines Tages vom Zaun aus sieht, erzählt er ihr, dass er in seinem

Garten ein Vogelnest entdeckt habe, in dem zwei Junge seien (vgl. Z. 1 f.). Darauf **reagiert** sie **mit Begeisterung:** „Das wäre!"(Z. 3). Allerdings **ist sie nicht bereit**, die Vogelart zu erraten – Valtin hatte sie darum gebeten –; dazu **ist sie viel zu ungeduldig** (vgl. Z. 10). Der Gedanke an das Vogelnest **macht sie fast ein wenig melancholisch**. Sie meint, ein richtiges Nest müsse ganz weich sein (vgl. Z. 27). Bis jetzt habe sie nur zwei Schwalbennester gesehen (vgl. Z. 22 f.), und das sind in ihren Augen gar keine richtigen Nester (vgl. Z. 24). Am liebsten würde sie **sofort** hinüberlaufen und sich das Nest anschauen. Doch sie **traut sich nicht**, weil sie weiß, dass Trud dagegen wäre (vgl. Z. 32). Gegenüber ihrer Schwägerin verhält sie sich also **gehorsam**, und das macht sie **vorsichtig und zurückhaltend**.

Es gelingt ihrem Freund jedoch, ihre Bedenken zu zerstreuen, und schließlich ist sie dazu bereit, zum ihm herüberzukommen. Seiner Aufforderung, einfach über den Zaun zu springen, will sie aber erst nicht folgen, obwohl Valtin sie aufzufangen verspricht. Stattdessen verlangt sie von ihm, er solle eine Leiter für sie holen (vgl. Z. 37). Gegenüber ihrem Freund verhält sie sich also auch ein wenig **fordernd**. Nach einigem Zureden gibt sie schließlich nach und springt doch. Dabei zeigt sich, dass sie durchaus **sportlich** ist (vgl. Z. 44 f.)

Dem Nest nähert sie sich **voller Neugierde** (vgl. Z. 52). Dabei wirkt sie auch **sehr impulsiv:** Sie „wollte sich damit zu schaffen machen" (Z. 52). Valtin hält sie jedoch zurück. Beim Anblick des Hänflings, der um sie herumfliegt, sagt er: „Lass; er ängstigt sich. Es ist wegen der Jungen; unsere Mütter sind nicht so bang um uns." (Z. 53 f.) Diese Worte **verärgern das Mädchen:** „‚Ich habe keine Mutter'", erwiderte Grete scharf" (Z. 55). Die **Heftigkeit ihrer Reaktion** zeigt, dass sie **Trud ablehnt und sie nicht als Muttersatz ansieht**.

Die wesentlichen Charaktereigenschaften Gretes lassen sich wie folgt zusammenfassen: Wenn die Rede von Trud ist, wird deutlich, dass Grete Respekt vor ihr hat. Dann wirkt sie eher **zurückhaltend und ein wenig ängstlich**. Gegenüber ihrem Freund tritt sie eher **selbstbewusst** auf: Von ihm lässt sie sich immer erst mehrmals bitten, ehe sie seinen Aufforderungen nachkommt.

Erklären lassen sich Gretes Persönlichkeitsmerkmale vielleicht so: **Es scheint ihr zu gefallen, von Valtin hofiert zu werden.** Sein spontan geäußerter Heiratsantrag verunsichert sie zwar etwas („Und was machst du dann mit mir?" Z. 70), aber sie lehnt ihn nicht wirklich ab. Auch hat sie nichts dagegen, sich neben ihn auf die Gartenbank zu setzen (vgl. Z. 83). Anscheinend fühlt sie sich in Valtins Gegenwart wohl.

Bei ihrer Schwägerin fühlt sie sich nicht geborgen; vor ihr hat sie **beinahe Angst**. Dafür spricht auch, dass sie Grimms Märchen vom Machandelboom als ihr Lieblingsmärchen bezeichnet (vgl. Z. 60). Sie scheint sich **mit der Opferrolle zu identifizieren**.

Zusammenfassend lässt sich sagen, dass Grete, genau genommen, **innerlich gespalten** ist: Vom Wesen her ist sie eigentlich **neugierig, spontan und aktiv**. Doch ihr Respekt vor Trud macht sie **vorsichtig und zurückhaltend**. Ihr Problem ist darin zu sehen, dass sie sich zu Hause nicht geborgen fühlt. So ist sie hin- und hergerissen zwischen den Erwartungen ihrer Schwägerin und den Vorstellungen ihres Freundes. *(632 Wörter)*

Kapitel 3: Bahnwärter Thiel

56 ☒ Auch Hässliches wird beschrieben.
☒ Die Figuren gehören den unteren Gesellschaftsschichten an.
☒ Die Sprache der Figuren klingt echt.

Belege:

- Unschön ist z. B. das Elend, in dem Thiel lebt, nachdem seine erste Frau gestorben ist. Die alte Frau, die seinen Sohn betreut, ist damit völlig überfordert. Einmal hat sie das Kind „beinahe [...] verbrennen lassen" (Z. 51), ein anderes Mal ist es ihr „von ihrem Schoß auf die Erde gekugelt" (Z. 51 f.).
- Dass die Figuren den unteren Gesellschaftsschichten angehören, ist schon an ihren Berufen zu erkennen: Thiel ist ein kleiner Bahnwärter und seine zweite Frau ist eine Kuhmagd.
- Sowohl Thiel als auch der Pastor sprechen eine Sprache, die alltäglich und echt klingt. Thiel sagt z. B. an einer Stelle: „Der Junge geht mir drauf [...]." (Z. 44) Und der Pastor bemerkt: „Nun ja wohl – aber ich meine [...]." (Z. 43). So klingt mündlich gesprochene Sprache.

Hinweis: Der Erzähler erwähnt zwar auch Details, z. B. Thiels behaarten Nacken, aber er beschreibt nicht alle Einzelheiten. Ein Sekundenstil liegt deshalb nicht vor.

57 **Der Schriftsteller Gerhart Hauptmann**

Gerhart Hauptmann (1862–1946) gilt bis heute als der wichtigste Vertreter des Naturalismus in Deutschland. Im Jahr 1912 erhielt er für sein Werk den Nobelpreis. Geehrt wurde er für seine Dramen, die als neu und vielseitig galten. Neben Dramen schrieb er auch Novellen und einzelne Gedichte. Bekannt sind u. a. seine Dramen „Vor Sonnenaufgang" (1889), „Die Weber" (1892), „Der Biberpelz" (1893) und „Die Ratten" (1911). Die Novelle „Bahnwärter Thiel", entstanden 1887, ist sein erstes naturalistisches Werk.

Hauptmanns Werdegang verlief nicht geradlinig. Er musste auch einige Misserfolge hinnehmen; so schaffte er nur mit Mühe die Realschule, und alle Ausbildungen, die er begann, z. B. zum Landwirt, zum Bildhauer und zum Zeichner, brach er wieder ab. Schließlich widmete er sich ganz der Schriftstellerei. Dabei wechselte er seinen Stil mehrmals: Anfangs verschrieb er sich dem Naturalismus und wandte sich dem sozialen Elend zu, später befasste er sich mit

anderen Themen, z. B. mit der griechischen Mythologie. Er schrieb auch Dramen von märchenhaftem Charakter.
Problematisch war der Wechsel seiner politischen Ansichten: Zunächst galt er als Sozialist und Pazifist, dann begrüßte er den Ausbruch des Ersten Weltkriegs, was nicht zu seiner pazifistischen Haltung passte; nach der Niederlage Deutschlands und dem Sturz der Monarchie befürwortete er die Republik. Kritisiert wurde er vor allem dafür, dass er nach der Machtergreifung Hitlers zeitweise mit den Nationalsozialisten sympathisierte.

Hinweis: Wende dich zuerst den Leistungen zu, für die er bis heute anerkannt wird, und erst danach seinen Schwächen und der Kritik an seiner Person.

58 Der Erzähler betrachtet das Geschehen eher als ein außenstehender Beobachter. Er stellt nur dar, wie das Leben des Bahnwärters abläuft, bevor er zum zweiten Mal heiratet. Von den Gedanken und Gefühlen Thiels erfährt der Leser nichts.

59
- **Standort:** Der Erzähler befindet sich außerhalb des Geschehens. Er richtet seinen Blick auf den Bahnwärter, betrachtet ihn aber immer aus einem gewissen Abstand.
- **Wissen:** Er scheint sein Wissen überwiegend von den Leuten bezogen zu haben, die in dem Dorf leben. Deshalb ist sein Wissen beschränkt.
- **Verhalten:** Er stellt nur dar, was geschieht bzw. geschehen ist, und enthält sich jeden Kommentars. Seine Darstellung wirkt objektiv.

60 Einmal ist der Bahnwärter von einem herabfallen Stück Kohle getroffen worden, sodass er „mit zerschmettertem Bein“ (Z. 14) in den Bahngraben stürzte, und einmal hat er eine Weinflasche gegen die Brust bekommen.

61

		Thiel	Ehefrau
a	groß	☒	☐
b	rothaarig	☒	☐
c	mit feinen Gesichtszügen	☐	☒
d	schwach	☐	☒
e	von robuster Gesundheit	☒	☐
f	zierlich	☐	☒
g	kräftig	☒	☐

62 ☒ Pflichtbewusstsein

63 Thiel sieht groß und kräftig aus und ist auch kerngesund, während seine erste Frau zierlich und schwach ist und kränklich erscheint.

64 Sie ist nach der Geburt ihres Sohnes im Wochenbett gestorben.

65 zwei Jahre

66 ☒ Sie haben kaum eine Veränderung an ihm bemerkt.

67 Es heißt, dass er seinen Nacken „ein wenig gesenkt trug" (Z. 33 f.) und „noch eifriger der Predigt lauschte […], als er es früher getan hatte" (Z. 34 f.). Das zeigt, dass er stark in sich gekehrt ist und doch um seine verstorbene Frau trauert.

68 ☒ Er will seinen Sohn versorgt wissen.

69 Sie ist stark und kräftig, während die erste Ehefrau zart und schwach war.

70 Die Leute tratschen, und zwar über den Bahnwärter.

71 Er hat nicht bedacht, dass Thiel ein Problem mit der Betreuung seines Sohnes haben könnte.

72
- **a** Der Pastor fragte Thiel, ob **er tatsächlich schon wieder heiraten wolle.**
- **b** Auf die Bedenken, die der Geistliche mit diesen Worten zum Ausdruck brachte, reagierte Thiel mit Unverständnis. Er meinte, **mit einer Toten könne er keinen Haushalt führen.**
- **c** Doch der Pastor blieb bei seiner Meinung und sagte, dass **er eine so baldige neue Eheschließung doch für verfrüht halte.**
- **d** Thiel ließ sich jedoch nicht beirren und erklärte, dass **er sich Sorgen um seinen Sohn mache.**
- **e** Erst da erinnerte sich der Pastor an den Jungen, und er fragte Thiel, **wo er denn das Kind untergebracht habe, während er im Dienst sei.**

Hinweis: Du brauchst die einzelnen Äußerungen nur dem Sinn nach wiederzugeben. Achte aber darauf, dass du den gemeinten Inhalt mit deinen Formulierungen auch wirklich triffst.

73 *Mögliche Lösung:*

Thiel erzählte nun: „Ich bringe Tobias zu einer Nachbarin, wenn ich zum Dienst muss. Sie ist aber schon alt und kann nicht richtig auf ihn aufpassen. Einmal hat sie ihn beinahe verbrennen lassen, ein anderes Mal ist er ihr vom Schoß gerutscht und auf den Boden gefallen. Zum Glück hat er sich dabei nur eine große Beule geholt. Aber so geht das nicht weiter! Der Junge ist auch so schwach, da braucht er eine ganz besondere Pflege. Außerdem habe ich meiner verstorbenen Frau versprochen, immer gut für unseren Sohn zu sorgen. Deshalb bleibt mir nichts anderes übrig. Ich muss einfach wieder heiraten.

74 allsonntäglich, Bahnwärter, ausnehmen, zweimal, infolge, (beim) Vorbeifahren, herabfallen, Bahngraben, Weinflasche, vorüberrasen, Schnellzug, Unglücksfall, fernhalten

75 Der Bahnwärter Thiel ist sehr ~~Pflicht bewusst~~. Bei der Arbeit hat er in all den Jahren insgesamt nur ~~zwei Mal~~ gefehlt. Auch zur Kirche geht er ~~Regel mäßig~~. Er ist aber auch ein ~~zurück haltender~~ Mensch. Obwohl er schon lange in dem Dorf lebt, hat er kaum Kontakt zu den anderen ~~Dorf Bewohnern~~. Nach dem Tod seiner ersten Frau lässt er seinen kleinen Sohn von einer alten Frau betreuen, die damit völlig ~~über fordert~~ ist. Das bereitet ihm ~~Großesorgen~~. Nach einem Jahr trifft er die Entscheidung, ein ~~zweitesmal~~ zu heiraten. Er achtet nun darauf, dass die neue Frau stark und kräftig ist, denn er will nicht schon bald wieder allein für seinen Sohn ~~dasein~~ müssen.

pflichtbewusst, zweimal, regelmäßig, zurückhaltender, Dorfbewohnern, überfordert, große Sorgen, zweites Mal, da sein

76 Pastor *(energisch):* Nun ja, ehrlich gesagt, es hat mich auch erstaunt, dass Thiel demnächst schon wieder heiraten will …

Frau Schneider: Der hält es wohl nicht länger alleine zu Hause aus.

Herr Wohlgemut *(grübelnd)*: Man darf nicht vergessen, dass er ein Kind hat.

Anneliese: Stimmt, er hat doch einen kleinen Jungen!

Emmi: Seine Frau ist im Wochenbett gestorben. Seitdem muss Thiel sich alleine um seinen Sohn kümmern.

Herr Schneider: Was macht er eigentlich mit dem Kleinen? Werktags muss er doch zum Dienst. Dahin kann er ihn wohl nicht mitnehmen, oder?

Herr Müller *(entschieden):* Ne, das geht nicht! Da muss er doch auf die vorbeifahrenden Züge achten und die Bahnschranke betätigen.

Anneliese: Ich glaub', er bringt das Kind immer zu einer Nachbarin.

EMMI: Ja, richtig, zu Frau Jensen. Die hat ja auch weiter nichts zu tun.

FRAU SCHNEIDER: Deren Mann ist vor drei Jahren gestorben. Jetzt lebt sie ganz allein.

HERR SCHNEIDER: Die hat genug Zeit, sich um das Kind zu kümmern.

PASTOR *(zögernd)*: Naja, ich bin mir da nicht so sicher, ob sie das wirklich kann. Zeit hat sie zwar genug, aber sie ist schon ziemlich alt ...

FRAU SCHNEIDER: Ich glaube, die ist schon bald achtzig!

ANNELIESE: In dem Alter kann sie eben nicht mehr so.

PASTOR *(leise):* Ehrlich gesagt: Ich hatte schon vollkommen vergessen, dass Thiel ein Kind hat.

HERR SCHNEIDER: Er redet ja auch mit niemandem darüber. Überhaupt lebt er ziemlich zurückgezogen.

PASTOR: Man hätte ihn natürlich fragen können, ob er Hilfe braucht.

ANNELIESE: Zum Gottesdienst kommt er ja noch regelmäßig, allerdings ohne das Kind. Deshalb hat man auch völlig vergessen, dass er einen Sohn hat.

FRAU SCHNEIDER: Fast hat man das Gefühl, dass er den Jungen verstecken will!

EMMI: Der Kleine soll ja auch sehr schwächlich sein ...

ANNELIESE: Genau wie seine Mutter! Die sah ja auch aus, als würde sie jeden Moment vom Wind umgepustet.

HERR WOHLGEMUT: Eigentlich hätten wir uns aber wirklich um Thiel kümmern müssen. Schließlich sind wir eine Dorfgemeinschaft.

PASTOR *(zum Bahnwärter):* Hat er denn wenigstens mit Ihnen über seine Lage gesprochen?

HERR MÜLLER: Nein, nie! Aber dazu haben wir auch keine Zeit. Wenn er kommt, gehe ich – und wenn ich komme, geht er.

HERR SCHNEIDER: Na, nun wird er ja bald wieder heiraten.

ANNELIESE *(neugierig):* Wer ist denn eigentlich die Glückliche?

PASTOR: Eine Kuhmagd aus Alte-Grund, soweit ich weiß.

HERR WOHLGEMUT: Da hat er wohl wirklich Glück. Die kann sicher richtig zupacken. Genau so eine braucht er!

PASTOR: Wir wollen das Beste hoffen ... *(413 Wörter)*

Hinweis: Nutze die Textinformationen, um dir ein glaubwürdiges Gespräch auszudenken. Frage dich: Was können die einzelnen Personen wissen – und was nicht? Alles, was jemand sagt, sollte zu ihm passen.

Kapitel 4: Wo bist du nur, perfekter Job?

77 Suche nach Selbstverwirklichung im Beruf

78 Es ist sehr schwierig, den Beruf zu finden, der wirklich zu einem passt.

79
- **a** Der Verfasser nennt die Berufe der Toten, die dort liegen, statt ihre Namen. Das passt einerseits zum Thema, andererseits klingt es originell.
- **b** Das Sprachbild von der „Reise in die Selbstverwirklichung“, die „hindernisreich“ ist, wirkt sehr anschaulich.
- **c** Die Worte „die können was“ sind umgangssprachlich.

80
- Auf dem Friedhof erfährt man, wie eng der Mensch sein Leben mit der Arbeit verbindet. (Z. 1 f.)
- Name und Beruf, das ist es also, was nach dem Tod in Erinnerung bleibt. (Z. 4 f.)
- Der Mensch [...] ähnelt seinen Ahnen. (Z. 6)
- Unsere Lebenszufriedenheit hängt mit unserer Jobzufriedenheit zusammen. (Z. 14)
- Das ist bekannt, Eltern belehren ihre Kinder darüber [...]. (Z. 15)
- Die Müller und Kaufleute auf dem Friedhof haben mit den Angaben auf ihren Grabsteinen häufig nicht ihren Traumjob, sondern ihre Stellung in der damaligen Gesellschaft notiert. (Z. 21 ff.)
- Heute sind die Menschen ziemlich frei in der Wahl ihres Berufs. (Z. 29)
- Der Mensch darf sich selbst verwirklichen. (Z. 32 f.)
- Viele finden diese verordnete Fahndung nach dem perfekten Job unsinnig anstrengend. (Z. 34 f.)
- Das Internet hat dabei geholfen, aus dem Wunsch nach Selbstverwirklichung einen Befehl zu machen. (Z. 38 f.)
- Wir orientieren uns an Freunden, an Kollegen, an erfolgreichen Menschen aus dem Internet, dem Fernsehen oder dem echten Leben und schauen, was sie mit ihrer Lebenszeit gemacht haben. (Z. 43 ff.)
- Die Reise in die Selbstverwirklichung ist aber hindernisreich. (Z. 48)
- Viele, die erfolgreich sind, haben keine lineare Fahrt ins Glück hinter sich, sie haben ein Auf und ein Ab erlebt. (Z. 52 f.)

- Niemand weiß, was es für jeden Einzelnen braucht, um da anzukommen, wo er hingehört. (Z. 55 f.)
- Die Fragen sind das eigentlich Interessante am Prinzip Selbstverwirklichung. (Z. 63)

81

		trifft zu	trifft nicht zu
a	Nach dem perfekten Beruf muss man lange suchen.	☒	☐
b	Es ist nicht einfach, den perfekten Beruf zu finden.	☒	☐
c	Man sollte sich bei der Berufswahl nicht so viele Gedanken machen.	☐	☒
d	Es gibt für niemanden den perfekten Beruf.	☐	☒

82

		früher	heute
a	Die Eltern bestimmen den Beruf ihrer Kinder.	☒	☐
b	Die Kinder haben Freiheiten bei der Wahl ihres Berufs.	☐	☒
c	Die Kinder können aus einer Vielzahl von Berufen wählen.	☐	☒
d	Die Kinder können sich ihren Beruf nicht selbst aussuchen.	☒	☐
e	Der Beruf bestimmt die Position einer Person innerhalb der Gesellschaft.	☒	☒

83
- Berufe stehen auf vielen Grabsteinen. (vgl. Z. 2 ff.)
- Menschen geben ihre Berufe auf Visitenkarten und in Internetprofilen an. (vgl. Z. 6 ff.)
- Personen, die sich neu kennenlernen, fragen einander ziemlich schnell nach ihren Berufen. (vgl. Z. 9 f.)

84 Sie wollen sich selbst verwirklichen.

85 Die Schulabgänger*innen …

		trifft zu	trifft nicht zu
a	werden bei der Berufswahl nicht von ihren Eltern unterstützt.	☐	☒
b	sind mit der Fülle der verschiedenen Berufsbilder überfordert.	☒	☐
c	suchen nach einem Beruf, der perfekt zu ihnen passt.	☒	☐
d	kennen ihre Talente und Interessen nicht.	☐	☒
e	eifern Vorbildern nach, die sie aus den Medien kennen.	☒	☐

86 Beides hängt eng zusammen: Wer mit seinem Beruf zufrieden ist, ist auch mit seinem Leben zufrieden.

87 Sogenannte Blogger*innen z. B. haben mithilfe des Internets ihr Hobby zum Beruf gemacht oder sie verdienen zumindest zusätzliches Geld mit ihren Internetaktivitäten. Solche Leute, die sich im Internet selbst verwirklichen, sind zu Vorbildern geworden. Es macht den Eindruck, als könne es im Internet jeder schaffen, wenn er sich bemüht; das setzt viele Menschen unter Druck.

88 Es ist sehr schwierig herauszufinden, auf welche Weise man sich selbst verwirklichen kann.

89 ☒ Hartnäckigkeit ☒ Neugier

Hinweis: Hartnäckigkeit ist erforderlich, weil man auch Niederlagen hinnehmen können muss (vgl. Z. 50).

90 Sie haben sowohl Erfolge erlebt als auch Rückschläge erlitten; ihr Weg ist nicht geradlinig verlaufen.

91

Kapitelüberschrift	Fragen
Sinnerfüllung	Mache ich etwas Sinnhaftes? (Z. 59)
Perfektionierung	Kann ich mich in dem, was ich tue, verbessern? (Z. 59 f.)
Selbstbestimmung	Arbeite ich einigermaßen selbstbestimmt? (Z. 60 f.)

92 ▶ **Sinnerfüllung:** Man empfindet die Arbeit als sinnvoll, weil man glaubt, einen wichtigen Beitrag für die Gesellschaft zu leisten.

▶ **Selbstbestimmung:** Man kann selbst entscheiden, wie man bei der Arbeit vorgeht, und ist kein reiner Befehlsempfänger.

▶ **Selbstverwirklichung:** Man kann das tun, was am besten zu den eigenen Interessen und Begabungen passt.

93 ☒ Verdiene ich in dem Beruf genug Geld?

94 Man sollte sich immer wieder bestimmte Fragen stellen, um herauszufinden, was einem wichtig ist.

95

Sprachbild	Fachbegriff
Wo bist du nur, perfekter Job? (Überschrift)	**Personifikation**
Als gäbe es den einen Job, die eine Aufgabe, die einen Menschen komplettiert – so wie die Liebe des Lebens. (Z. 20 f.)	**bildhafter Vergleich**
Viele finden diese verordnete Fahndung nach dem perfekten Job unsinnig anstrengend. (Z. 34 f.)	**Metapher**
[...] der perfekte Job, bei dem alles passt, er will sich nicht offenbaren. (Z. 35 f.)	**Personifikation**
Das Internet hat dabei geholfen, aus dem Wunsch nach Selbstverwirklichung einen Befehl zu machen. (Z. 38 f.)	**Personifikation**
Die Reise in die Selbstverwirklichung ist aber hindernisreich. (Z. 48)	**Metapher**
Viele, die erfolgreich sind, haben keine lineare Fahrt ins Glück hinter sich [...]. (Z. 52)	**Metapher**
Steve Jobs hat mal [...] gesagt, dass das Leben ohnehin erst im Rückspiegel Sinn ergebe [...]. (Z. 53 f.)	**Metapher**
Fragen wirbeln Gedanken auf und legen sie an anderen Orten ab. (Z. 64)	**Personifikation**

96

	S	B
Wenn das Ende der Schulzeit naht, freuen sich die meis-		
ten Jugendlichen. Diejenigen, die der Zukunft optimistisch	✗	
entgegensehen, glauben, dass anschließend endlich das		
richtige Leben beginnt. Doch einige Schulabgänger*innen		
blicken den neuen Zeiten auch mit Sorge entgegen. Diese		✗
Jugendlichen spüren eher ein Unbehagen, denn sie sehen		
viel Neues auf sich zukommen und das beunruhigt sie. In	✗	
der Schule mussten sie zwar die Anweisungen der Lehr-		
kräfte erfüllen und das gefiel den meisten nicht. Aber	✗	
andererseits gab es bezüglich der Erwartungen auch eine		
gewisse Sicherheit, und die wird man so nie wieder haben.	✗	
Nach Abschluss der Schulzeit wird sich manches deutlich		
ändern. Dennoch: Die meisten Schülerinnen und Schüler		
freuen sich auf diese Veränderungen, vor allem darauf,		✗
endlich über sich selbst bestimmen zu können, und diese		✗
Aussicht weckt große Erwartungen in ihnen.		

97

a Erol begleitete seinen Freund Tim zum Fußballtraining. Dieser trainierte schon seit zwei Jahren in einem Verein.

b … Anschließend waren sie mit deren Mutter zum Essen verabredet.

c Markus hatte seine Berufswahl schon getroffen. Das beruhigte ihn.

98

Beispiele	Regel
Jugendliche, **die Probleme mit der Berufswahl haben,** können sich bei der Agentur für Arbeit beraten lassen.	B
Junge Menschen entscheiden sich immer später dafür, **aus dem Elternhaus auszuziehen.**	D
Viele Heranwachsende bleiben oft im „Hotel Mama“, **um Geld zu sparen.**	E
In den sogenannten Mint-Berufen, **also Berufen in technischen oder naturwissenschaftlichen Fächern,** werden gute Gehälter gezahlt.	C
Wenn das letzte Schuljahr beginnt, sollte man schon mal über die Berufswahl nachdenken.	A
Nadine wusste noch nicht, **welchen Beruf sie erlernen wollte,** und deshalb machte sie nach der Schule ein freiwilliges soziales Jahr.	B

99 Die Berufswahl will gut überlegt sein

Die Berufswahl ist für jeden Menschen eine Entscheidung, die gut überlegt sein will, und deshalb sollten alle Schulabgänger*innen rechtzeitig darüber nachdenken, was sie später einmal werden wollen. Auf der einen Seite / müssen sie sich fragen, welche Interessen und Begabungen sie haben, auf der anderen Seite / dürfen sie aber auch die beruflichen Aussichten nicht außer Acht lassen. Es wäre falsch, sich nur nach den persönlichen Neigungen zu richten. Wer einen Beruf ergreift, der in Zukunft kaum noch gefragt ist, darf sich später über Zeiten der Arbeitslosigkeit nicht wundern. Die Bezahlung in einem Beruf / spielt ebenfalls eine Rolle, auch für Mädchen, denn die wollen heutzutage finanziell unabhängig sein. Um gut zu verdienen, sollten sie keinen typischen Frauenberuf wählen, etwa den der Friseurin, da die Löhne in diesen Berufen niedrig sind.

Dass Frauen im Beruf weniger Geld verdienen als Männer, liegt auch daran, dass sie oftmals eine Teilzeittätigkeit ausüben. Vor allem Mütter mit kleinen Kindern arbeiten häufig nur halbtags, um sich besser um ihre Kinder kümmern zu können. Vielleicht sollten sie die Väter dazu ermuntern, sich mehr an der Kinderbetreuung zu beteiligen. Wenn sich beide Elternteile abwechselnd mal mehr um die Kinder und mal mehr um den Beruf kümmern würden, wäre das gut für beide Seiten. Die Mütter müssten sich dann nicht als diejenigen verstehen, die fast allein für die Kinder zuständig sind, und die Väter könnten mehr Zeit mit ihren Kindern verbringen. Voraussetzung dafür wäre aber, dass Frauen und Männer gleich viel verdienen – was bislang leider oft nicht der Fall ist.

100
- **Schulbildung:** gute Mittlere Reife oder guter qualifizierender Hauptschulabschluss (Quali)
- **Interessen:** kaufmännisch-verwaltende und organisatorische Tätigkeiten, Arbeiten im Team, Spaß am Umgang mit dem PC
- **Fähigkeiten:** Leistungsbereitschaft, Aufgeschlossenheit, Kreativität, Teamfähigkeit, Kommunikationsfähigkeit, Kontaktfreudigkeit, Grundkenntnisse der englischen Sprache, Flexibilität

101
- **Aufgeschlossenheit:** Teilnahme an einem Schüleraustausch mit England
- **Leistungsbereitschaft:** Notendurchschnitt war immer gut

- **Kreativität:** Gestalten von attraktiven Präsentationen für Gruppenarbeitsergebnisse
- **Teamfähigkeit:** Erfahrungen mit Gruppenarbeit im Unterricht, Verweis auf die persönliche Rolle bei Gruppenarbeiten, auf gute Arbeitsergebnisse
- **Kommunikationsfähigkeit/Kontaktfreudigkeit:** seit zwei Jahren Klassensprecher(in); dadurch Einnahme einer vermittelnden Rolle zwischen Schülerschaft und Lehrkräften
- **Grundkenntnisse der englischen Sprache:** Beginn des Englischunterrichts in Jahrgang 5, gute Entwicklung der Noten im Fach Englisch, Teilnahme an Schüleraustausch

102 *Lösungsvorschlag:*

Dein Name
Deine Anschrift

Datum

Fakt Services GmbH
Personalabteilung
Frau Marie Breitner
Bauhausweg 15
12345 Besenheim

Bewerbung um einen Ausbildungsplatz zur Kauffrau/zum Kaufmann für Büromanagement

Sehr geehrte Frau Breitner,

hiermit möchte ich mich bei Ihnen um einen Ausbildungsplatz zum Kaufmann (zur Kauffrau) für Büromanagement bewerben, den Sie zum 1. September ausgeschrieben haben. Zurzeit besuche ich die 9. Klasse der xy-Realschule, die ich voraussichtlich im August nächsten Jahres mit dem Realschulabschluss beenden werde.
Schon während meiner Schulzeit habe ich Arbeitsabläufe koordiniert. Deshalb würde es mir Freude machen, auch beruflich Aufgaben im Bereich Verwaltung und Organisation zu erledigen.
Gern arbeite ich zusammen mit anderen im Team. Wenn wir im Unterricht Aufgaben in Gruppenarbeit bearbeiten sollten, hat meine Gruppe stets gute Ergebnisse erzielt. Oft haben die anderen Gruppenmitglieder mich darum gebeten, den organisatorischen Teil zu übernehmen. Diese Verpflichtung habe

ich auch immer bereitwillig erfüllt. Um interessante Plakate präsentieren zu können, haben wir unsere Arbeitsergebnisse grundsätzlich mit dem Computer erstellt. Das war für uns selbstverständlich und hat mir auch immer Spaß gemacht.
Seit dem fünften Schuljahr lerne ich Englisch. Im Rahmen eines Austauschprogramms habe ich zu Anfang des neunten Schuljahres an einem Schüleraustausch nach Birmingham, England teilgenommen; so konnte ich meine Sprachkenntnisse noch einmal verbessern. Jetzt bin ich imstande, mich recht flüssig auf Englisch mit anderen zu verständigen.
Ich bin kontaktfreudig und kann gut mit anderen Menschen kommunizieren. Vor zwei Jahren wurde ich zum Klassensprecher (zur Klassensprecherin) gewählt. Seitdem übe ich zwischen meinen Mitschülerinnen und Mitschülern und unseren Lehrkräften eine vermittelnde Funktion aus. Bis jetzt ist mir das gut gelungen.
Es wäre schön, wenn Sie mir die Möglichkeit bieten würden, in Ihrem Betrieb Verantwortung zu übernehmen. Über eine Einladung zu einem Vorstellungsgespräch würde ich mich freuen.

Mit freundlichen Grüßen

(Dein Name)

Anlagen:
- Lebenslauf
- Kopien der letzten beiden Zeugnisse

(296 Wörter)

✎ *Hinweis:* Gehe auf möglichst viele Anforderungen ein, die in der Anzeige direkt oder indirekt genannt werden. Achte aber darauf, es nicht dabei zu belassen, deine Qualitäten einfach nur zu nennen (z. B.: „Ich bin teamfähig."). Beziehe dich immer auf Erfahrungen, die du bereits gemacht hast und die zeigen, dass du tatsächlich über die gewünschten Fähigkeiten verfügst.
Dein Bewerbungsschreiben sollte trotzdem nicht ausufern. Bemühe dich darum, nicht mehr als eine Seite zu schreiben (mit dem Computer natürlich!).

Kapitel 5: In Danzig – Blauer Abend in Berlin

103 In der Epoche der Romantik spielt die Fantasie eine wichtige Rolle. Das ist bei dem Eichendorff-Gedicht der Fall: Der lyrische Sprecher entwickelt beim Blick auf die Stadt Danzig Fantasien, z. B. sieht er in den Skulpturen, die zur Zierde vor den Hauseingängen stehen, „Statuen wie Gespenster" (V. 3). Der Mond ist für ihn eine Art Freund, der von oben auf die Stadt herabscheint (vgl. V. 5 f.) und die Ansammlung von Häusern als „Märchenwelt" betrachtet. Außerdem bringt der lyrische Sprecher Gefühle zum Ausdruck: Als er nichts als das Meeresrauschen in der Ferne hört, ruft er aus: „Wunderbare Einsamkeit!" (V. 12)

Hinweis: Du kannst dich natürlich nur auf die Merkmale beziehen, die im Gedichttext auch zu erkennen sind. Das sind hier die Merkmale des Fantastischen und des Ausdrucks von Gefühlen.

104 Dafür, dass das Gedicht der Epoche des Expressionismus zuzuordnen ist, spricht zunächst das Thema: Es geht um das Leben in der Großstadt. Das Großstadtleben wird kritisch dargestellt; die einzelnen Menschen sind bedeutungslos und werden mit „eines Wassers Bodensatz und Tand" (V. 10) verglichen; es heißt, sie seien wie „grober bunter Sand" (V. 13). Es gibt auch ungewöhnliche Sprachbilder: Der Himmel fließt wie Wasser „in steinernen Kanälen" (V. 1), und Rauchschwaden sind „wie Wasserpflanzen anzuschauen" (V. 6).

105 **Joseph von Eichendorff**

- **Lebensdaten:** Joseph von Eichendorff wurde am 10. März 1788 auf Schloss Lubowitz in Oberschlesien geboren; er starb am 26. November 1857 in Neisse, Oberschlesien.
- **Wohnorte:** Eichendorff lebte zunächst in Oberschlesien. Danach wechselte er mehrmals den Wohnort. Er lebte u. a. in Danzig, Königsberg, Berlin und Dresden. Die Wohnungswechsel erfolgten immer dann, wenn er sich beruflich veränderte.
- **Elternhaus:** Der Vater war preußischer Offizier, seine Mutter stammte aus einem schlesischen Adelsgeschlecht, das seit dem 17. Jahrhundert in Schlesien sesshaft war. Josephs Bruder Wilhelm war eineinhalb Jahre älter. Mit ihm fühlte er sich eng verbunden. Nach dem Tod des Vaters im Jahr 1818

musste die Familie fast alle Güter verkaufen, weil sie hochverschuldet war. Für Eichendorff war damit die Welt seiner Kindheit verloren gegangen. Er trauerte diesem Verlust bis zum Ende seines Lebens nach.

- **Eigene Familie:** Eichendorff heiratete im Jahr 1815 Aloysia (genannt Luise) von Larisch, die Tochter eines schlesischen Gutsbesitzers. Das Paar bekam fünf Kinder: zwei Söhne und drei Töchter. Zwei der Töchter starben schon im Kleinkindalter.
- **Werdegang:** Joseph wurde zusammen mit seinem Bruder Wilhelm zunächst von einem Hauslehrer unterrichtet; später besuchten die Brüder ein katholisches Gymnasium in Breslau. Nach dem Ende der Schulzeit nahmen beide ein Jura-Studium auf. Während seiner Studienjahre unternahm Joseph mehrere Bildungsreisen, u. a. nach Prag, Straßburg, Paris und Wien.
  Nach dem Studium beteiligte sich Eichendorff zwei Jahre lang an den Befreiungskriegen gegen Napoleon; im Jahr 1816 kehrte er zu seiner Familie nach Breslau zurück.
  Anschließend war er zunächst mehrere Jahre im preußischen Staatsdienst in Breslau tätig. Danach folgten weitere Stationen in seiner Berufslaufbahn: 1821 wurde er katholischer Kirchen- und Schulrat in Danzig, drei Jahre später Oberpräsidialrat in Königsberg und 1831 zog er mit seiner Familie nach Berlin, wo er in verschiedenen Ministerien diente. 1841 wurde Eichendorff zum Geheimen Regierungsrat ernannt. Zwei Jahre später bekam er eine schwere Lungenentzündung, sodass er aus gesundheitlichen Gründen 1844 vorzeitig in den Ruhestand ging.
  Obwohl Eichendorff schon seit seiner Kindheit literaturbegeistert war und auch immer selbst Texte geschrieben hatte, übte er fast sein ganzes Leben lang einen bürgerlichen Beruf aus. An seinen literarischen Werken arbeitete er nur nebenbei in seiner Freizeit. Nach seiner Pensionierung widmete er sich nur noch der Literatur.
- **Werke:** Eichendorff verfasste viele Gedichte, daneben auch mehrere Erzählungen und Romane. Berühmt ist z. B. sein Gedicht „Mondnacht“ (1837). Bekannt ist auch seine Novelle „Aus dem Leben eines Taugenichts“ (1826). Ein früher Roman trägt den Titel „Ahnung und Gegenwart“ (1815); fast 20 Jahre später erschien sein Roman „Dichter und ihre Gesellen“ (1834). In all seinen Werken spielen die Natur und das Sehnsuchts-Motiv eine große Rolle.

- **Bedeutung als Autor:** Eichendorff ist einer der bekanntesten und beliebtesten deutschen Autoren. Er gilt als ein entscheidender Vertreter der Epoche der Romantik. Viele seiner Gedichte haben Komponisten und Sänger inspiriert: Sie wurden vertont und werden bis heute gesungen.

106 **Oskar Loerke**

In der Zeit des Nationalsozialismus war es schwierig für Oskar Loerke, seine Aufgaben zu erfüllen, ohne seine politischen Ansichten zu verraten. Als Gegner der Nationalsozialisten wurde er schon 1933 aus der Preußischen Akademie der Künste ausgeschlossen, wo er in der Abteilung „Sektion für Dichtkunst" als Sekretär tätig war. Nachdem er im Oktober 1933 gegenüber den Nationalsozialisten schriftlich ein „Gelöbnis treuester Gefolgschaft" unterschrieben hatte, durfte er zwar wieder Mitglied sein; er zog sich aber in sein Haus in Berlin-Frohnau in die sogenannte innere Emigration zurück. Bis zu seinem Tod im Jahre 1941 war er dort als Cheflektor für den S. Fischer Verlag tätig. In seinen letzten Lebensjahren musste er sich immer wieder für seinen Verleger Samuel Fischer einsetzen, denn der hatte als Jude ständig unter Repressionen und Zensurmaßnahmen zu leiden.

107 Loerkes Gedicht besteht aus zwei Quartetten und zwei Terzetten, Eichendorffs Gedicht aus vier Quartetten.

108 a Gedicht von Eichendorff: Kreuzreim: abab, cdcd, efef, ghgh
b Gedicht von Loerke: abba, abba, cdd, cdd

109 Leben in der Stadt

110 a Die Stadt bietet ihren Bewohnern Geborgenheit und Beständigkeit.
b Das Leben in der Stadt erscheint den Bewohnern sinnlos.

Hinweis: Auch möglich: In Eichendorffs Gedicht ist die Stadt noch eingebettet in die Natur; bei Loerke haben die Bewohner der Stadt den direkten Kontakt zur Natur verloren.

111 In Eichendorffs Gedicht wird die Stadt als etwas Positives beschrieben: Die Menschen fühlen sich dort geschützt und geborgen. In Loerkes Gedicht wirkt die Stadt trostlos, denn sie bietet den Menschen aufgrund der Anonymität kein richtiges Zuhause.

112

Inhalte	„In Danzig“	„Blauer Abend in Berlin“
Häuser und Straßen	„Dunkle Giebel, hohe Fenster, / Türme tief aus Nebeln sehn“ (V. 1 f.)	„[…] zu Kanälen steilrecht ausgehauen / Sind alle Straßen“ (V. 2 f.)
Menschen	„Und der Türmer wie vor Jahren / Singet ein uraltes Lied“ (V. 13 f.)	„Die Leben, die sich ganz im Grunde stauen, / Beginnen sacht vom Himmel zu erzählen“ (V. 7 f.)

113 Die Stimmung ist **ruhig und friedlich**, obwohl **es mitten in der Nacht ist und die Stadt wegen der Dunkelheit und des Nebels etwas unheimlich erscheint**.

114 Es ist dunkel und still, aber der Mond scheint und beleuchtet die Häuser und Straßen. Die Menschen schlafen alle, denn bis auf den Türmer ist niemand zu sehen oder zu hören. Man vernimmt nur in der Ferne das Rauschen des Meeres.

115

Adjektive	bezogen auf
träumerisch	den Mond
zauberhaft	den Anblick der Stadt von oben

Hinweis: Auch möglich: das Adjektiv „wunderbar“ (bezogen auf die Einsamkeit)

116

Adjektive	bezogen auf
dunkel	die Giebel der Häuser
bleich	Statuen vor den Häusern

117

Bildspender	Bildempfänger
Gespenster	Statuen
eine Märchenwelt	die Stadt

118 Der Türmer selbst wird nicht mit etwas anderem verglichen (so ähnlich wie), sondern sein Verhalten wird mit dem Verhalten eines Türmers in früherer Zeit gleichgesetzt (genauso wie).

119 Dem Mond werden menschliche Gefühle und Gedanken zugeschrieben: Es heißt, ihm gefalle die Stadt und er scheine „[t]räumerisch“ (V. 5) auf die Häuser nieder.

120 Personifiziert sind Giebel, Fenster und Türme, denn sie können sehen (vgl. V. 1 f.). Auch den Statuen werden menschliche Verhaltensweisen zugeschrieben; es heißt, sie würden „Lautlos an den Türen stehn“ (V. 4).

121 Er genießt die Einsamkeit, denn er findet sie „wunderbar“ (vgl. V. 12). Das zeigt sich auch an dem Ausrufezeichen am Ende des Verses.

122 *Mögliche Lösung:*

Ich stimme der Aussage …

☒ zu.

Begründung: Das Leben in der Stadt hat sich für den lyrischen Sprecher überhaupt nicht verändert. Das wird ihm vor allem klar, als er den Türmer ein „uraltes Lied“ (V. 14) singen hört. Es gibt also Gewohnheiten, die seit Langem unverändert geblieben sind.

123 In dem Lied, das der Türmer singt, wird Gott darum gebeten, den Schiffer zu beschützen, der nachts auf dem Meer vorbeifährt. Dieses Vertrauen in Gott scheint den lyrischen Sprecher zu beruhigen.

124
- a Die Straßen sind **steinerne Kanäle**.
- b Die Kuppeln der Häuser sehen aus wie **Bojen**.
- c Die Schornsteine sehen aus wie **Pfähle**.

125 Der Himmel wirkt wie Wasser auf den lyrischen Sprecher.

126

	Himmel	Menschen
sich … stauen (V. 7)		✗
Wille (V. 11)	✗	
Verstand (V. 11)	✗	
Gemengt, entwirrt (V. 9)		✗
erzählen (V. 8)		✗
Spiel (V. 14)	✗	

127 Sie werden mit Sand verglichen, der grob und bunt ist (vgl. V. 13).

128 Sie bewegen sich, als würden sie von Wasser, das durch die Straßen fließt, mitgetrieben.

129

Wörter von Bedeutung	gemeint ist
Leben	Menschen
(im) Grunde	unten auf den Straßen
(sich) stauen	sich in der Masse drängen, nur langsam vorwärts kommen
sacht	leise, vorsichtig
erzählen	anderen etwas sagen, was man kennt, entweder von früher oder aus einer Geschichte
Himmel	wie eine Verheißung, eine Erinnerung an etwas Schönes

Sinn der gesamten Aussage: Die Menschen fangen an zu begreifen, dass das Leben, das sie führen, unbefriedigend und sinnlos ist, und sie denken an eine Zeit, in der sie sich als Geschöpfe Gottes ansahen.

Hinweis: Der Blick auf den Himmel zeigt, dass sie sich nach einem höheren Sinn sehnen.

130 Der Himmel …

	trifft zu	trifft nicht zu
a bewegt die Menschen.	☒	☐
b regt sie zum Nachdenken an.	☒	☐
c wirkt furchteinflößend auf sie.	☐	☒
d gibt ihrem Leben einen Sinn.	☐	☒
e bereitet ihnen Lebensfreude.	☐	☒
f wirft Fragen auf.	☒	☐

131 Die Überschrift deutet darauf hin, dass es um das Großstadtleben am Abend geht, um die Zeit also, wenn die Menschen nach der Arbeit in ihre Wohnungen zurückkehren.

132 a Eichendorffs Gedicht „In Danzig“:

Inhalt:

☒ positiv ☐ negativ

Form:

Strophen und Verse:	ungefähr von gleicher Länge
Reimschema:	regelmäßig (durchgängiger Kreuzreim)
Versmaße:	regelmäßig (durchgängig 4-hebiger Trochäus)

Ergebnis:

Form und Inhalt passen … ☒ zusammen.
☐ nicht zusammen.

Wirkung:

Form und Inhalt wirken harmonisch.

b Loerkes Gedicht „Blauer Abend in Berlin“:

Inhalt:

☐ positiv ☒ negativ

Form:

Strophen und Verse:	Verse durchgängig von gleicher Länge; die Länge der Strophen passt zur Gedichtform Sonett: zwei Quartette und zwei Terzette
Reimschema:	regelmäßig (Quartette: umarmender Reim, Terzette: cdd, cdd)
Versmaße:	regelmäßig (durchgängig 5-hebiger Jambus)

Ergebnis:

Form und Inhalt passen … ☐ zusammen.
☒ nicht zusammen.

Wirkung:

Form und Inhalt wirken unharmonisch; etwas scheint in Unordnung geraten zu sein.

133 *Hinweis:* Die Zeilensprünge sind als Fettdruck gekennzeichnet. Dort, wo das Satzende über die Verszeile hinausläuft, ist jeweils das letzte Wort dieses Verses sowie das erste Wort des Folgeverses fett gedruckt.

In Danzig
Dunkle Giebel, hohe **Fenster,**
Türme tief aus Nebeln sehn,
Bleiche Statuen wie **Gespenster**
Lautlos an den Türen stehn.

Träumerisch der Mond drauf **scheinet,**
Dem die Stadt gar wohl **gefällt,**
Als läg zauberhaft **versteinet**
Drunten eine Märchenwelt.

Ringsher durch das tiefe **Lauschen,**
Über alle Häuser **weit,**
Nur des Meeres fernes **Rauschen** –
Wunderbare Einsamkeit!

Hinweis: Alle Verse der dritten Strophe sind durch einen Zeilensprung miteinander verbunden. Allerdings ist der Satz hier elliptisch verkürzt, weil das Prädikat fehlt.

Und der Türmer wie vor **Jahren**
Singet ein uraltes Lied:
Wolle Gott den Schiffer **wahren,**
Der bei Nacht vorüberzieht!

Blauer Abend in Berlin
Der Himmel fließt in steinernen Kanälen;
Denn zu Kanälen steilrecht **ausgehauen**
Sind alle Straßen, voll vom Himmelblauen,
Und Kuppeln gleichen Bojen, Schlote **Pfählen**

Im Wasser. Schwarze Essendämpfe **schwelen**
Und sind wie Wasserpflanzen anzuschauen.
Die Leben, die sich ganz im Grunde **stauen,**
Beginnen sacht vom Himmel zu **erzählen,**

Gemengt, entwirrt nach blauen Melodien.
Wie eines Wassers Bodensatz und **Tand**
Regt sie des Wassers Wille und **Verstand**

Im Dünen, Kommen, Gehen, Gleiten, Ziehen.
Die Menschen sind wie grober bunter **Sand**
Im linden Spiel der großen Wellenhand.

134 Die meisten Zeilensprünge reichen sogar über das Ende der jeweiligen Strophe hinaus.

135 a In Eichendorffs Gedicht „In Danzig“ erzeugen die Zeilensprünge eher …

☒ Nachdenklichkeit.

b In Loerkes Gedicht „Blauer Abend in Berlin“ erzeugen sie eher …

☒ Ungeduld.

136 Es wurde nach langem Vokal ein Dehnungs-h gesetzt, obwohl keiner der Konsonanten l, m, n, r folgt. Es liegt auch kein stummes h vor.

137 Nach **langem Vokal** wurde *kein* **Dehnungs-h** gesetzt, obwohl unmittelbar danach einer der Konsonanten **l, m, n, r** folgt.

138 **„Blauer Abend in Berlin“**

In Loerkes Gedicht „Blauer Abend in Berlin“ wird das	
Leben der Menschen in einer Großstadt beschrieben.	
Der lyrische Sprecher scheint von oben auf die Stadt	
herabzublicken. Das Blau des Himmels kommt ihm so	
vor wie Wasser, das durch die Straßen fließt. In seiner	
Vorstellung scheint es ihm, als ~~währen~~ die Straßen	wären
und Kanäle nach einem festen ~~Plahn~~ gewaltsam	Plan
zwischen die Häuser gehauen worden. Dagegen wirkt	
das Treiben der Menschen eher ziellos und ungeord-	
net. Die ~~Stadtbewoner~~ werden nicht wie Lebewesen	Stadtbewohner
dargestellt, die eigenständig handeln, sondern wie	
Getriebene. Ihr ~~Tuhn~~ scheint von außen bestimmt zu	Tun
sein. Die Menschen bewegen sich vor und zurück, als	
würden sie vom ~~Ströhmen~~ des Wassers mitgetrieben,	Strömen
und sie fragen sich, ob es nicht doch noch etwas gibt,	
das wichtiger und wesentlicher ist als das, was sie	
kennen. Auch wird ihnen ~~klahr~~, dass sie überhaupt	klar
keinen direkten Kontakt mehr zur Natur haben. Solche	
Gedanken kommen ihnen ~~natührlich~~ erst am Abend,	natürlich
wenn sie nach der Arbeit in ihre ~~Wonungen~~ zurück-	Wohnungen

kehren, denn erst dann finden sie ein wenig Ruhe. Ihre Vorstellungen von einem höheren Lebenssinn bleiben aber vage, und so eilen sie weiter ziellos durch die Straßen. Dem lyrischen Sprecher kommt es so vor, als würde das Blau des Himmels, das sie nur aus der Ferne ~~warnehmen~~, in ihnen leise ~~Anungen~~ von einem höheren Lebenssinn wecken.

wahrnehmen, Ahnungen

139 *Lösungsvorschlag:*
Das Gedicht „In Danzig" von Joseph von Eichendorff beschreibt die Atmosphäre einer Nacht in der Stadt Danzig. In vier Strophen zu je vier Versen stellt der lyrische Sprecher seine Beobachtungen und auch seine Empfindungen dar.
Im Dunkel der Nacht und im Nebel sind die Häuser nur unscharf zu sehen, und es ist sehr still. Der lyrische Sprecher hört lediglich das Rauschen des Meeres in der Ferne. Irgendwann – wahrscheinlich um Mitternacht – ertönt die Stimme des Türmers. Dieser singt ein altes Lied, in dem um Beistand für die nachts vorbeifahrenden Schiffer gebeten wird.
Das Bild des nächtlichen Danzig ist insgesamt sehr positiv gezeichnet. In den Augen des lyrischen Sprechers bietet die Stadt Danzig ihren Bewohnern auch im Dunkel der Nacht Schutz und Geborgenheit. Zwar wirken die Häuser, die aus dem Nebel in den dunklen Himmel aufragen, fast ein wenig unheimlich: „Dunkle Giebel, hohe Fenster, / Türme tief aus Nebeln sehn" (V. 1 f.) Die Gebäude scheinen sehr hoch zu sein und aufgrund der Personifikation (sie „sehn" aus dem Nebel heraus) kommen sie dem Betrachter/der Betrachterin beinahe lebendig vor. Auch den steinernen Skulpturen, mit denen die Hauseingänge geschmückt sind, werden menschliche Eigenschaften zugeschrieben: Es heißt, sie würden „Lautlos an den Türen stehn" (V. 4). In ihrer Reglosigkeit wirken sie etwas bedrohlich, denn sie sehen aus „wie Gespenster" (V. 3).
Doch das Mondlicht rückt die Stadt trotz Dunkelheit und Nebel in ein mildes Licht. Dem lyrischen Sprecher scheint es, als wäre der Mond ein Freund der Stadt. Auch er ist personifiziert: „Träumerisch" (V. 5) schaut er auf die Straßen und Häuser herab, und es scheint, als ob ihm die Stadt „gar wohl gefällt" (V. 6), weil sie wie eine „Märchenwelt" (V. 8) aussieht, die durch einen Zauber zu Stein geworden ist („zauberhaft versteinet", V. 7).
Der lyrische Sprecher genießt es, die Stadt nachts zu erleben, wenn fast alle Bewohner schlafen. Als er merkt, dass er nichts als den Klang der Meereswellen hört, fühlt er sich sehr wohl. Die nächtliche Ruhe gefällt ihm: „Wunderbare Einsamkeit!" (V. 12), ruft er aus.

Als der Türmer schließlich anfängt zu singen, empfindet der lyrische Sprecher zugleich ein Gefühl von Beständigkeit. Das Lied ist nämlich schon sehr alt („ein uraltes Lied“, V. 14) und wird doch immer noch gesungen. Das erweckt den Eindruck, dass die Zeit geradezu stehen geblieben ist.
In der Stadt Danzig sieht der lyrische Sprecher seine Heimat. Dort fühlt er sich sicher und geborgen. Hinzu kommt, dass der Ort auch in die Natur eingebettet ist: Hinter den Häusern hört man das Meer rauschen und vom Himmel herab leuchtet der Mond. Wie das Lied des Türmers zeigt, fühlen sich die Menschen auch von Gott behütet und wünschen sich, dass es so bleibt.
Die positive Darstellung der Stadt spiegelt sich auch in der Form des Gedichts wider: Die vier Strophen sind alle gleich lang und die einzelnen Verse unterscheiden sich kaum in der Länge. Auch das Reimschema (Kreuzreim) und das Versmaß (vierhebiger Trochäus) sind durchgängig gleichmäßig und erzeugen einen harmonischen Klang. Das Gleichmaß der Formmerkmale wirkt beruhigend und unterstützt die durchweg positive Stimmung.
Das Gedicht weist typische Merkmale der Romantik auf, denn der Sprecher beschränkt sich bei seiner Darstellung nicht auf die Beschreibung der Realität, sondern blickt voller Gefühl und mit viel Fantasie auf seine Stadt.
Aus heutiger Sicht stellt Eichendorff mit seinem Gedicht „In Danzig“ allerdings eine Idylle dar, die wir so nicht mehr kennen. Es gibt weder Fabriken noch Verkehrslärm, keine Hektik und keinen Stress. Insofern ist der Text für mich eigentlich nur von historischem Interesse: Ich erfahre, wie ein romantischer Dichter eine Stadt vor rund 200 Jahren gesehen hat. Trotzdem gefällt mir das Gedicht, denn es klingt einfach schön. *(609 Wörter)*

Hinweis: Achte darauf, dass du beim Zusammenfassen des Inhalts noch keine Deutungen formulierst. Diese gehören erst in den Hauptteil. Um keine wichtige Einzelheit zu übersehen, empfiehlt es sich, bei der eigentlichen Analyse Strophe für Strophe vorzugehen: Äußere dich zu jeder Einzelheit, die dir aussagekräftig erscheint, und interpretiere sie. Da das Gedicht schon fast 200 Jahre alt ist, bietet es sich an, am Schluss etwas dazu zu sagen, wie es auf den heutigen Leser/die heutige Leserin wirkt.

Kapitel 6: Verpackungsfrei einkaufen

140 Bei dem Text handelt es sich um …

[X] eine Reportage.

Begründung:

- Bezug auf einen Einzelfall: die Eröffnung eines Ladens
- Text ist im Präsens formuliert
- Text wirkt sehr anschaulich → viele Einzelheiten
- enthält wörtliche Rede
- genauere Beschreibungen wechseln mit allgemeinen Überlegungen ab

141 Z. 1–4: allgemeine Überlegungen
Z. 5–9: Beispiel: Eröffnung eines Ladens
Z. 10–13: Erklärung und weitere Einzelheiten
Z. 14–28: Beispiel: Geschichte der Ladeninhaberin
Z. 29–36: allgemeine Überlegungen: Umweltproblem durch Verpackungen
Z. 37–43: allgemeine Überlegungen: Problem mit dem Recycling
Z. 44–46: allgemeine Überlegungen: Vorteile beim Einkaufen ohne Verpackung
Z. 47–69: Beispiel: erste Erfahrungen mit dem Laden

142 [X] Er verbindet beides miteinander, aber die Eröffnung des Ladens ist ihm wichtiger.

Begründung: Der Verfasser äußert sich ausführlicher zur Eröffnung des Ladens.

143

		trifft zu	trifft nicht zu
a	Das Produkt ist die eigentliche Ware.	[X]	[ ]
b	Ohne Marke gibt es kein Produkt.	[ ]	[X]
c	Die Marke scheint wichtiger zu sein als das Produkt.	[X]	[ ]
d	Anhand eines Logos lässt sich ein Produkt einer Marke zuordnen.	[X]	[ ]
e	Unternehmen werben mit einer Marke für ein Produkt.	[X]	[ ]

144 [X] Die Waren in den Supermarktregalen sind wie Werbung.

145 Nachwachsende Rohstoffe sind pflanzliche Materialien, die immer neu nachwachsen und aus denen Dinge hergestellt werden können, z. B. kann Mais als nachwachsender Rohstoff dazu genutzt werden, Plastik herzustellen.

146

		trifft zu	trifft nicht zu
a	Fast alle Waren sind ausverkauft.	☐	☒
b	Das Warenangebot ist überschaubar.	☒	☐
c	Die Waren werden ohne Verpackung verkauft.	☒	☐
d	Es wird fast nur Obst und Gemüse angeboten.	☐	☒
e	Die meisten Waren lagern in einem Extraraum.	☐	☒

147 Früher haben die Kunden sich ihre Waren in einem Laden immer abwiegen lassen. Heute sind wir daran gewöhnt, fast alles, was wir kaufen, verpackt angeboten zu bekommen. Die Rückkehr zu den alten Gewohnheiten wirkt deshalb anders – und damit geradezu „sensationell neu".

148 Andrea Lunzer will nur regionale Produkte verkaufen, und im April reifen in Österreich keine Zucchini.

149 Andrea Lunzer …

		trifft zu	trifft nicht zu
a	ist auf einem Bio-Bauernhof aufgewachsen.	☒	☐
b	kennt sich mit nachwachsenden Rohstoffen aus.	☒	☐
c	war in der Marketing-Abteilung eines Discounters tätig.	☒	☐
d	konnte bei ihrer vorherigen Arbeitsstelle viele Ideen umsetzen.	☐	☒
e	legt keinen Wert darauf, viel Geld zu verdienen.	☐	☒

150 Sie wollte …

☒ einen ernsthaften Beitrag für die Umwelt leisten.

151
- junge Leute
- umweltbewusste Familien
- ältere Damen

152 Sie werden bezahlt nach …

[X] Gewicht.

153 Sie verdient am meisten mit ihrem Café.

154 Eine Papiertüte bekommt ein Kunde, der …

[X] kein eigenes Gefäß mitgebracht hat.

155 Verpackungen …

		trifft zu	trifft nicht zu
a	verbrauchen bei der Herstellung viele Ressourcen.	X	
b	bestehen meistens aus Kunststoff.	X	
c	erzeugen viel Müll.	X	
d	erschweren die Mülltrennung.		X
e	sorgen für unnötigen Warenüberfluss.		X
f	lassen sich nur in geringem Maße recyceln.	X	

156
a Er weist darauf hin, dass die Herstellung von Verpackungen große Mengen Erdöl, Wasser und Energie verbraucht.

b Er vergisst zu sagen, dass Verpackungsmüll, der nicht recycelt wird, verbrannt werden muss.

157 Durch Vermeidung von Verpackungsmüll

158 Die größten Mengen gab es bei **gemischten Verpackungen**.
Die kleinsten Mengen gab es bei **getrennt gesammelten Verbunden**.

159

	2013	2014
Gemischte Verpackungen	↑	↑
Verpackungen aus Papier, Pappe, Karton	↑	↓
Gemischtes Glas	↑	↑
Farblich getrennt gesammeltes Glas	↑	↓
Getrennt gesammelte Kunststoffe	↓	↑
Getrennt gesammelte Metalle	↓	↑
Getrennt gesammelte Verbunde	↓	↑

160 **a** Gemischte Verpackungen bestehen aus verschiedenen Materialien.
b Sie lassen sich nur schwer recyceln.

161 Verpackungsmüll, den die Verbraucher*innen in der Restmüll-Tonne entsorgen; Verpackungsmüll, der von Unternehmen erzeugt wird

162 Die Menge an Verpackungsmüll, die von den Verbraucherinnen und Verbrauchern eingesammelt wird, schwankt bei einzelnen Abfallarten. In der Summe stieg sie von 2012 bis 2013 stark an – um mehr als 300 000 Tonnen. 2014 sank sie aber wieder ein wenig ab. Im Vergleich zu der Abfallmenge im Jahr 2012 ist die Summe insgesamt aber gestiegen: von 6 051 900 Tonnen auf 6 374 600 Tonnen.

163 Ich denke nicht, dass die Ladeninhaberin in erster Linie daran denkt, mit ihrem Laden viel Geld zu verdienen. Zum einen hat sie sich sehr spontan dazu entschlossen, das leer gewordenen Geschäft zu mieten, ohne vorher genau kalkuliert zu haben, was sie mit dem verpackungsfreien Verkauf von Waren verdienen kann. Zum anderen wird ausdrücklich gesagt, dass nur das nebenbei betriebene Café für sichere Einnahmen sorgt und nicht der Laden (vgl. Z. 60 ff.).

164

		Aktiv	Passiv
a	In einem Wiener Laden werden neuerdings Waren unverpackt verkauft.	☐	☒
b	Die Kundinnen und Kunden werden sich an diese Art des Verkaufs gewöhnen.	☒	☐
c	Die Ladenbesitzerin wird ihr Sortiment im Laufe der Zeit ausweiten.	☒	☐
d	In ihrem Geschäft werden bevorzugt Produkte aus der Region angeboten.	☐	☒
e	Die Waren werden entweder in Papiertüten oder in Gefäße gefüllt.	☐	☒
f	Viele Kundinnen und Kunden haben ihre eigenen Gefäße mitgebracht.	☒	☐
g	Gefäße können aber auch im Laden gekauft werden.	☐	☒
h	Diese Art des Verkaufs wird zunehmend auf Interesse stoßen.	☒	☐

165

Vorgangspassiv	Zustandspassiv
Vieles wird im Haushalt getan.	Vieles ist im Haushalt getan (worden).
Das Essen wird gekocht.	Das Essen ist gekocht (worden).
Der Tisch wird gedeckt.	Der Tisch ist gedeckt (worden).
Der Abwasch wird erledigt.	Das Geschirr ist gespült (worden).
Die Wäsche wird gewaschen.	Die Wäsche ist gewaschen (worden).
Die Fenster werden geputzt.	Die Fenster sind geputzt (worden).
Der Fußboden wird gefegt.	Der Fußboden ist gefegt (worden).
Die Flaschen werden entsorgt.	Die Flaschen sind entsorgt (worden).
Die Einkäufe werden erledigt.	Die Einkäufe sind erledigt (worden).

166

Kaffeeernte	✓ (*auch möglich:* Kaffee-Ernte)
Indentaghineinträumen	In-den-Tag-hinein-Träumen
Standbymodus	✓
Recyclingmöglichkeiten	✓ (*auch möglich:* Recycling-Möglichkeiten)
Doityourselfbewegung	Do-it-yourself-Bewegung
TÜVPlakette	TÜV-Plakette
Ausdauersport	✓
xbeliebig	x-beliebig
Weltuntergang	✓
Mundzumundbeatmung	Mund-zu-Mund-Beatmung
Schrotttransport	✓ (*auch möglich:* Schrott-Transport)
Fünfprozenthürde	✓
Unternehmergeist	✓
Kopfankopfrennen	Kopf-an-Kopf-Rennen
Katzundmausspiel	Katz-und-Maus-Spiel

167
- **Musik-Erzeugnis:** Man könnte sonst denken, es sei ein Zeugnis für einen Musiker (Musiker-Zeugnis).
- **Bau-Mast:** Man könnte denken, gemeint sei der Ast eines Baumes (Baum-Ast).
- **Flucht-Raum:** Man könnte sonst denken, es handele sich um einen Traum, in dem es um einen Fluch geht (einen Fluch-Traum).

168

a	die Fünfzehnjährigen:	die 15-Jährigen
b	hundertprozentig:	100-prozentig, 100%ig
c	in den achtziger Jahren:	in den 80er-Jahren
d	Achthundertjahrfeier:	800-Jahr-Feier
e	ein Vierzylinder:	ein 4-Zylinder
f	ein Fünfkilobeutel:	ein 5-Kilo-Beutel
g	ein hundertstel Millimeter:	ein 100stel-Millimeter
h	Tempodreißigzone:	Tempo-30-Zone
i	Fünfprozenthürde:	5-Prozent-Hürde, 5%-Hürde

169
- a Es ist zum Haare-Raufen.
- b Das Von-der-Hand-in-den-Mund-Leben ist schlecht.
- c Es ist zum Aus-der-Haut-Fahren.
- d Das ständige Auf-der-Lauer-Liegen gefällt mir nicht.

170 *Lösungsvorschlag:*

Verpackungsfreier Einkauf – eine gute Idee?

Nun gibt es also in Wien einen Laden mit einem „neuen" Verkaufskonzept: In „Lunzers Maß-Greißlerei" werden die Waren nur noch unverpackt angeboten. Andrea Lunzer, die Inhaberin, möchte damit einen Beitrag zum Umweltschutz leisten.

Das ist grundsätzlich eine gute Idee. Wer hat sich nicht schon darüber geärgert, dass viele Dinge nur noch in Großpackungen erhältlich sind und man deshalb oft notgedrungen mehr kauft, als man eigentlich haben will? Schon dadurch kommt es häufig zu der viel beklagten Lebensmittelverschwendung: Was man zu viel gekauft hat, verdirbt und landet im Müll. Wer das vermeiden will, kann jetzt in die „Maß-Greißlerei" gehen und sich seine Lebensmittel grammgenau abwiegen lassen.

Getränke und Milchprodukte erhält man dort in Pfandflaschen. Das ist zum einen umweltfreundlich, da diese Flaschen nach der Rückgabe gereinigt und wiederverwendet werden. Zum anderen muss man sich auch keine Gedanken

darüber machen, ob gesundheitlich bedenkliche sogenannte Weichmacher, möglicherweise aus dem Kunststoff der Plastikflaschen in den Inhalt gelangen könnten.
Es stellt sich natürlich dennoch die Frage, ob die Rückkehr zu den Gewohnheiten alter Zeiten wirklich den Bedürfnissen der heutigen Verbraucher*innen entspricht. Anders als vor sechzig, siebzig Jahren sind die meisten Mütter heute berufstätig. Sie haben oft gar keine Zeit, alle paar Tage einen Laden aufzusuchen, um sich alles, was die Familie braucht, genau abwiegen zu lassen. Heutzutage muss es schnell gehen, auch der Einkauf. Zudem ist das Warenangebot in einer solchen Maß-Greißlerei meist sehr überschaubar, was bedeutet, dass man viele Dinge des täglichen Gebrauchs dann doch noch in anderen Geschäften besorgen muss. Da fährt man doch lieber mit dem Auto zum nächsten Supermarkt oder Einkaufscenter und erledigt in kurzer Zeit gleich den Einkauf für die ganze Woche.
Etwas unpraktisch ist das verpackungsfreie Einkaufen natürlich auch. Denn vor jedem Einkauf muss man sich erst einmal eine Reihe passender Gefäße zusammenstellen, in die man dann seine Besorgungen abfüllen lassen kann. Ein Spontaneinkauf auf dem Weg nach Hause beispielsweise wäre ungünstig, weil man in diesem Fall keine eigenen Verpackungen dabei hätte und im Laden auf viele einzelne Papiertüten zurückgreifen müsste.
Auch wäre die Qualität der Waren nicht wirklich überprüfbar. Woher weiß man, woher die Lebensmittel stammen? Unverpackt sehen schließlich alle Produkte gleich aus; da hätte der Verbraucher bzw. die Verbraucherin gar keine Orientierung mehr.
Ein weiteres Problem könnte mangelnde Hygiene sein. Wie sicher kann man sein, dass die Angestellten sich immer gründlich die Hände waschen oder die großen Behälter für beispielsweise Nüsse oder Müsli regelmäßig gereinigt werden?
Trotz der möglichen Mängel und Schwierigkeiten ist das Konzept des verpackungsfreien Verkaufs aber durchaus einen Versuch wert. Auf jeden Fall wird damit ein Denkanstoß geliefert: Wir alle sollten uns bewusst sein, dass die Berge an Verpackungsmüll unserer Umwelt und damit letztlich auch uns selbst schaden. Die Menge an Verpackungsmüll zu reduzieren, muss in der Tat unser aller Ziel sein. Das betrifft nicht nur die Verbraucherinnen und Verbraucher, sondern auch die herstellenden Firmen. Richtig ist, dass ein Umdenken stattfinden muss. Eine einzige Maß-Greißlerei reicht jedenfalls nicht aus.

(456 Wörter)

Kapitel 7: Eine kaiserliche Botschaft

171

		trifft zu	trifft nicht zu
a	Der Kaiser hat einem einzelnen Untertanen eine Botschaft geschickt.	☒	☐
b	Der Untertan hofft auf eine Botschaft des Kaisers.	☒	☐
c	Er weiß, dass der Kaiser ihm eine Botschaft geschickt hat.	☐	☒
d	Dem Kaiser ist es nicht wichtig, dass die Botschaft den Empfänger erreicht.	☐	☒
e	Der Untertan wird die Botschaft niemals erhalten.	☒	☐

172 ☒ Der Einzelne sucht vergeblich nach dem Sinn seines Lebens.

Begründung: Er hofft darauf, dass er von einer bedeutenden Person entscheidende Hinweise für sich und sein Leben bekommt. Aber die erhält er nicht.

Hinweis: Du kannst auch eine andere Aussage auswählen. Entscheidend ist, dass du sie nachvollziehbar begründest.

173 **Franz Kafka**

- **Lebensdaten:** Franz Kafka wurde am 3. Juli 1883 in Prag geboren. Er starb am 3. Juni 1924 in Kierling, Österreich.
- **Wohnorte:** Kafka wuchs in Prag auf und konnte sich fast sein ganzes Leben lang nicht von dieser Stadt lösen. Er lebte lange in der elterlichen Wohnung. Erst in höherem Lebensalter – im Jahre 1923 – verließ er Prag. Nachdem er während eines Aufenthalts an der Ostsee eine Frau kennengelernt hatte, zog er zu ihr nach Berlin und lebte mit ihr zusammen. Allerdings kehrte er schon ein Jahr später nach Prag zurück, nachdem er an Kehlkopftuberkulose erkrankt war.
- **Elternhaus:** Kafkas Vater war Kaufmann und führte in Prag einen sogenannten Galanteriewarenladen, in dem es u. a. Stoffe und Wäsche zu kaufen gab. Seine Mutter war die Tochter eines wohlhabenden Unternehmers. Franz hatte zwei jüngere Brüder, die aber schon im Kleinkindalter starben, und drei jüngere Schwestern. Die Familie gehörte in Prag in zweifacher Hinsicht einer Minderheit an: Sie waren Juden und Deutsche. Zuhause wurde Deutsch gesprochen; man beherrschte aber auch die tschechische

Sprache. Der Vater war sehr streng mit seinen Kindern. Von seinem Sohn Franz erwartete er, dass dieser später einmal das Geschäft übernehmen würde, was der aber nicht wollte. Kafka hatte sein Leben lang ein sehr gespanntes Verhältnis zu seinem Vater. Eine eigene Familie gründete er nie. Er war zwar mehrmals verlobt, löste die Verlobung aber jeweils wieder und heiratete nie.

- **Werdegang:** Kafka besuchte in Prag nur deutsche Schulen; das Gymnasium schloss er 1901 mit dem Abitur ab. Er hatte stets Versagensängste – obwohl er immer ein guter Schüler war. Anschließend studierte er Jura an der Prager Universität. Nach Abschluss des Studiums und der Promotion wurde er 1908 als Angestellter für die Prager Arbeiter-Unfallgesellschaft tätig. Aufgrund einer schweren Erkrankung wurde er jedoch im Alter von 38 Jahren am 1. Juli 1922 frühpensioniert.
  Obwohl Kafka seinen „Brotberuf" immer gewissenhaft erfüllte – er wurde wegen guter Leistungen insgesamt viermal befördert – war er in seinem Angestelltenleben unzufrieden. Seine wahre Leidenschaft galt dem Schreiben. Zu seinem Leidwesen konnte er aber nur nach Feierabend schriftstellerisch tätig werden. Manchmal schrieb er ganze Nächte durch.
- **Werke:** Kafka schrieb drei Romane, die alle unvollendet blieben: „Der Prozess", „Das Schloss" und „Der Verschollene". Daneben verfasste er diverse Erzählungen, u. a. „Das Urteil", „Die Verwandlung", den „Bericht an eine Akademie" und „Ein Hungerkünstler". Seine problematische Beziehung zu seinem Vater hat er in einem langen „Brief an den Vater" verarbeitet. Der Text wurde zwar später veröffentlicht; sein Vater hat ihn aber nie gelesen.
- **Bedeutung als Autor:** Kafkas Werke gehören zur Weltliteratur. Das Besondere an seinen Romanen und Erzählungen ist darin zu sehen, dass sie von Stil und Inhalt her surrealistisch sind (wie Träume). Seine Protagonisten haben das Gefühl, höheren Mächten ausgeliefert zu sein und erleben ständig absurde Geschichten des Scheiterns und Nicht-Ankommens. Für diese Art der Darstellung hat sich eine Bezeichnung herausgebildet: „kafkaesk" (wie bei Kafka).

174 Der Kaiser hat Dir von seinem Sterbebette aus eine Botschaft gesendet.

175 Und vor der ganzen Zuschauerschaft seines Todes hat er den Boten abgefertigt.

176 Zusatzbotschaften im ersten Satz:

- Der Erzähler hat die Geschichte von anderen gehört („so heißt es“, Z. 1).
- Er sieht in dem Adressaten einen „jämmerlichen Untertanen“ (Z. 1 f.).
- Er denkt, dieser sei im Vergleich zum Kaiser „winzig“ (Z. 2) und kaum zu erkennen (wie ein „Schatten“, Z. 3).
- Er sagt, derjenige, der die Nachricht empfangen soll, sei ganz ans Ende des kaiserlichen Reiches geflüchtet.
- Er kann nicht glauben, dass der Kaiser ausgerechnet diesem Menschen eine Botschaft zukommen lassen will.
- Der Kaiser liegt im Sterben.

Zusatzbotschaften im vierten Satz:

- Er ist von Zuschauern umringt.
- Die Zuschauer sind die „Großen des Reichs“ (Z. 9).
- Störende Hindernisse zwischen dem Kaiser und den Zuschauern sind beseitigt worden („Wände … niedergebrochen“, Z. 8).
- Die Zuschauer befinden sich auf den „weit und hoch sich schwingenden Freitreppen“ (Z. 8 f.).

177 Sie werden den Einzelnen für klein und unwichtig halten, denn der Erzähler bezeichnet ihn als „jämmerlichen Untertanen“ (Z. 1 f.) und als „winzig“ (Z. 2).

178

von Z. … bis Z. …	Inhalt
1: Z. 1–7 (… bestätigt)	Der sterbende Kaiser erteilt einem Boten einen Auftrag.
2: Z. 7–14 (Und vor … anderer)	Der Bote macht sich auf den Weg; er ist kräftig und scheint gut vorwärtszukommen.
3: Z. 14–15 (Aber … Ende)	Erste Hindernisse stellen sich dem Boten in den Weg.
4: Z. 15–25 (Öffnete … Bodensatzes)	Der Erzähler äußert Vorstellungen von einem Weg ohne Hindernisse, die nicht real sind.
5: Z. 25–26 (Niemand … Toten)	Der Erzähler beschreibt die Situation, wie sie wirklich ist (Unmöglichkeit des Boten, sein Ziel zu erreichen).
6: Z. 26–27 (Du … kommt)	Der Einzelne träumt nur von der Botschaft.

Hinweis: Du kannst auch eine andere Einteilung vornehmen. Wichtig ist, dass du die jeweiligen Inhalte richtig bestimmst.

179 Der Kaiser liegt im Sterben.

180 Er befindet sich ganz am Ende des Reiches. Dort sitzt er an seinem Fenster.

181 a Du
b Z. 1, Z. 3, Z. 16, Z. 26, Z. 27
c ein Untertan des Kaisers (*auch möglich:* der Leser/die Leserin)

182 Er ist kräftig und bemüht sich sehr, die Botschaft des Kaisers zu überbringen.

183 Dass der Kaiser demjenigen, der mit Du angesprochen wird, diese Botschaft gesendet hat, ist …

☒ erstaunlich.

Begründung: Der Erzähler bezeichnet den Einzelnen als „jämmerlich[..]" (Z. 1) und „winzig" (Z. 2), als einen „in die fernste Ferne geflüchteten Schatten" (Z. 2 f.). Es ist erstaunlich, dass der Kaiser gerade diesem Untertanen eine Botschaft zukommen lassen will.

184 Die Botschaft ist dem Kaiser …

☒ wichtig.

Begründung: Er lässt sich die Worte, die er dem Boten zugeflüstert hat, von ihm noch einmal wiederholen (vgl. Z. 5 f.), um sicherzustellen, dass dieser alles richtig verstanden hat. Es muss ihm also sehr wichtig sein, dass der Bote dem Empfänger die richtige Botschaft übermittelt.
Er hat außerdem einen sehr kräftigen und zuverlässigen Mann als Boten ausgewählt (vgl. Z. 11).

185 *Erzählperspektive:* auktorialer Erzähler

Begründung: Erzähler wie ein Beobachter, beschreibt das Geschehen von außen, gibt keine Gedanken und Gefühle preis, Darstellung wirkt neutral

186 a Sonne (Z. 2, Z. 13)
b Schatten (Z. 3)

187 Sonne: groß, hell, strahlend
Schatten: schwach, dunkel, ohne klare Umrisse

188 Der Erzähler weiß, dass **der Einzelne die Botschaft des Kaisers nie erhalten wird.**

189 **a + b**

Die Konjunktion *aber* in Zeile:	Der Gegensatz besteht zwischen …	und …
14	dem Bemühen des Boten	der großen Menge
17	der vorgestellten Freude des Einzelnen	den vergeblichen Bemühungen des Boten
23	der Vorstellung, der Bote könnte bald das Tor passieren	der Unmöglichkeit des Boten, durch das Tor zu gelangen
26	der Hoffnung des Einzelnen auf die Botschaft	dem Wissen des Erzählers, dass die Botschaft nicht eintreffen wird

190
- die Menschenmenge und die Wohnstätten der Menschen
- die Gemächer des inneren Palastes
- die Treppen hinab
- die Höfe
- der zweite Palast, der den ersten umschließt
- noch ein Palast
- weitere Hindernisse ohne Ende (durch Jahrtausende)
- die Residenzstadt

191
- Der Bote streckt abwechselnd den linken und rechten Arm vor, um sich einen Weg durch die Menge zu bahnen (vgl. Z. 11 f.).
- Wenn er auf Widerstand stößt, zeigt er auf das Zeichen der Sonne auf seiner Brust, um sich zu legitimieren (vgl. Z. 12 f.).
- Er müht sich ab; seine Mühe ist jedoch nutzlos (vgl. Z. 17).
- Er zwängt sich durch die Gemächer des inneren Palastes (vgl. Z. 17 f.).

Hinweis: Alles Weitere, das der Erzähler über die möglichen Bemühungen des Boten sagt, ist nur vorgestellt, denn es steht im Konjunktiv (vgl. Z. 19 ff.).

192 Es wäre das eingetroffen, wovon der Einzelne immer geträumt hat: Er hätte von ganz oben eine Botschaft erhalten, die nur ihm gilt und die seinem Leben einen Sinn gibt.

193 a Das Personalpronomen *sie* bezieht sich auf **die Botschaft.**

b Er träumt davon, dass der Bote an seine Tür klopft und ihm die Botschaft des Kaisers übermittelt.

194 a *in die fernste Ferne* (Z. 2): Der Superlativ bezieht sich auf den Ort, an dem der Einzelne Zuflucht gesucht hat. Der Superlativ drückt aus, dass der Einzelne ganz am Rande der Gesellschaft lebt und keine Beachtung findet.

b *die Gemächer des innersten Palastes* (Z. 18): Der Superlativ bezieht sich auf den innersten Palast des Kaisers. Der Kaiser muss also durch viele weitere Paläste, die den innersten Palast umgeben, von der Außenwelt abgeschottet sein.

c *aus dem äußersten Tor* (Z. 23): Der Superlativ bezieht sich auf das Tor, das ganz außen liegt und das die äußere Welt von der Welt des Kaisers abschottet. Es gibt hinter diesem Tor noch viele andere Tore.

195 a + b

- würde ... fliegen (Z. 15) ✓
- hörtest (Z. 16) → würdest hören
- gelänge (Z. 19) ✓
- wäre gewonnen (Z. 19) ✓
- müsste ... kämpfen (Z. 19/20) ✓
- gelänge (Z. 20) ✓
- wäre gewonnen (Z. 20) ✓
- wären zu durchmessen (Z. 20 f.)
- stürzte (Z. 23) → würde stürzen

c Unrealistisch ist die unglaubliche Anzahl und die riesige Größe der vielen Hindernisse.

196 a Der Erzähler weiß, dass der Bote die Residenzstadt gar nicht erreichen wird; er stellt sich das nur vor. Also wäre der Konjunktiv hier vom Sinn her richtiger.

b Mit dem Präsens Aktiv verweist der Erzähler auf eine allgemeine Wahrheit: Die Residenzstadt liegt wie ein unüberwindliches letztes Hindernis zwischen dem Boten und dem Einzelnen.

197 a
- Botschaft (Z. 4 f., Z. 26)
- Bote (Z. 4, Z. 10 – hier zweimal)
- Menge (Z. 12, Z. 14)

- nichts wäre gewonnen (Z. 19, Z. 20)
- niemals (Z. 23, Z. 23 f.)

b Die Wiederholungen verdeutlichen, dass alle Mühen des Boten, dem Einzelnen seine Botschaft zu übermitteln, scheitern werden, weil sich ihm zu viele Hindernisse in den Weg stellen.

198 Das Semikolon zeigt an:

	trifft zu	trifft nicht zu
a Einige Handlungsschritte gehören inhaltlich zusammen.	☒	☐
b Bei dem nachfolgenden Satz handelt es sich nicht um eine völlig neue Aussage.	☒	☐
c Dem Erzähler fällt immer noch etwas Neues ein, das er unbedingt hinzufügen will.	☐	☒
d Die Darstellung wirkt monoton und langweilig.	☐	☒
e Es kommt Spannung auf.	☒	☐
f Die dargestellte Handlung wirkt endlos.	☒	☐

199 Der Mann saß am Fenster und geriet ins Träumen**;** der Tag neigte sich dem Ende zu, und er war nachdenklich geworden**;** er fragte sich, was der Tag ihm gebracht hatte, aber ihm fiel nichts Besonderes ein**;** er hatte nur die üblichen Routinearbeiten erledigt, und das befriedigte ihn nicht.

200 **Parenthese 1** (Z. 7–9): „Und vor der ganzen Zuschauerschaft seines Todes – alle hindernden Wände werden niedergebrochen und auf den weit und hoch sich schwingenden Freitreppen stehen im Ring die Großen des Reichs – vor allen diesen hat er den Boten abgefertigt."

Erklärung: Damit kommt zum Ausdruck, welche Mühen unternommen worden sind, bevor der Bote vom Kaiser seinen Auftrag bekommen hat: Sämtliche Mauern wurden entfernt, und es wurden große Freitreppen errichtet, von denen aus die „Großen des Reichs" (Z. 9) die Szene beobachten können, wie der Kaiser dem Boten den Auftrag erteilt. Das zeigt, wie wichtig es dem Kaiser ist, einem einzelnen Untertanen in seiner Todesstunde noch eine Nachricht zukommen zu lassen: Er will das auch öffentlich machen.

Parenthese 2 (Z. 23–24): „und stürzte er endlich aus dem äußersten Tor – aber niemals, niemals kann es geschehen – liegt erst die Residenzstadt vor ihm, die Mitte der Welt, hochgeschüttet voll ihres Bodensatzes."

Erklärung: Die Unmöglichkeit, dass der Bote alle Hindernisse überwindet, wird so noch einmal deutlich hervorgehoben.

201 Der Erzähler meint, dass der Empfänger die erträumte Botschaft niemals erhalten wird. Der Gedankenstrich markiert die Pause des Nachdenkens, die der Erzähler kurz einlegt, ehe er diese Erkenntnis zum Ausdruck bringt.

202 **a** Die Großen des Reiches versammelten sich um den todkranken Kaiser – die Mauern waren abgetragen worden – und sahen ihm beim Sterben zu.

Die Großen des Reiches versammelten sich um den todkranken Kaiser und sahen ihm beim Sterben zu – die Mauern waren abgetragen worden.

b Der Kaiser hatte noch einen Boten zu sich bestellt – er wollte noch eine wichtige Botschaft überbringen lassen.

c Der Untertan, den die Botschaft erreichen sollte – er wohnte am anderen Ende des Reiches –, würde sie nicht erhalten.

Der Untertan, den die Botschaft erreichen sollte, würde sie nicht erhalten – er wohnte am anderen Ende des Reiches.

d Der Untertan wartete vergebens auf die kaiserliche Botschaft – er hoffte auf eine wichtige Information.

203 **Der mühevolle Weg**

Der Kaiser liegt im Sterben. In der Stunde seines Todes sollen die Großen seines Reichs bei ihm sein; deshalb hat er alle Mauern einreißen und rund um sein Sterbebett eine Freitreppe errichten lassen. Es ist ihm wichtig, dass alle Personen, die in seinem Leben eine wichtige Rolle gespielt haben, um ihn herum sind. So groß und strahlend er auch ist: Er braucht doch die Gegenwart und Beachtung derjenigen, die ihm etwas bedeutet haben.

All das kann ich nachvollziehen. Ungewöhnlich kommt mir aber vor, dass er ausgerechnet einem seiner Untertanen, der sich zudem ganz ans Ende des Reiches zurückgezogen hat, noch eine Botschaft zukommen lassen will. Dieser Einzelne ist völlig unwichtig. Ich frage mich, woher der Kaiser ihn überhaupt kennt? Aber sein Entschluss steht fest: Genau ihm will er noch etwas Wichtiges mitteilen, ehe er aus dem Leben scheidet.

Jetzt komme ich ins Spiel: Ich soll diesem Schatten von Mensch die Botschaft überbringen. Dafür hat der Kaiser extra mich auserwählt. Er hat mich an sein Sterbelager rufen lassen und mir die Botschaft ins Ohr geflüstert. Danach hat er mich aufgefordert, sie ihm Wort für Wort zu wiederholen, weil er überprüfen wollte, ob ich alles richtig verstanden habe. Ich musste ihm die Nachricht ebenfalls ins Ohr flüstern, damit niemand etwas davon mitbekam, so geheim ist die Botschaft. Nicht einmal die Großen des Reiches sollten sie vernehmen. Wohl aber sollten sie alle Zeugen sein, wie der Kaiser mich mit dieser Nachricht losgeschickt hat.

Danach laufe ich sofort los. Ich bahne mir meinen Weg durch die Menge; mal strecke ich den rechten, mal den linken Arm aus, um vorwärtszukommen. Hin und wieder kommt es zu Protesten: Dann versperren mir einzelne Bürger den Durchgang und behaupten, ich hätte kein Recht dazu, an ihnen vorbeizugehen. Doch ich bin mir meiner Sache sehr sicher; schließlich ist es der Kaiser selbst gewesen, der mich beauftragt hat, diese Botschaft zu überbringen. Um mich zu legitimieren, verweise ich ein aufs andere Mal auf das herrschaftliche Symbol, das auf meiner Brust prangt: die kaiserliche Sonne. Sobald meine Widersacher dieses Zeichen sehen, weichen sie ehrfürchtig zurück und lassen mich weiterziehen.

Ich bin fest entschlossen, den Wunsch des Kaisers zu erfüllen, und ich weiß auch, dass meine Kraft ausreichen wird, denn ich bin stark. Zunächst bin ich auch leicht vorwärtsgekommen. Ohne zu ermüden, habe ich viele Hindernisse überwunden. Allerdings gab es immer neue Dinge zu bewältigen. Kaum hatte ich den ersten Palast des Kaisers hinter mir gelassen, musste ich feststellen, dass ein weiterer folgte, und dann noch einer und noch einer. Hatte ich ein Tor durchschritten, sah ich in der Ferne ein weiteres Tor. Zwischendurch gab es immer wieder Treppen zu besteigen und Höfe zu überqueren, einer nach dem anderen.

Allmählich kommen mir doch Zweifel, ob ich den Auftrag des Kaisers wirklich erfüllen kann. Ich frage mich, was nach dem nächsten Tor, dem nächsten Hof, der nächsten Treppe, dem nächsten Palast kommt. Und doch muss ich weiterlaufen, schließlich habe ich dem Kaiser versprochen, seine Botschaft zu übermitteln.

Vielleicht lebt er inzwischen schon gar nicht mehr. Aber das ändert nichts; ich habe meinen Auftrag zu erfüllen. Ich werde nicht nachlassen und den Weg weiter verfolgen, auch wenn meine Kräfte schwinden. Der Wunsch des Kaisers ist mir heilig, ich muss ihn erfüllen.

Noch ein Tor, noch ein Hof und wieder ein Palast. Vielleicht werde ich das Ende der Residenzstadt nie erreichen. Aber ich habe keine Wahl: Ich muss versuchen, diese Botschaft zu übermitteln – und wenn es mein ganzes Leben in Anspruch nimmt. *(584 Wörter)*

Kapitel 8: Geisterbahn

204 ▶ **Die Figuren:** Beppi und Sepp sind beide chancenlos: Sepp ist ein Knecht, der von seinem Bauern entlassen und fortgejagt wurde, und Beppi ist ein junges Mädchen, das von Sepp ein uneheliches Kind hat. Die beiden wissen nicht, wie sie ihr Leben gestalten sollen, weil Sepp so arm ist, dass er sich nicht einmal eine Wohnung leisten kann, sondern zur Untermiete wohnt.

▶ **Problem der Sprachlosigkeit:** Die beiden können nicht wirklich miteinander reden. Eigentlich zählen sie nur Sprichwörter auf, die man normalerweise ausspricht, um anderen Mut zu machen. Das passt aber nicht wirklich zu ihrer Lage. Ein richtiger Austausch zwischen ihnen findet nicht statt. So wirken sie in ihrer Situation doppelt hilflos.

▶ **Darstellung:** Das Elend, in dem sie leben, wird geradezu drastisch dargestellt. Sepp ist krank und wohnt in einem möblierten Zimmer, weil er sich nichts anderes leisten kann, und Beppi ist zu ihm geflüchtet, weil die Eltern damit gedroht haben, ihr Kind in ein Heim zu stecken. Die Darstellung dieser trostlosen Situation der beiden erinnert an den Naturalismus.

▶ **Gesellschaftskritik:** Durch seine Darstellung übt der Autor indirekt Kritik an der Gesellschaft. Er führt die aussichtslose Situation von Beppi und Sepp vor, um zu zeigen, wie unmenschlich ein solches Leben ist. Das ist wie eine Aufforderung an die Zuschauer: Sie sollen sich dafür einsetzen, dass Arme und Entrechtete mehr Hilfe bekommen, damit sich ihr Los bessert.

205 ▶ **Lebensdaten:** Franz Xaver Kroetz wurde am 25. Februar 1947 in München geboren.

▶ **Wohnorte:** Er wohnt abwechselnd in München und auf Teneriffa.

▶ **Elternhaus:** Sein Vater war von Beruf Steueramtmann. Seine Mutter stammt aus Österreich.

▶ **Eigene Familie:** Kroetz hatte eine längere Beziehung mit Uta Emmer, einer Schauspielerin und Theaterleiterin; mit ihr hat er einen gemeinsamen Sohn. Von 1992 bis 2006 war er mit der Schauspielerin Marie Theres Relin verheiratet; mit ihr hat er drei Kinder. Anschließend fand er in der sehr viel jüngeren Architektin Juliane Grund eine neue Lebensgefährtin.

- **Werdegang:** Die Laufbahn von Franz Xaver Kroetz wirkte anfangs wenig zielstrebig: Nach dem Tod seines Vaters brach er die Schule ab und besuchte Schauspielschulen in München und Wien. Währenddessen machte er außerdem eine Lehre zum Schmied. Danach versuchte er sich in verschiedenen Berufen, u. a. als Lagermeister einer Papierfabrik, Bauarbeiter, Kraftfahrer und Pfleger. Nebenbei betätigte er sich auch politisch: Er war von 1972 bis 1980 Mitglied der DKP (Deutsche Kommunistischen Partei) und kandidierte 1972 und 1976 als Kandidat seiner Partei bei Bundestagswahlen. Allerdings wurde er nicht gewählt. 1980 trat er aus der DKP wieder aus.
  Schon früh begann Kroetz zu schreiben. Zuerst bekam er von den Verlagen nur Absagen. Im Jahr 1970 gelang ihm aber mit dem Theaterstück „Heimarbeit" der Durchbruch. Zeitweise wurde Kroetz auch als Schauspieler durch seine Rollen im Fernsehen bekannt: In dem Stück „Kir Royal" spielte er den Klatschreporter Baby Schimmerlos.
- **Werke:** Kroetz hat viele Dramen von der Art des modernen Volksstücks geschrieben. Nach dem Stück „Heimarbeit" folgten noch viele weitere Stücke. Bekannt wurden vor allem „Wildwechsel", „Stallerhof" und „Maria Magdalena". Außer seinen Theaterstücken schrieb Kroetz auch Erzählungen und Gedichte. In seinen Werken befasst sich der Autor vor allem mit dem Elend der Menschen in ihrem ganz normalen Alltag. In „Heimarbeit" geht es z. B. um ein Ehepaar, das nach außen eine normale bürgerliche Ehe führt, aber nach einem Unfall des Mannes in eine schwere Krise gerät.
- **Bedeutung als Autor:** Kroetz löste mit seinen Theaterstücken mehrmals Skandale aus. Das liegt daran, dass er immer wieder auf drastische Art und Weise das Elend der kleinen Leute zum Thema gemacht und auf die Bühne gebracht hat. Seine Figuren leiden vor allem unter ihrer Sprachlosigkeit: Sie sind nicht in der Lage, mit anderen über ihre Probleme zu sprechen. Darin liegt ihr eigentliches Unglück.

206 a Sie erklärt damit, warum es für sie daheim so unerträglich war, dass sie weggelaufen ist.

b „Sie lacht und nickt." (Z. 2)

c Sie ist stolz darauf, dass sie sich gegenüber ihren Eltern zur Wehr gesetzt hat.

d Er hat auch das Gefühl, dass ihm oft Unrecht geschehen ist, und meint, dass er sich öfter zur Wehr hätte setzen müssen.

207 Er meint, dass …

		trifft zu	trifft nicht zu
a	Beppi sich richtig verhalten hat.	☒	☐
b	man sich zur Wehr setzen muss.	☒	☐
c	man manchmal mit Selbstmord drohen sollte.	☐	☒
d	er sich öfter wie Beppi hätte verhalten müssen.	☒	☐

208

		trifft zu	trifft nicht zu
a	Wer sich wehrt, kann alles erreichen.	☒	☐
b	Es gehört Mut dazu, sich zu wehren.	☒	☐
c	Der Schwächere verhält sich immer falsch.	☐	☒
d	Ich habe mich zu oft gewehrt.	☐	☒
e	Ich war immer der Schwächere.	☒	☐
f	Der Schwächere kann sich nicht wehren.	☒	☐

209 Er ist froh darüber, dass er erklären kann, warum er sich nicht gewehrt hat.

210 Pause (Z. 6): *Wie war es denn mit mir? Habe ich mich immer gewehrt, wenn mir Unrecht geschah?*
Pause (Z. 8): *Aber wie hätte ich mich zur Wehr setzen sollen? Ich war ja immer der Schwächere.*

211 Wenn er das Personalpronomen „ich" verwendet, spricht er ausdrücklich nur von sich selbst. Das Pronomen „man" ist wie eine Rechtfertigung. Sepp drückt damit aus, dass jeder andere so gehandelt hätte wie er.

212 Beppi drückt damit aus, dass es richtig ist, sich zu wehren, wenn einem Unrecht getan wird. Sie hat das Sprichwort von Sepp gelernt.

213 Er zweifelt die Richtigkeit des Sprichworts an.

214

		trifft zu	trifft nicht zu
a	Sie haben früher Sprichwörter ausgetauscht.	☐	☒
b	Beppi hat von Sepp häufig Sprichwörter gehört.	☒	☐
c	Sie konnte sich die Sprichwörter merken.	☒	☐

d	Die Sprichwörter gefallen ihr.	☒	☐
e	Sie hatten sich sonst nichts zu sagen.	☐	☒
f	Sie wollen sich gegenseitig Mut machen.	☒	☐

215

Wer wagt, gewinnt!	C
Jeder ist seines Glückes Schmied!	B
Dem Tüchtigen gehört die Welt!	D
Selbst ist der Mann!	A

216 Sprichwort: *Wer wagt, gewinnt!*
Mögliche Erklärung: Es ist ihr wichtig, sich Mut zuzusprechen.

217 Er meint damit, dass man mit einem starken Willen alles erreichen kann, selbst etwas, das ganz und gar unrealistisch erscheint.

218

		trifft zu	trifft nicht zu
a	Er hat damit gerechnet, dass Beppi zu ihm kommen würde.	☐	☒
b	Er bedauert, dass er nicht gleich eine richtige Wohnung gemietet hat.	☒	☐
c	Er möchte, dass Beppi und der kleine Georg bei ihm bleiben.	☒	☐
d	Er glaubt, dass er bald eine Wohnung finden wird.	☐	☒

219 Sie möchte Sepp sagen, dass …
☒ er sich keine Gedanken um das Wohnen machen soll.

220 Sepp ist krank. Er befürchtet zudem, dass er Ärger mit dem Vermieter bekommen könnte, wenn Beppi mit dem Kind bei ihm bleibt.

221 a Er will dem Vermieter einfach sagen, Beppi sei seine Tochter, die gekommen sei, um ihn während seiner Krankheit zu pflegen.
b ☒ Der Altersunterschied zwischen Beppi und ihm ist groß.

222 Der Vermieter soll nicht merken, dass nun eine ganze Familie bei ihm wohnt.

223 Sie ist nicht so dargestellt, als wäre sie geistig behindert, denn sie kann auf die Äußerungen Sepps passend reagieren. Mitunter verhält sie sich sogar einfühlsam; als er beklagt, dass er keine Wohnung, sondern nur ein möbliertes Zimmer hat, sagt sie: „Schön." Damit gibt sie ihm zu verstehen, dass es ihr nichts ausmacht, in beengten Wohnverhältnissen mit ihm zu leben. Außerdem hat sie vom Bauernhof ihrer Eltern allein zu Sepp gefunden. Ein geistig behinderter Mensch hätte das wohl nicht geschafft.

224

Dann bin ich hingstellt und gsagt: [...] (Z. 1)	Dann habe ich mich hingestellt und gesagt: [...]
Wenn man die Zähn zeigt, nachad kann man alles habn. (Z. 4)	Wenn man die Zähne zeigt, kann man alles haben.
Da kann man sich net wehrn [...]. (Z. 9 f.)	Da kann man sich nicht wehren [...].
Ham mir schon ghabt. (Z. 23)	Das haben wir schon gehabt.

225 **a** „Wenn der Georg in ein Heim muss, bringe ich mich um." (Z. 1 f.)

b Sie hat vorher lange darüber nachgedacht, was sie ihren Eltern sagen will; diese Äußerung war also nicht spontan. Das zeigt, dass sie wirklich sehr verzweifelt gewesen sein muss.

226 Korrektes Hochdeutsch würde überhaupt nicht zu den Figuren passen. Die Sprache des Stückes – und damit das gesamte Stück – wäre weit weniger eindrucksvoll, weil sie nicht realistisch klänge.

227

	Beppi	Sepp	real	irreal
Wenn der Georg in ein Heim muss, bringe ich mich um. (Z. 1 f.)	✗		✗	
Wenn man die Zähn zeigt, nachad kann man alles habn. (Z. 4)		✗	✗	
Da kann man sich net wehrn, wenn man der Schwächere is. (Z. 9 f.)		✗	✗	
Wenn ich gwusst hätt, dassd kommst, hätt ich gleich eine Wohnung gnommen. (Z. 28 f.)		✗		✗

228 „Wenn man es erwarten kann, ist es schön."

229 Sie praktizieren eher kein aktives Zuhören. Sepp geht nicht wirklich auf Beppis Nöte ein, sondern er bezieht alles gleich auf sich, indem er sagt, er hätte sich auch öfter wehren müssen. Aktives Zuhören hätte erfordert, dass er Nachfragen stellt und Mitgefühl zeigt. Auch Beppi fragt nicht nach, als Sepp ihr von seiner Krankheit erzählt. Eigentlich spricht jeder nur über sich selbst.

230
- Was soll's? Ich hab's ja schon immer gesagt. Wenn's dich glücklich macht!
- F'furt, M'gladbach, K'lautern
- Marx' „Kapital", Thomas' Schultasche, Ringelnatz' Werke

231
- *Dann bin ich hing'stellt und g'sagt:*
- *Wenn man die Zähn' zeigt, nachad kann man alles hab'n.*
- *Bloß trau'n muss sich eins.*
- *Das hätt' ich auch viel öfter tun soll'n, das wär' es g'wes'n.*
- *Bloß, wo ich immer der Schwächer' g'wes'n bin.*

232

Bitte nicht rückwärt's einparken!	rückwärts
Ich hab's dir doch gesagt.	✓
Wenn's weiter nichts ist.	✓
Sie hat sich immer um's Kind gekümmert.	ums
Der Fahrer des Pkw's konnte ausfindig gemacht werden.	Pkws
Schaltet bitte eure Handy's aus!	Handys
Franz Xaver Kroetz' Theaterstücke lösten manchen Skandal aus.	✓
Lassen Sie mich's wissen, wann Sie zurück sind.	✓

233 *Lösungsvorschlag:*

Das moderne Volksstück „Geisterbahn" von Franz Xaver Kroetz, erschienen im Jahr 1975, thematisiert die trostlose Situation der Bauerntochter Beppi und des sehr viel älteren Hilfsknechts Sepp. Beppi hat von Sepp ein uneheliches Kind. Nachdem ihre Eltern damit gedroht haben, den kleinen Georg in ein Heim zu stecken, ist sie von zu Hause ausgerissen und zu Sepp geflüchtet. Die erste Szene des zweiten Aktes spielt in einem möblierten Zimmer in München, in dem Sepp untergekommen ist, nachdem ihn Beppis Eltern entlassen und fortgejagt haben.

Beppi erklärt Sepp zunächst, dass sie ihren Eltern mit Selbstmord gedroht habe, für den Fall, dass diese ihre Drohung wahrmachen und das Kind tatsäch-

lich in ein Heim geben würden. Sepp lobt sie für dieses Verhalten. Er meint, sie habe richtig gehandelt, indem sie sich gegen ihre Eltern zur Wehr gesetzt habe. Er betont, dass es grundsätzlich richtig sei, sich gegen Unrecht zu wehren.
In dem Zusammenhang denkt er über sein eigenes Leben nach. Dabei wird ihm klar, dass er sich nie gewehrt hat. Er begründet das damit, dass er stets der Schwächere gewesen sei, und meint, als Schwächerer habe man nicht die Möglichkeiten, sich gegenüber Stärkeren zu behaupten.
Beppi greift seinen Gedanken auf, dass es richtig sei, sich zur Wehr zu setzen, wenn man Unrecht erleidet, und zitiert dazu ein passendes Sprichwort. Dass sie ausgerechnet dieses Sprichwort nennt, freut Sepp, denn er erinnert sich daran, dass sie es von ihm gelernt hat, was Beppi bestätigt. Anschließend tauschen die beiden weitere Sprichwörter aus, die eine ähnliche Lehre vermitteln und den Appell enthalten, sein Schicksal selbst in die Hand zu nehmen.
Sepp fällt schließlich auf, dass seine Wohnverhältnisse es eigentlich nicht erlauben, Beppi und das Kind bei sich aufzunehmen. Er äußert sein Bedauern darüber, dass er nicht gleich eine Wohnung gemietet hat. Doch Beppi ist zufrieden und beklagt sich nicht.
Kurz darauf gibt Sepp zu bedenken, dass es neben dem Wohnproblem noch ein weiteres Problem gibt, nämlich seine Erkrankung. Er fasst sich an die Brust und deutet damit an, dass sein Herz ihm zu schaffen macht. Allerdings meint er, dass er noch zehn Jahre leben werde. Jetzt erst wirft er einen ersten Blick in den Kinderwagen und freut sich über den kleinen Georg.
Um keinen Ärger mit dem Vermieter zu bekommen, will er Beppi als seine Tochter ausgeben und sagen, sie sei gekommen, um ihn zu pflegen. Als das Mädchen ihn daraufhin fragt, was denn mit Georg geschehen solle, schlägt er vor, so zu tun, als wäre der gar nicht da. Er kann sich anscheinend nicht vorstellen, dass man ein Baby nicht verstecken kann.
Die Szene zeigt, dass Sepp zu Beppi steht, als sie zu ihm kommt und bei ihm Schutz sucht. Zugleich wird aber deutlich, dass er wenig für sie tun kann, weil er sich zum einen keine richtige Wohnung leisten kann und zum anderen offenbar auch ernsthaft krank ist. So müssen sie ihr Zusammenleben als Familie geheim halten. Erschwerend kommt hinzu, dass es den beiden kaum gelingt, sich über ihre schwierige Lage auszutauschen. *(500 Wörter)*

Kapitel 9: Über korrekte Wortwahl

234 Martenstein kritisiert …

		trifft zu	trifft nicht zu
a	Menschen, die sich nicht korrekt ausdrücken können.	☐	☒
b	das Bemühen darum, sich politisch korrekt auszudrücken.	☐	☒
c	den unkritischen Umgang mit Ausdrücken, die als politisch korrekt gelten.	☒	☐
d	Aufgaben, die Schweizer Realschüler*innen lösen sollen.	☒	☐

235 Er macht sich lustig über …

☒ Aufgaben, die Schweizer Realschüler*innen in ihrer Abschlussprüfung lösen mussten.

236 Übertrieben wirkt das fast verzweifelte Bemühen des Verfassers, sich mit den Prüfungsaufgaben auseinanderzusetzen. In Wirklichkeit interessiert er sich gar nicht dafür. Er will sich nur über die Aufgaben lustig machen, die Schweizer Schülern vorgelegt wurden, denn er findet sie unsinnig. Die Darstellung seines geradezu verzweifelten Bemühens, diese zu lösen, steht im Widerspruch dazu und wirkt deshalb übertrieben und komisch.

237 *Mögliche Lösung:*
„Find ich okay" (Z. 19)
„Das geht natürlich überhaupt nicht mehr." (Z. 36 f.)

238 Martenstein macht am Schluss eine Aussage, die er zur Überraschung des Lesers sofort wieder infrage stellt. Er sagt zunächst, politische Korrektheit würde immer nur „selektiv" (Z. 47) zum Ausdruck kommen. Gleich darauf tut er so, als würde ihm plötzlich einfallen, dass er dieses Wort auch nicht sagen darf, weil es ebenfalls nicht politisch korrekt ist. Er spielt damit auf den Gebrauch des Wortes „selektiv" in der Nazizeit an. Damit erklärt er abschließend, dass es praktisch unmöglich ist, sich immer politisch korrekt auszudrücken.

239 a *Satzpalindrom (Z. 31):* Ein Satzpalindrom ist ein Satz, der sich sowohl vorwärts als auch rückwärts lesen lässt. Die Abfolge der Wörter ist dabei jeweils genau gleich.

b *Steueroase (Z. 43):* Eine Steueroase ist ein Staat, in dem es Reichen möglich ist, ihr Einkommen vor dem heimischen Finanzamt zu verstecken. Deshalb ist das eine „Oase" für ihr Geld: Es kann dort in Ruhe auf einem Bankkonto „geparkt" werden und muss nicht versteuert werden.

c *Sahelzone (Z. 44):* Die Sahelzone ist ein Gebiet in Afrika, in dem die Bewohner ganz besonders von Dürre geplagt sind. Es liegt südlich der Sahara.

d *selektiv (Z. 47):* Vorschriften und Regeln – z. B. bezüglich politischer Korrektheit – werden nicht generell befolgt, sondern nur nach Belieben. Man nimmt eine Auswahl vor.

240 Ein Buch, mit dem sich Schweizer Realschüler auf die Abschlussprüfung vorbereiten, ist ihm in die Hände gefallen. Es gibt darin eine sehr unpassende Aufgabe zur Beurteilung von Wörtern in Bezug auf politische Korrektheit.

241

		trifft zu	trifft nicht zu
a	In der Schweiz ist politische Korrektheit schon ein Thema.	☒	☐
b	Über politische Korrektheit wird in Deutschland noch nicht gesprochen.	☐	☒
c	Der Verfasser ist überrascht über die Aufgaben, die Schweizer Realschüler*innen lösen müssen.	☒	☐
d	Er begrüßt es, dass sich Schweizer Realschüler*innen mit politischer Korrektheit befassen sollen.	☐	☒

242 ☒ Er meint, dass die Aufgabe gar nicht lösbar ist.

243

politisch korrekt	politisch unkorrekt	unklar
gestorben	dick	Trinker
nicht motiviert	dumm	Invalide
	Zigeuner	zum Kotzen
	Hure	

244
- Er hält das für „realitätsnäher" (Z. 8).
- Er meint, das mache den Schülerinnen und Schülern mehr Spaß.

245 Oft ist es erst durch den Kontext möglich zu erkennen, ob ein Wort politisch korrekt ist oder nicht.

246 Der Verfasser meint damit, dass er nur die Bezeichnung „Invalide" politisch korrekt findet. Den körperlichen Zustand des Betroffenen findet er dagegen nicht in Ordnung.

247

		trifft zu	trifft nicht zu
a	Der Verfasser ist sich nicht ganz sicher.	☒	☐
b	Wer Alkohol trinkt, ist vielleicht krank.	☐	☒
c	Es gibt verschiedene Bezeichnungen für Alkoholiker.	☒	☐
d	Er weiß nicht, wie man angemessen über Alkoholiker spricht.	☐	☒
e	Das Wort „Trinker" ist wohl politisch nicht korrekt.	☒	☐

248 Der Ausdruck …

		trifft zu	trifft nicht zu
a	ist umgangssprachlich.	☒	☐
b	grenzt niemanden aus.	☒	☐
c	bezieht sich auf eine vorübergehende Situation.	☒	☐
d	steht in einem Übungsbuch für Schüler.	☐	☒
e	betrifft eine feste Gruppe.	☐	☒

249 a Zu unterstreichen ist dieser Satz: „Ein Neger mit Gazelle zagt im Regen nie." (Z. 36)

b Es lässt sich von vorn genauso wie von hinten lesen.

c Mit 32 Buchstaben war es bisher das längste Palindrom in der deutschen Sprache.

d *Man sollte es nicht mehr verwenden, weil* es das Wort „Neger" enthält, das heute als herabsetzend und beleidigend empfunden wird und deshalb als politisch unkorrekt gilt.

250 ☒ Er ist inzwischen auf ein anderes Palindrom gestoßen.

251 (Politisch) Korrekte Wortwahl ist …

☒ schwierig.

252 Genau genommen ist der Satz politisch nicht korrekt, weil er nur die männliche Form („der Verbraucher“) enthält.

253 **a** Seine Kritik richtet sich **nicht** dagegen, dass politisch korrekte Sprache oft …

☒ folgenlos bleibt.

b *Mögliche Lösung:*

Ich finde das Problem, dass politisch korrekte Sprache meist folgenlos bleibt, am größten.

Es ist sinnlos, seine Worte politisch korrekt zu wählen, wenn diejenigen, die es betrifft, im Alltag nach wie vor diskriminiert und herabgewürdigt werden.

254

Standardsprache	Umgangssprache	Jugendsprache
überwiegend in schriftlichen Texten klingt gehoben	überwiegend in mündlichen Gesprächen klingt lässig	im Austausch unter Jugendlichen erzeugt ein Gefühl der Verbundenheit

255 „Find ich okay, als Wort […].“ (Z. 19)

„Klar, ein derber Ausdruck, […] aber politisch gesehen vermutlich korrekt.“ (Z. 21 f.)

In Standarddeutsch:

Ich halte das Wort für politisch korrekt […].

Das ist natürlich ein derber Ausdruck, aber politisch gesehen ist er vermutlich korrekt.

256

schnauben, schnob, geschnoben !	schnaubte, geschnaubt
liegen, lag, gelegen	
saugen, sog, gesogen !	saugte, gesaugt
wenden, wandte, gewandt !	wendete, gewendet
treten, trat, getreten	
waschen, wusch, gewaschen	
bleichen, blich, geblichen !	bleichte, gebleicht

257 **Vom Raben und vom Fuchs**

Ein Rabe hatte einen Käse gestohlen und setzte sich auf einen hohen Baum und wollte ihn verzehren. Weil er aber seiner Art nach nicht schweigen kann, wenn er isst, hörte ihn ein Fuchs über den Käse krächzen und lief herbei und sprach: „Oh, Rabe, ich habe meinen Lebtag noch keinen schöneren Vogel, von Feder und Gestalt her, gesehen als dich. Und wenn du auch so eine schöne Stimme zum Singen hättest, so sollte man dich zum König über alle Vögel krönen.

Den Raben kitzelte solches Lob und Schmeicheln. Er fing an und wollte seinen schönen Gesang hören lassen, und als er den Schnabel auftat, entfiel ihm der Käse. Den nahm der Fuchs behände, fraß ihn und lachte über den törichten Raben.

258 *Mögliche Lösung:*

„Ich konnte die Aufgabe nicht lösen." (Z. 13)

Der Widerspruch besteht darin, dass der Verfasser sich mit dem Problem politischer Korrektheit sehr gut auskennt, aber trotzdem behauptet, er könne eine Prüfungsaufgabe zu diesem Thema nicht lösen.

259

Mut: Courage	1	C
gleichmäßiger Klang durch regelmäßige Betonungen: Rhythmus	2	H
Hürde: Barriere	2	A
Einzelperson: Individuum	2	N
Vorräte, auch in der Natur: Ressourcen	8	C
ein Emoticon, mit dem man ein Gefühl ausdrückt: Smiley	5	E
Wettstreit: Konkurrenz	3	N
mit einer bestimmten Suchmaschine im Internet surfen: googeln	4	G
Rache: Revanche	2	E
feindselig, angriffslustig: aggressiv	4	R
Vorurteil: Ressentiment	5	E
spiegelbildlich: symmetrisch	10	C
einen großen Sieg feiernd: triumphal	7	H
Anteilnahme, Aufmerksamkeit: Interesse	3	T
Bestechung: Korruption	8	I
Einsatz, *auch* Vertrag (z. B. eines Künstlers): Engagement	3	G
schlimmes Unglück: Katastrophe	1	K
Tiefgeschoss, Etage unter dem Erdgeschoss: Souterrain	5	E
glänzend (z. B. in Bezug auf eine Leistung): brillant	3	I
Duldsamkeit, Nachsicht: Toleranz	1	T

260 *Lösungsvorschlag:*

Politische Korrektheit

In seiner Glosse „Über korrekte Wortwahl“, erschienen im Zeitmagazin Nr. 22/2013, macht sich Harald Martenstein auf humorvolle Weise Gedanken über das Problem der politischen Korrektheit. Anlass für ihn, sich mit diesem Thema auseinanderzusetzen, ist ein Schulbuch für Schweizer Realschulen, das ihm zufällig in die Hände fiel. Beim Durchblättern war er auf eine Aufgabe gestoßen, bei der die Schüler*innen aufgefordert wurden, aus einer Liste von Wörtern die politisch unkorrekten Ausdrücke herauszustreichen.

Der Verfasser hält es für problematisch, dass von den Bürgerinnen und Bürgern erwartet wird, sich möglichst immer politisch korrekt auszudrücken. Dass es schwierig ist, diese Erwartung immer zu erfüllen, erläutert er am Beispiel einiger Wörter, die er der Aufgabe aus dem Schulbuch entnimmt: „gestorben“ (Z. 13), „nicht motiviert“ (Z. 13 f.), „dick“ (Z. 14), „dumm“ (Z. 14), „Hure“ (Z. 14) und „Invalide“ (Z. 15). Er gibt vor, diese Beispielwörter trotz ernsthaften Bemühens selbst nicht richtig zuordnen zu können, und stellt damit indirekt die Behauptung auf, dass es praktisch unmöglich sei, sich immer politisch korrekt auszudrücken.

Ich frage mich, ob der Verfasser es sich mit seiner Glosse nicht etwas zu einfach macht. Dass er sich über die möglichen Schwierigkeiten bei der angemessenen Bezeichnung bestimmter Personen lustig macht, mag vielleicht ganz amüsant sein. Ob er dem Thema damit gerecht wird, ist allerdings fraglich.

Zunächst einmal ist festzustellen, dass es Martenstein nicht ernsthaft ein Bedürfnis zu sein scheint, sich mit dem Problem politisch korrekter Ausdrucksweise zu befassen. In Wirklichkeit kritisiert er nur eine Aufgabe in einem Schulbuch. Mit der grundsätzlichen Frage, ob es richtig ist, beim Sprechen auf politische Korrektheit zu achten, setzt er sich nämlich nicht auseinander.

Er stellt es so dar, als habe ihn erst ein Schulbuch, in dem eine entsprechende Aufgabe enthalten ist, überhaupt auf die Idee gebracht, sich mit dem Thema zu beschäftigen. Bei genauem Hinsehen erkennt man aber, dass er sich offenbar schon öfter damit befasst hat. Neu scheint das Thema für ihn jedenfalls nicht zu sein. Wieso greift er es überhaupt auf? Diese Frage stellt sich die kritische Leserschaft.

Etwas unpassend wirkt es auch, wenn er in dem Zusammenhang auf Palindrome zu sprechen kommt, um die es ihm – wie er sagt – „ein bisschen leidgetan“ (Z. 29) habe. Er bezieht sich dabei vor allem auf ein Satzpalindrom, das wegen des Wortes „Neger“ heute als politisch unkorrekt gilt (vgl. Z. 36). Mit 32 Buchstaben sei es bisher das „längste noch halbwegs sinnvolle deutsche Satzpalindrom“ (Z. 34 f.) gewesen. Inzwischen sei er jedoch auf ein anderes Satzpalindrom gestoßen, das genauso lang sei, und das scheint ihn zu trösten. Weshalb Martenstein Palindromen in seinem Text so viel Platz einräumt (Z. 29–40), ist unklar. Es handelt sich dabei nur um Wortspiele, die allenfalls dem gelegentlichen Spaß dienen. Beim Bemühen um politische Korrektheit spielen sie im Alltag keine Rolle, und sie beeinflussen auch nicht unser gesellschaftliches Zusammenleben.

Es kann sehr wohl eine negative Wirkung auf die Stimmung in unserer Gesellschaft haben, wenn unzufriedene Gruppen gezielt gegen das Gebot politischer Korrektheit verstoßen, um andere zu provozieren. Wenn beispielsweise einzelne Demonstrantinnen und Demonstranten hochrangige Politiker*innen als „Volksverräter“ bezeichnen, nur weil ihnen eine politische Entscheidung nicht gefällt, vergiften sie damit das Klima in unserem Land. Auch Hass und Hetze im Internet, in denen die Userinnen und User bewusst auf politisch korrekte Ausdrucksweise verzichten, werden zunehmend ein Problem. Damit setzt sich Martenstein nicht auseinander.

Wie sich die gegenseitige Rücksichtnahme wieder steigern lässt, ist eine viel drängendere Frage als die Überlegung, welche Wörter als politisch korrekt anzusehen sind oder nicht. Wenn es Martenstein um unser Zusammenleben gegangen wäre, hätte er bei seinen Überlegungen „Über korrekte Wortwahl“ lieber darüber nachdenken sollen. Man kann ihm aber zugutehalten, dass er keine wissenschaftliche Arbeit über ein sprachliches Phänomen schreiben wollte. Sein Text ist eben eine Glosse – und die verlangt von ihm, dass er sich auf humorvolle Art mit dem Thema befasst. Das ist ihm durchaus gelungen. Ob er seine Leser*innen zum Nachdenken gebracht hat, ist allerdings zu bezweifeln. *(647 Wörter)*

Kapitel 10: Der Soldat von La Ciotat

261 Sie alle waren Eroberer und sind deshalb zu Ruhm gekommen. Viele von ihnen konnten ihr Reich erweitern und ihre Macht ausbauen. Alle haben Eroberungskriege mithilfe von Soldaten geführt.

262 Sie verstanden nicht, worum es bei den Feldzügen ging. Alle waren nur gegenüber dem Feldherrn gehorsam. Keiner von ihnen hat von einem Krieg einen Vorteil gehabt, im Gegenteil: Viele Soldaten bezahlten für ihren Einsatz mit dem Leben oder zogen sich Verletzungen zu.

263 **Bertolt Brecht (1898–1956)**

- **Lebensdaten:** Der Schriftsteller Bertolt Brecht (eigentlich Eugen Berthold Brecht) wurde am 10. Februar 1898 in Augsburg geboren. Gestorben ist er am 14. August 1956 in Ost-Berlin.
- **Herkunft:** Brechts Vater hatte einen leitenden Posten in einer Augsburger Papierfabrik, seine Mutter stammte aus einer Beamtenfamilie. Zusammen mit seinem jüngeren Bruder Walter wuchs Bertolt in gesicherten sozialen Verhältnissen auf. Die Familie lebte großzügig in zwei Wohnungen und beschäftigte auch immer ein Dienstmädchen.
- **Werdegang:** Brecht fing schon früh an zu dichten. Zusammen mit einem Freund gab er eine Schülerzeitung heraus. Darin veröffentlichte er Gedichte, Prosatexte und auch ein Drama. Nach dem Notabitur im Jahr 1917 studierte er eine Zeit lang Medizin, Philosophie und Literaturwissenschaft. Anfang 1919 fing er an, Dramen zu schreiben. Im Jahr 1922 wurde sein Stück *Trommeln in der Nacht* in München uraufgeführt. Der Durchbruch gelang ihm 1928 mit der Aufführung seiner *Dreigroschenoper.* Daneben schrieb Brecht weiter Gedichte und Prosatexte.
- **Emigration und Exil:** Schon früh erkannte Brecht, dass die Nazis Deutschland zum Verhängnis werden würden, deshalb emigrierte er unmittelbar nach dem Reichstagsbrand im Jahr 1933. Sein Exil führte ihn durch mehrere Länder (z. B. Dänemark und Finnland), ehe er 1941 in die USA einreisen konnte. Nach dem Ende des Zweiten Weltkriegs kehrte er nach Europa zurück, zunächst in die Schweiz, dann nach Ost-Berlin. Dort konnte er ab 1954 ein eigenes Theater betreiben und auch als Regisseur mit seinen Stücken Erfolge feiern.

- **Brechts politische Einstellung:** Brecht ergriff stets Partei für die Armen und Entrechteten und sympathisierte auch zeitlebens mit der kommunistischen Idee. Er wünschte sich also eine Gesellschaft, in der alle Menschen die gleichen Rechte hatten und in der es allen gleichermaßen gut ging. Der Kommunistischen Partei trat er zwar nie bei, aber seine politische Einstellung spiegelt sich in vielen seiner Werke wider.
- **Werke:** Bekannt wurden vor allem diese Dramen:
  - *Mutter Courage*
  - *Leben des Galilei*
  - *Die heilige Johanna der Schlachthöfe*
  - *Der gute Mensch von Sezuan*
  - *Herr Puntila und sein Knecht Matti*
  - *Der kaukasische Kreidekreis*
- **Bedeutung:** Berühmt wurde Brecht vor allem für seine Dramen, die bis heute weltweit aufgeführt werden. Er entwickelte auch eine neue Theater-Theorie, das sogenannte epische Theater. Viele seiner Gedichte und Prosawerke werden nach wie vor ebenfalls sehr geschätzt.

264 Sinnabschnitt 1: Z. 1–9
Sinnabschnitt 2: Z. 10–20
Sinnabschnitt 3: Z. 21–22
Sinnabschnitt 4: Z. 23–48
Sinnabschnitt 5: Z. 49–53
Sinnabschnitt 6: Z. 54–56

265 Sie wollten an der Feier zu einem Schiffsstapellauf teilnehmen.

266 Der Ich-Erzähler und seine Begleiter halten den ehemaligen Soldaten zunächst für das „bronzene Standbild eines Soldaten" (Z. 3) und nicht für einen lebendigen Menschen.

267 Es ist ein heißer Junitag, und er muss in seiner Soldatenuniform sehr schwitzen.

268 Er glaubt, über eine besondere Fähigkeit zu verfügen, weil er – wie eine Statue – lange Zeit dastehen kann, ohne sich zu bewegen.

269 **a** *Die Professoren:* Sie halten seine „Kunst" (Z. 17) für eine „unerklärliche Krankheit" (Z. 18).

b *Der Ich-Erzähler und seine Begleiter:* Sie sehen in dieser „Fähigkeit" (Z. 15) letztlich die Ursache für den Fortbestand von Kriegen: „Er besitzt die eben doch nicht so ungewöhnliche Fähigkeit, sich nichts anmerken zu lassen, wenn alle erdenklichen Werkzeuge der Vernichtung an ihm ausprobiert werden." (Z. 30 ff.).

270 Der Soldat …

		trifft zu	trifft nicht zu
a	will eine besondere Fähigkeit vorführen.	☒	☐
b	ist arbeitslos.	☐	☒
c	ist verbittert über sein Schicksal.	☒	☐
d	hofft auf Spenden.	☒	☐
e	hält sich für gesund.	☐	☒
f	ist Familienvater.	☒	☐

271

		trifft zu	trifft nicht zu
a	Er ist zu Recht stolz auf seine Fähigkeiten.	☐	☒
b	Er verdient eine kleine Belohnung.	☒	☐
c	Er ist sehr leidensfähig.	☒	☐
d	Er hat im Krieg Schlimmes erlebt.	☒	☐
e	Er hat durch seine Kriegserlebnisse etwas gelernt.	☐	☒

272 **a** Sie reagieren auf ihn mit …

☒ Erstaunen.

b „kopfschüttelnd" (Z. 22)

273 Aus der Schule, und zwar aus dem Geschichtsunterricht.

274 Ein typischer Soldat zeichnet sich aus durch …

		trifft zu	trifft nicht zu
a	Mut und Tapferkeit.	☐	☒
b	Kampfeswillen.	☐	☒
c	Leidensfähigkeit.	☒	☐
d	Unempfindlichkeit.	☒	☐

e Entschlossenheit.	☐	☒
f unglaubliche Geduld.	☒	☐
g Unwissenheit.	☒	☐

275 Es fehlt ihnen an …

☒ Wissen über ihre Situation.

276

Aufgezählt werden	Beispiele
Namen von Feldherren	Hannibal, Cäsar, Napoleon
Waffen	fliegende Steine von Katapulten, Gewehre, Giftgas
Teile der Soldatenuniform	Helm, Harnisch, Stiefel

277 Der Soldat hat …

- *über sich* den Todesregen der Flugzeuge und das brennende Pech der Stadtmauern
- *unter sich* Mine und Fallgrube
- *um sich* Pest und Gelbkreuzgas
- *vor sich* den Feind
- *hinter sich* den General

278 Sehr viele Menschen haben Geschäfte mit Kriegen gemacht, z. B., indem sie Soldaten für den Krieg ausgestattet und damit Geld verdient haben (vgl. Z. 49 f.).

279 **a** *Der Soldat als weltweites Phänomen:* Der Ich-Erzähler beschreibt Beispiele aus vielen Ländern der Erde, in denen Kriege geführt wurden. Auch sagt er, der Soldat sei „in *allen Sprachen* der Welt" (Z. 51) angefeuert worden.

b *Der Soldat als zeitloses Phänomen:* Er verweist auf Kriege zu ganz unterschiedlichen Zeiten.

280 Die Bereitschaft von Soldaten, an einem Krieg teilzunehmen, dessen Sinn sie nicht verstehen, ist falsch; sie entspricht einer schrecklichen Krankheit, die auch noch ansteckend ist.

Es muss aber doch möglich sein, diese „Krankheit" zu heilen: Die Soldaten dürfen dann nicht mehr bereit sein, für einen Feldherrn in den Krieg zu ziehen.

281 *Mögliche Beispielsätze sind:*

- *Präteritum:* Er bewegte keinen Muskel, nicht einmal seine Wimpern zuckten. (Z. 8 f.)
- *Präsens:* Er zuckt nicht mit der Wimper. (Z. 26 f.)

282 Das Präsens wird benutzt, um …

☒ deutlich zu machen, dass dies kein Einzelfall ist, sondern als typisch anzusehen ist.

283 **a** *Partizip Präsens:* fliegend(en) (Z. 38), unwissend (Z. 41), brennend(e) (Z. 45)

b *Partizip Perfekt:* bewaffnet (Z. 23), zertrampelt (Z. 36), kommandiert (Z. 40)

Hinweis: Weitere Formen des Partizips Perfekt sind z. B. durchlöchert (Z. 33), angefahren (Z. 34), zerschmettert (Z. 37), zerrissen (Z. 39).

284

Partizip Perfekt	Z	P	S	A
bewaffnet (Z. 24)			✗	
ausprobiert (Z. 33)			✗	
durchlöchert (Z. 34)			✗	
angefahren (Z. 35)			✗	
zertrampelt (Z. 37)			✗	
zerschmettert (Z. 38)			✗	
zerrissen (Z. 40)			✗	
kommandiert (Z. 41)			✗	
gebaut (Z. 44)	✗			

285 Es überwiegt …

☒ die passivische Bedeutung.

286 Die Partizipien beziehen sich auf …

☒ jeden Soldaten.

287

Als der erste Weltkrieg ausbrach, meldeten sich viele	Erste
junge Männer freiwillig zum dienst an der Waffe. Sie	Dienst
waren richtig Kriegsbegeistert, und dass wurde auch	kriegsbegeistert, das
von ihnen erwartet. Natürlich glaubte niemand daran,	
das er auf dem sogenannten Felde der Ehre sein Leben	dass
würde lassen müssen. Vielmehr gingen alle davon aus,	
das der Krieg schnell vorbei sein würde. Niemand	dass
zweifelte daran, das Deutschland einen raschen Sieg	dass
erzielen würde.	
Es gab allerdings auch ausnahmen. Der Schriftsteller	Ausnahmen
Bertolt Brecht vertrat eine ganz andere Meinung;	
schon als Schüler begrif er, welche verheerenden Fol-	begriff
gen militärische Auseinandersetzungen haben. Er	
scheute auch nicht davor zurück, in einem Aufsatz	
seine kritik am Krieg deutlich zum Ausdruck zu brin-	Kritik
gen. Ihm erschien es keineswegs Ehrenvoll, als Soldat	ehrenvoll
im Krieg zu sterben. Für Brecht war es klar, dass jeder	
Mensch am Leben hängen würde.	
Seine Lehrer reagierten mit völligem Unverständniss	Unverständnis
auf seine Argumentation. Beinahe wäre Brecht sogar	
aus der Schule geworfen worden. Doch dann einigte	
man sich darauf, das er wohl nur aufgrund von unreife	dass, Unreife
und Verwirrtheit einen solchen „Unsinn" geschrieben	
haben könnte, und so durfte er doch noch im Jahr	
1917 die Schule abschliessen und sein Notabitur able-	abschließen
gen. Zu dieser Zeit kämpften schon viele seiner ehe-	
maligen Mitschüler als Soldaten im Krieg. Wie viele	
von ihnen ihren einsatz überlebten, ist nicht bekant.	Einsatz, bekannt

Fehlerprofil des Schülers: Der Schüler hat vor allem diese Probleme mit der Rechtschreibung und Zeichensetzung:

- Groß- und Kleinschreibung
- das/dass
- Doppelkonsonant/Einzelkonsonant
- Kommasetzung

288 *Lösungsvorschlag:*

In Brechts Erzählung „Der Soldat von La Ciotat", erschienen im Jahre 1937, beschreibt der Ich-Erzähler ein Erlebnis, das er in einer südfranzösischen Hafenstadt hat. Zusammen mit einigen Begleitern besucht er einen Jahrmarkt, der anlässlich eines Schiffsstapellaufs stattfindet. Dabei stößt die Gruppe auf einen Soldaten, der wie eine Statue völlig bewegungslos auf einem Podest steht. Laut den Informationen, die auf einem Pappschild lesen sind, hat der Mann die Fähigkeit, lange Zeit völlig reglos zu stehen, während des Ersten Weltkriegs in Verdun erworben, wo er verschüttet wurde. Nun hat er keine Arbeit und präsentiert in der Öffentlichkeit seine „Kunst" der Unbeweglichkeit, in der Hoffnung, von den Umstehenden eine kleine Spende dafür zu erhalten. Der Anblick dieses Mannes bewegt den Ich-Erzähler und seine Begleiter. Sie fangen an, sich grundsätzliche Gedanken über die Situation von Soldaten zu machen.

Die Erzählung ist eine scharfe Kritik am Krieg. Der Ich-Erzähler und seine Begleiter begreifen, dass jeder Soldat, der in die Schlacht zieht, ein Opfer ist. Sie wünschen sich, dass Soldaten sich weigern, in den Krieg zu ziehen, und damit allen Kriegen ein Ende bereiten.

Auffällig ist zunächst der Aufbau des Textes. Auf den ersten Blick besteht die Erzählung aus drei Teilen: Zunächst beschreibt der Ich-Erzähler die Situation, dann gibt er die Worte wieder, die auf dem Pappschild des ehemaligen Soldaten stehen, und anschließend beschreibt er die Gedanken, die er und seine Begleiter sich daraufhin machen. Bei genauem Hinsehen lässt sich der Text aber noch weiter untergliedern, nämlich in sechs Sinnabschnitte:

Im ersten Sinnabschnitt (Z. 1–9) beschreibt der Erzähler, wie er und seine Begleiter in einer südfranzösischen Hafenstadt auf einen Soldaten stoßen, der sich als unbewegliche Statue präsentiert. Im zweiten Sinnabschnitt (Z. 10–20) wird der Leser über das Schicksal dieses Soldaten informiert: Infolge eines Kriegstraumas besitzt er die Fähigkeit, unbeweglich dazustehen, und nun bittet er die Passanten um eine Spende. Der dritte Sinnabschnitt besteht nur aus einem Satz: Der Erzähler sagt, dass er und seine Begleiter der Bitte des Mannes nachkommen (Z. 21–22). Anschließend erfährt der Leser, welche Gedanken dem Erzähler und seinen Begleitern über Soldaten in den Sinn kommen (Z. 23–48). Im fünften Sinnabschnitt (Z. 49–53) geht es um die Nutznießer des Krieges und im letzten Sinnabschnitt (Z. 54–56) fragen sich der Erzähler und seine Begleiter, ob es nicht möglich ist, Soldaten aus ihrer Opferrolle zu befreien.

Die Leidensgeschichte des Soldaten auf dem Jahrmarkt bewegt den Erzähler. In seinen Augen steht dieser Mann stellvertretend für alle Soldaten der Menschheitsgeschichte. Es gibt diesen Soldaten weltweit: Er wurde „kommandiert in vielerlei Sprachen“ (Z. 40 f.). Nie weiß er, warum er in die Schlacht zieht („immer unwissend, warum und wofür“, Z. 41), und stets setzt er dafür sein Leben aufs Spiel, ohne jemals einen Vorteil aus den Eroberungen zu ziehen, zu denen er seinem Feldherrn verhilft.

In den Augen des Erzählers erwerben alle Soldaten im Krieg zwei Eigenschaften: Geduld und Unempfindlichkeit. Nach ihrer Rückkehr seien sie „behaftet [...] mit dem entsetzlichen Aussatz der Geduld“ (Z. 52 f.) und „ausgehöhlt von der unheilbaren Krankheit der Unempfindlichkeit“ (Z. 53). Mit diesen Metaphern gibt der Erzähler zu verstehen, dass jeder Soldat innerlich und äußerlich beschädigt ist: Von innen ist er hohl („ausgehöhlt“) und äußerlich mit „Aussatz“ bedeckt.

Auffällig an der Darstellung sind vor allem die vielen Aufzählungen. Dadurch wird der Eindruck erweckt, dass es sich bei Kriegen um eine unendliche Geschichte handelt. Vordergründig zählt der Erzähler nur berühmte Feldherren der Geschichte auf, z. B. „Alexander, Cäsar, Napoleon“ (Z. 25). In Wirklichkeit geht es ihm aber um die Soldaten, die diesen Feldherren erst ihre Siege ermöglicht haben.

Dass die Soldaten dabei Opfer sind, deuten auch die vielen Partizipien an, die fast alle einen passivischen Sinn haben: Es heißt u. a., der Soldat sei „zertrampelt von Elefanten“ (Z. 36) oder „zerrissen von Gewehrkugeln“ (Z. 39).

Ein Ende der Kriege, so die Meinung des Erzählers, wäre nur denkbar, wenn die Soldaten von ihrer „ansteckende[n] Krankheit“ (Z. 55), der Geduld, geheilt würden. Ganz pessimistisch ist er nicht. Immerhin schließt die Erzählung mit der Frage: „Sollte sie [...] nicht doch heilbar sein?“ (Z. 56)

In der Erzählung spiegelt sich Brechts ablehnende Haltung gegenüber dem Krieg wider, die er schon in jungen Jahren hatte. Wenn man die Entstehungszeit berücksichtigt (1935), kann man außerdem auf den Gedanken kommen, dass der Autor mit dieser Erzählung rechtzeitig vor dem Ausbruch eines neuen Krieges warnen wollte. Der Ausbruch des Zweiten Weltkriegs wenige Jahre später gab ihm recht. *(591 Wörter)*

Test

Auf dem Weg nach Robonien: Besserer Mensch oder perfekte Maschine?

1 Es handelt sich um …

☒ einen Essay.

2 Bei den Diagrammen handelt es sich um **Säulendiagramme**.

3
- **a** **Robonien** (Überschrift): Das ist der Name eines fiktiven Landes, in dem Roboter wie selbstverständlich zum Alltag gehören.
- **b** **interagieren** (Z. 28): mit jemandem im Austausch sein, Kontakt haben
- **c** **divers** (Z. 39): unterschiedlich, (ganz) verschieden
- **d** **komplex** (Z. 21): nicht einfach, aus einem Bündel von Merkmalen/Anforderungen bestehend

4

E	Handwerkszeug und Sozialkompetenz nötig
D	Roboter in der Medizin
A	Roboter überall
G	Wohin soll der Weg gehen?
C	Der Wendepunkt in der Robotik
B	Die Herkunft des Wortes „Roboter“
F	Rolle der Roboter definieren

5

		trifft zu	trifft nicht zu
a	Früher waren Roboter nur Fantasieprodukte.	☒	☐
b	Science-Fiction-Klassiker sind schon veraltet.	☐	☒
c	Man kann Roboter heutzutage bauen.	☒	☐
d	Inzwischen gibt es schon Roboter.	☒	☐
e	Roboter gibt es mittlerweile in jedem Haushalt.	☐	☒

6 Tschechisch

7 Sie sahen in einem Roboter …

☒ einen Diener des Menschen.

8 Roboter können …

	Früher	Heute	in Zukunft
a schwierige Rechenaufgaben lösen.	☐	☒	☒
b Befehle befolgen.	☒	☒	☒
c Menschen bei gesundheitlichen Problemen unterstützen.	☐	☐	☒
d Fußball spielen.	☐	☒	☒
e automatisierte Aufgaben übernehmen.	☒	☒	☒
f mit Menschen interagieren.	☐	☐	☒
g den Menschen mechanische Arbeiten abnehmen.	☒	☒	☒

Für jede Aufgabe, die du komplett richtig zugeordnet hast, erhältst du 0,5 Punkte.

9 Roboter müssen noch lernen, …

☒ menschliche Gefühle zu verstehen.

10 Sie kommen heute schon zum Einsatz …

	trifft zu	trifft nicht zu
a in Fabriken.	☒	☐
b als Begleiter des Menschen.	☐	☒
c bei der Krankenpflege.	☒	☐
d als Helfer im Haushalt.	☒	☐
e in der Chirurgie.	☒	☐

11 ☒ Ein Roboter gewann gegen einen Schachweltmeister.

12

		trifft zu	trifft nicht zu
a	Roboter sehen heute so ähnlich aus wie Menschen.	☒	☐
b	Der Mensch ist als Schöpfer der Roboter anzusehen.	☒	☐
c	Wir bauen Roboter nach der Vorlage von Bildern.	☐	☒
d	Dass Roboter aussehen wie Menschen, ist nichts Neues mehr.	☒	☐
e	Nur Roboter, die menschlich aussehen, werden akzeptiert.	☐	☒

13 In der Überschrift wird die Frage gestellt, welche Rolle Roboter eines Tages für uns spielen werden, wenn sie Teil unseres Alltags geworden sind: Werden sie bessere Menschen sein als wir – oder doch nur perfekte Maschinen?

14 **a** Die meisten Deutschen sehen Roboter …

☒ ziemlich positiv.

b

Die Deutschen sehen Roboter …	☒ etwas positiver	… als die Europäer.
Die Schweden sehen Roboter …	☒ deutlich positiver	… als die Europäer.

c Deutsche: **1 Prozent** Schweden: **5 Prozent**

d Deutsche: **25 Prozent** Schweden: **49 Prozent**

e Die Deutschen haben mehrheitlich eine recht positive Einstellung zu Robotern (66 Prozent). 9 Prozent haben angegeben, dass sie Roboter „sehr positiv“ sehen, 57 Prozent zumindest „ziemlich positiv“. Trotzdem wollen sich die meisten nie einen Roboter kaufen. Nur 25 Prozent haben das in den nächsten Jahren vor. Dagegen lehnen das 71 Prozent entschieden ab.

Die Schweden haben eine deutlich positivere Einstellung zu Robotern als die Deutschen. Insgesamt sehen 84 Prozent Roboter positiv; 26 Prozent davon haben sogar eine sehr positive Einstellung zu den Maschinenmenschen. Der Anteil derer, die sich in der nächsten Zeit einen Roboter kaufen wollen, liegt bei 49 Prozent, das ist fast die Hälfte aller Befragten. Das bedeutet auch, dass sich fast doppelt so viele Schweden wie Deutsche in der nächsten Zukunft einen Roboter kaufen wollen. Hinzu kommt, dass schon 6 Prozent der Schweden einen Roboter besitzen.

15 Es heißt, der Roboter „kümmert sich“ um den Rasen, und er „spielt [...] um den Sieg“.
Auch möglich: Roboter „drehen [...] ihre Bahnen“ oder „[...] welche Lebensbereiche werden [...] Roboter in Zukunft erobern?“.

16

	Aktiv	Passiv
Der Sieg eines Roboters über einen Schachweltmeister wurde zum Wendepunkt in der Robotik.	✗	
Roboter wurden zunehmend weiterentwickelt.		✗
Ein Hotel in Japan wird nur noch von Robotern betrieben.		✗
Die Verbindung zwischen Mensch und Maschine wird Teil unseres sozialen Umfelds werden.	✗	
Wir müssen uns über unsere Beziehung zu Robotern klar werden.	✗	
Roboter sind längst nach unserem Ebenbild gebaut.		✗ ✓

Hinweis: Der letzte Beispielsatz ist im Zustandspassiv formuliert. Die Form von „werden“ entfällt, weil der Vorgang (Roboter sind ... gebaut worden) schon vollendet und der Zustand bereits erreicht ist.

17 a Wenn es in jedem Haushalt Roboter gäbe, müssten die Menschen zu Hause kaum noch etwas tun.
b Der Roboter würde alle wesentlichen Hausarbeiten erledigen, z. B. würde er Staub wischen oder die Spülmaschine ausräumen.
c Vielleicht würden Reinigungskräfte irgendwann überflüssig, wenn solche Helfer ihnen die ganze Arbeit abnähmen.

18 a Wenn eine Maschine sich selbstständig bewegen und verschiedene Tätigkeiten ausführen kann, spricht man von einem Roboter.
b Computer gelten nicht als Roboter, denn sie können sich nicht selbstständig von einem Ort zum anderen bewegen.

19
- Schau deinen Gesprächspartner an.
- Lass ihn in Ruhe ausreden und unterbrich ihn nicht.
- Gib ihm ab und zu ein Feedback, um sicherzugehen, dass du ihn richtig verstanden hast.

Hinweis: Es sind auch noch andere Ratschläge möglich (vgl. S. 127).

20

		trifft zu	trifft nicht zu
a	Man drückt sich sprachlich korrekt aus.	☐	☒
b	Man adressiert eine Rede sowohl an weibliche als auch an männliche Zuhörende.	☒	☐
c	Man verwendet zur Bezeichnung von Personen nur Wörter, durch die sie sich nicht verletzt fühlen können.	☒	☐
d	Man vermeidet umgangssprachliche Ausdrücke.	☐	☒
e	Man sorgt durch seine Ausdrucksweise dafür, dass sich niemand diskriminiert fühlen kann.	☒	☐
f	Man vermeidet es, sich selbst in den Vordergrund zu stellen.	☐	☒

21

In der Industrie wurden Roboter zum ersten ~~mal~~ in	Mal
den 60er-Jahren des vorigen Jahrhunderts eingesetzt.	
Sie sollten den Menschen am Fließband ersetzen:	
Dort übernahmen sie ~~aufgaben~~, die sich ständig wie-	Aufgaben
derholten und deshalb zu Ermüdung und Unauf-	
merksamkeit führten. Auch konnten sie Metallteile	
stapeln, die so heiß waren, ~~das~~ die Arbeiter sie nicht	dass
~~anfasen~~ konnten.	anfassen
Es dauerte nur zwei ~~jahrzehnte~~, bis es z. B. normal	Jahrzehnte
wurde, bei der ~~Herstelung~~ von Autos Roboter einzu-	Herstellung
setzen. Inzwischen gibt es immer mehr ~~Tetigkeiten~~,	Tätigkeiten
die von Robotern ausgeführt werden können. Die	
Maschinenmenschen haben viele Vorteile: Man weiß,	
~~das~~ sie schneller und genauer arbeiten als Menschen,	dass
sie werden nie krank, haben keinen ~~anspruch~~ auf	Anspruch
Urlaub und können Tag und Nacht betrieben werden,	
ohne zwischendurch eine Ruhepause zu brauchen.	
Auch können sie dort ~~Arbeiten~~, wo es für Menschen	arbeiten

~~gefehrlich~~ wäre. Sogar in entfernt gelegenen und	gefährlich
schwer erreichbaren Gebieten sind sie einsetzbar,	
beispielsweise auf dem Meeresboden oder auf dem	
Mars. ~~Misionen~~ im Weltraum lassen sich ohne Robo-	Missionen
ter kaum durchführen.	

22

- Achte auf Begleitwörter, die zu einem Nomen gehören. Führe ggf. die Begleitwortprobe durch, wenn es kein Begleitwort gibt und du nicht sicher bist, ob du ein Wort groß- oder kleinschreiben musst. Stelle dann ein passendes Begleitwort voran, z. B. einen Artikel, ein Adjektiv oder ein Indefinitpronomen. Beispiel: *Ich habe zeit/Zeit. (?) – Ich habe viel Zeit.* → Zeit ist ein Nomen und wird großgeschrieben.
- Überlege, ob du das Wort *das/dass* durch eines dieser Pronomen ersetzen kannst: *dieses*, *jenes* oder *welches*. Wenn das nicht möglich ist, handelt es sich um die Konjunktion *dass.*
- Überlege im Zweifel immer, ob du ein anderes Wort aus der gleichen Wortfamilie kennst, wenn du nicht sicher bist, ob du ä oder e schreiben musst. Beispiel: *Gefahr* – also: *gefährlich!*
- Denke daran, dass nach kurz gesprochenem Vokal zwei Konsonanten folgen – entweder zwei gleiche oder zwei verschiedene. Beispiele: *hoffen, denken*

23 Ohne Roboter könnten Ozeane nicht erforscht werden. Die kleinen Helfer ergründen nicht nur die Meerestiefen, sondern helfen auch dabei, Umweltgefahren zu erkennen oder Schätze zu suchen. Es war ein Roboter, der im Jahr 1986 in einer Tiefe von 3 965 Metern das Wrack der Titanic erkundete.
Unterwasserroboter sehen oft aus wie kleine ferngesteuerte U-Boote. Sie sind so programmiert, dass sie ihre Aufgaben ohne Unterstützung des Menschen selbstständig ausführen können.
Auch in Krisengebieten werden Roboter häufig eingesetzt: Wo Feuersbrünste ausgebrochen sind, helfen sie beim Löschen, und wo Minen oder Bomben liegen, entschärfen sie diese. Roboter, die Bomben entschärfen, haben einen frei beweglichen, ferngesteuerten Arm, mit dem sie einen Wasserstrahl in die Sprengstoffkammer schießen. Danach können Bomben nicht mehr explodieren.
Auch in privaten Haushalten gibt es inzwischen vielfältige Einsatzmöglichkeiten für Roboter: Sie können den Rasen mähen, Staub saugen, Fenster putzen und vieles mehr. Schon in naher Zukunft werden Roboter ganz selbstverständlich zum Alltag dazugehören.

24 *Lösungsvorschlag:*

In seinem Essay „Auf dem Weg nach Robonien: Besserer Mensch oder perfekte Maschine?“, erschienen am 1. 7. 2016 im Online-Magazin politik-digital.de, geht Oliver Wolff der Frage nach, welche Rolle Roboter künftig in unserem Alltag einnehmen werden bzw. sollten. Der Verfasser fragt sich, ob sie nach wie vor Maschinen bleiben, die sich nur dadurch auszeichnen, dass sie immer perfekter funktionieren, oder ob sie uns nach und nach immer ähnlicher werden und irgendwann sogar besser sein könnten als wir Menschen.

Wolff verweist auf verschiedene Bereiche, in denen Roboter jetzt schon eingesetzt werden, z. B. beim Rasenmähen im Garten oder beim Staubsaugen in Wohnzimmern. Selbst in der Medizin seien sie schon selbstverständlich geworden, etwa als virtuelle Assistenzärzte oder Chirurgie-Roboter. Inzwischen gebe es auch regelmäßig Fußballweltmeisterschaften, bei denen verschiedene Teams aus Robotern gegeneinander spielen. Und im Jahr 1996 sei der damalige Schachweltmeister Garri Kasparow von einem Roboter besiegt worden. Nur eines müssten Roboter noch lernen: menschliche Gefühle zu verstehen. Der Verfasser geht aber davon aus, dass die Entwicklung weitergehen wird, und meint, wir müssten uns überlegen, als was wir diese Maschinenmenschen künftig ansehen wollen. Entsprechend lautet seine Kernfrage: „Sollen sie unsere Mittel, unsere Werkzeuge, Partner, Freunde oder sogar mehr sein?“

Allerdings lässt Oliver Wolff diese Frage unbeantwortet. Ich finde, er hätte deutlicher sagen sollen, welche Rolle er Robotern zuweisen möchte. Was mich betrifft: Ich möchte nicht, dass mir solche Maschinenmenschen eines Tages als gleichwertige – oder sogar überlegene – Begleiter zugewiesen werden.

Dass Roboter uns zunehmend mechanische Arbeiten abnehmen, wird niemand infrage stellen. Im Gegenteil: Es ist ein Segen, dass es Maschinen gibt, die uns das Leben erleichtern. Wer seinen Roboter bestimmte Arbeiten im Haushalt erledigen lässt, hat mehr Zeit für sich, seine Familie oder seine Freunde. Wer könnte etwas dagegen einwenden wollen?

Im Berufsleben wird der Einsatz von Robotern zwar Arbeitsplätze kosten, aber dafür werden neue entstehen. Durch den Siegesmarsch des Computers sind auch nicht Zehntausende oder mehr Werktätige arbeitslos geworden. Sie mussten sich nur auf die neue Technologie einstellen. Menschen, die z.B. früher mühselig Briefe mit der Schreibmaschine tippten, erledigen heute die gleiche Arbeit am Bildschirm – mit dem Vorteil, dass sie Fehler sofort korrigieren können, während sie früher in einem solchen Fall alles neu schreiben mussten. So ist ihr Leben einfacher geworden; ihre Arbeit verloren haben sie nicht.

Roboter sollten aber nicht als Lückenbüßer für richtige Menschen eingesetzt werden. In Japan gibt es zwar schon Kuschelrobben, die in Wirklichkeit Roboter sind und die in Seniorenheimen dazu dienen, alte Menschen zu beruhigen und zu trösten. Doch es wäre ein Armutszeugnis für unsere Gesellschaft, wenn wir ernsthaft in Betracht ziehen würden, gesellschaftliche Probleme, wie z. B. Einsamkeit oder Pflegebedürftigkeit, mithilfe von Maschinenmenschen zu lösen. Wer einsam ist, dem fehlen Freunde und Bekannte, und wer pflegebedürftig ist, braucht Zuspruch durch einen Pfleger oder eine Pflegerin. Soziale Bedürfnisse können Roboter nicht erfüllen.

Die Frage ist nicht, was Roboter eines Tages leisten *können*, sondern was sie leisten *sollen*. Selbstverständlich sollen sie uns das Leben erleichtern, indem sie uns Arbeiten abnehmen, die für Menschen zu beschwerlich, zu gefährlich oder einfach unangenehm sind. Aber dass Maschinen Menschen ersetzen, halte ich für unverantwortlich und falsch. Wir sollten rechtzeitig alles tun, um dem entgegenzuwirken. *(521 Wörter)*

Bewertung des Kommentars:

Gib deinen Text zusammen mit der folgenden Checkliste einer anderen Person zu lesen, z. B. einem Freund/einer Freundin oder deinen Eltern, und lasse sie eine Bewertung vornehmen. Zähle am Schluss die erreichten Punkte zusammen.

Inhalt	**gut erfüllt**	**z. T. erfüllt**	**nicht erfüllt**
Der Text hat ungefähr den vorgegebenen Umfang (mindestens 500 Wörter).	2 Punkte	1 Punkt	0 Punkte
Die **Einleitung** beginnt mit dem Basissatz, in dem Titel, Text und Verfasser genannt werden und das Thema bestimmt wird.	2 Punkte	1 Punkt	0 Punkte
Zu Beginn des **Hauptteils** wird der Inhalt des Textes knapp zusammengefasst.	2 Punkte	1 Punkt	0 Punkte
Dann hast du deine Meinung zum Inhalt geäußert.	2 Punkte	1 Punkt	0 Punkte
Es folgen drei gute Argumente, mit denen du deine Meinung begründet hast.	je Argument 4 Pkte	je Argument 2 Pkte	0 Punkte
Am **Schluss** hast du deine Meinung noch einmal bekräftigt und dabei auf die wesentlichen Gesichtspunkte verwiesen.	2 Punkte	1 Punkt	0 Punkte
Sprache und Darstellung	**gut erfüllt**	**z. T. erfüllt**	**nicht erfüllt**
Du hast dich angemessen ausgedrückt, und der Text lässt sich flüssig lesen.	2 Punkte	1 Punkt	0 Punkte
Wortwiederholungen hast du vermieden.	2 Punkte	1 Punkt	0 Punkte
Deine Aussagen sind aufeinander bezogen oder miteinander verbunden.	2 Punkte	1 Punkt	0 Punkte
Du hast kaum Rechtschreib- oder Zeichensetzungsfehler gemacht.	2 Punkte	1 Punkt	0 Punkte
Dein Text macht auch optisch einen guten Eindruck (saubere Schrift, Rand).	2 Punkte	1 Punkt	0 Punkte
Gesamtpunktzahl für den Text: ____________ von 32 Punkten			

Testauswertung

Zähle nun alle Punkte zusammen, die du im Test erreicht hast.
Wie schneidest du ab?

Meine Gesamtpunktzahl im Test: ________________ von 120 Punkten

120–101 Punkte:
Sehr gut! Ganz gelassen kannst du gelegentlich einige Kapitel vertiefen.

100–71 Punkte:
Das Ergebnis kann sich sehen lassen. Finde selbst heraus, welche Abschnitte oder Aufgaben du noch einmal wiederholen solltest, um in deinem Grundwissen noch sicherer zu werden.

70–41 Punkte:
Es ist noch kein Meister vom Himmel gefallen. Mache dich auf die Suche nach Kapiteln und Übungen, mit denen du deine noch vorhandenen Unsicherheiten beheben kannst. Sieh dir dazu deine Testergebnisse noch einmal ganz genau an.

40 Punkte und weniger:
Du solltest das Buch noch einmal durcharbeiten. Nimm dir Zeit und gehe Aufgabe für Aufgabe konzentriert durch. Besprich dich auch mit deinen Mitschülerinnen und Mitschülern oder hole dir Tipps von deiner Lehrerin/deinem Lehrer. Teile dir die Arbeit ein und versuche nicht, alles auf einmal zu machen. Viel Erfolg! Du wirst sehen, dass sich die Mühe lohnt!

Fachbegriffe

Adverb (Plural: Adverbien): eine → Wortart.
Beispiele: gestern (Temporaladverb), *oben* (Lokaladverb), *gründlich* (Modaladverb), *vorsichtshalber* (Kausaladverb)

Adverbiale (Plural: Adverbialien): ein → Satzglied. Adverbialien informieren über die Umstände einer Handlung. Sie können aus nur einem Wort (einem Adverb) oder aus mehreren Wörtern bestehen.
Beispiele: morgen (Temporaladverbiale)
gegenüber dem Rathaus (Lokaladverbiale)
voller Freude (Modaladverbiale)
mit großer Vorsicht (Kausaladverbiale)

Aktiv: ein → Genus des Verbs. Mit dem Aktiv drückt man aus, was jemand tut (vgl. S. 93).
Beispiel: Der Junge pfeift.

Aktives Zuhören: S. 127

Allgemeine Aussagen: Aussagen, die etwas Grundsätzliches vermitteln, das allgemein gültig ist.
Beispiel: Die Erde dreht sich um die Sonne.

Alliteration: ein → Stilmittel. Benachbarte Wörter beginnen mit dem gleichen Anfangsbuchstaben.
Beispiele: weich und *warm, schöner Schein*

Anapäst: ein → Versmaß (auch → Metrum): mit der Silbenabfolge unbetont – unbetont – betont.

Anapher: ein → Stilmittel. Zwei aufeinanderfolgende Sätze fangen mit den gleichen Worten an.
Beispiel: Ja, da kann man sich doch nur hinlegen, / *Ja, da* muß man kalt und herzlos sein […] (Brecht: „Dreigroschenoper“).

Anglizismus ein → Fremdwort aus dem Englischen.
Beispiele: Team, Event, Casting

Antonym: ein Wort, das eine gegensätzliche Bedeutung hat wie ein anderes Wort.
Beispiele: heiß – kalt, Riese – Zwerg

Apostroph: ein Satzzeichen; S. 128

Appell: eine Aufforderung.
Beispiel: Ruf mich bitte morgen an.

Apposition: eine Art verkürzter → Relativsatz: In einen Satz wird nachträglich über jemanden (oder etwas) eine Zusatzinformation eingeschoben.
Beispiel: Herr Edelmann, *ein sehr zuverlässigen Mann*, hat mir das gesagt.

Argument: eine Erklärung, mit der man darlegt, warum man etwas für richtig oder falsch hält. Jedes Argument besteht aus einer → These und einer Begründung.

Assonanz: ein → Stilmittel. Gleichklang durch Übereinstimmung des Stammvokals in benachbarten Wörtern.
Beispiel: dumpf und dunkel

Attribut: eine Eigenschaft, die einer Person oder Sache zugeschrieben wird. Das entsprechende Adjektiv ist dem jeweiligen → Nomen vorangestellt.
Beispiele: das *fröhliche* Kind, ein *hoher* Preis

Aufklärung: eine → Epoche. In dieser Epoche wurde dem Verstand eine herausragende Bedeutung zugeschrieben.

Auktorialer Erzähler: ein Erzähler, der ein Geschehen aus der Perspektive eines unbeteiligten Beobachters darstellt.

Begleitsatz: ein Satz, der → wörtliche Rede begleitet und aussagt, wer spricht.
Beispiel: Der Lehrer erklärte: „Morgen fällt die erste Stunde aus.“

Begründung: ein wesentlicher Teil eines → Arguments. Mit der Begründung sagt man, warum man eine bestimmte → These für richtig hält.

Beispiel: ein Einzelfall. Beispiele dienen der Veranschaulichung von → allgemeinen Aussagen.

Bericht: S. 86

Bestimmungswort: das erste Wort in einem → Kompositum.
*Beispiel: Holz*tisch (ein Tisch aus Holz)

Bildhafter Vergleich: ein → Sprachbild. Das Gemeinte wird mit etwas anderem verglichen.
Beispiel: Der Mann ist stark *wie ein Löwe.*

Bindestrich: ein Satzzeichen, das anzeigt, aus welchen Bestandteilen eine → Zusammensetzung besteht (vgl. S. 95).

Charakterisierung: S. 34

Daktylus: ein → Versmaß (auch → Metrum): betont – unbetont – betont.

Definition: genauere Bestimmung eines Begriffs.
Beispiel: Ein Schwager ist der Ehemann der Schwester.

Dehnungs-h: ein stummes h, das auf einen lang gesprochenen Vokal folgt (vgl. S. 79).
Beispiele: Sahne, Fehler, Zahl

Demonstrativpronomen: eine → Wortart (vgl. S. 56, 58).
Beispiele: dieser, diese, dieses; der, die, das

Denominalisierung: ein ursprüngliches Nomen so benutzen, dass es in eine andere Wortart übertragen wird.
Beispiel: (die) Spitze – Du bist *spitze.* (Verwendung als Adjektiv)

Diagramm: Darstellung von Zahlen oder Mengen in Form einer Grafik. Je nach Art der Darstellung unterscheidet man verschiedene Arten von Diagrammen.
Beispiele: Balkendiagramm, Kreisdiagramm, Kurvendiagramm, Säulendiagramm

Dialekt: S. 124

Dialog: ein Text, der nur aus den Äußerungen von Personen besteht (vgl. S. 46, 118).

Direkte Rede: (auch → wörtliche Rede): wortwörtliche Wiedergabe von Äußerungen einer Person (vgl. S. 42).

Drama: ein Text, der nur aus → Dialogen besteht.

Dramatik: Gesamtheit aller Texte, die in Dialogform verfasst sind.
Beispiele: → Komödie, → Einakter

Einakter: ein → Drama, das nur aus einem Akt besteht.

Ellipse: Auslassung. In einem Satz fehlt ein Wort (oder mehrere Wörter) (vgl. S. 31).
Beispiel: Kommst du mit? – *Nein, keine Zeit.*

Enjambement: S. 78

Epik: die Gesamtheit aller erzählenden Texte.
Beispiele: → Roman, Fabel, → Novelle

Episches Theater: ein Theater, in dem während des Spiels auch Elemente des Erzählens oder Zeigens enthalten sind.
Beispiel: Ein Schauspieler wendet sich zwischendurch direkt an das Publikum, um eine Erklärung abzugeben.

Epoche (literarische): ein Zeitraum, in dem literarische Werke entstanden sind, die ähnliche Besonderheiten aufweisen.
Beispiel: die Epoche des → *Naturalismus*

Erzählperspektive: die Sicht (Perspektive), aus der ein Geschehen erzählt wird.

Erzählerbericht: Darstellung, die nur durch den Erzähler erfolgt (ohne Wiedergabe von wörtlicher Rede) (vgl. S. 30).

Erzählung: Oberbegriff für einen → Prosatext von kurzer oder mittlerer Länge.
Beispiele: → Kurzgeschichte, → Novelle

Essay: S. 49

Expressionismus: S. 67

Feedback: eine Rückmeldung an jemanden. Man teilt ihm mit, wie man ihn verstanden hat, oder sagt ihm, was man von seiner Meinung hält (vgl. S. 18).

Figurenrede: die Worte, die die Figuren in einem Text miteinander wechseln (vgl. S. 30).

Finites Verb: das gebeugte Verb. Es besteht aus dem Verbstamm und der Personalendung.
Beispiele: Du *wohn|st* in Köln. Demnächst *komm|e* ich dich besuchen.

Fremdwort: ein Wort, das aus einer anderen Sprache stammt und bei dem man das noch erkennt, z. B. anhand der besonderen Schreibweise (vgl. S. 144)
Beispiele: Chauffeur, Theater, Cheerleader

Gedankenstrich: ein Satzzeichen; S. 112

Gedicht: ein kunstvoll gestalteter Text, bestehend aus → Versen und → Strophen (vgl. S. 81).

Genus des Nomens: grammatisches Geschlecht: Maskulinum, Femininum oder Neutrum

Genus des Verbs: → Aktiv oder → Passiv

Glosse: S. 133

Grundwort: das letzte Wort in einem → Kompositum.
Beispiel: Tisch*bein* (Bein eines Tisches)

Hauptsatz: ein vollständiger Satz, der für sich allein stehen kann.

Ich-Erzähler: ein Erzähler, der das Geschehen aus Sicht der Hauptperson erzählt. Dabei verwendet er die Ich-Form (vgl. S. 38).

Imperativ: die Befehlsform.
Beispiele: Komm! Geh! Bleib!

Indefinitpronomen: eine → Wortart aus der Gruppe der → Pronomen.
Beispiele: einige, wenige, etwas

Indikativ: Die „Tatsachenform". Mit dem Indikativ drückt man aus, dass das, wovon man spricht, als Tatsache gemeint ist.
Beispiel: Es hat geschneit.

Indirekte Rede: sinngemäße Wiedergabe der Äußerung einer Person mithilfe des → Konjunktivs I (vgl. S. 42).
Beispiel: Sie sagte, *sie habe nicht kommen können, weil sie krank gewesen sei.*

Inhaltsangabe: eine → Textsorte. Eine knappe Zusammenfassung der wesentlichen Inhalte eines Textes (vgl. S. 130).

Ironie: S. 143

Irrealis: Bezeichnung für den → Konjunktiv II (Präteritum). Dieser dient dazu, Vorstellungen oder Wünsche zum Ausdruck zu bringen, die sich im Moment nicht verwirklichen lassen.
Beispiel: Ich wäre gern Millionär.

Jambus: ein → Versmaß (auch → Metrum): unbetont – betont – unbetont – betont.

Journalistische Textsorten: S. 86

Kadenz: Betonung am → Versende in einem → Gedicht. Man unterscheidet männliche und weibliche Kadenzen: Die männlichen Kadenzen sind einsilbig und betont, die weiblichen zweisilbig und am Ende unbetont.
Beispiele: Der Himmel fließt in steinernen Kanälen. (weibliche Kadenz) – *Die Menschen sind wie grober bunter Sand.* (männliche Kadenz. (Loerke: „Blauer Abend in Berlin")

Kernaussage: die Hauptbotschaft, die ein Text vermittelt (vgl. S. 69).
Beispiel: In dem Gedicht geht es um die Anonymität der Menschen, die in einer Großstadt leben.

Kommentar: eine → Textsorte. Darin nimmt der Verfasser begründet Stellung zu einem Ereignis oder einem Bericht (vgl. S. 98).

Komödie: eine Art von → Drama: ein Lustspiel.

Kompositum (Plural: Komposita): eine → Zusammensetzung aus zwei oder mehr Wörtern. Den Kopf eines Kompositums bildet das → Bestimmungswort, den Schluss das → Grundwort.
Beispiele: Protest|schreiben, Bus|haltestelle

Konjunktion: S. 10

Konjunktionaladverb: eine → Wortart. Ein Konjunktionaladverb ist eine besondere Art von Adverb: Ähnlich wie eine → Konjunktion verbindet es zwei Sätze miteinander (vgl. S. 10, 11).
Beispiele: dann, außerdem, trotzdem

Konjunktiv I: (auch: Konjunktiv Präsens) die Art und Weise, wie man → indirekte Rede ausdrückt.
Beispiel: Er sagte, er *müsse* gehen.

Konjunktiv II: S. 108, 126

Kontext: der Textzusammenhang. Wenn man den Kontext aufzeigt, verweist man darauf, wann oder warum eine Handlung erfolgt.
Beispiel: Nach einem Streit mit der Schwägerin flüchtet das Mädchen.

Kreuzreim: ein → Reimschema: a b a b

Kurzgeschichte: eine bestimmte Art von → Prosatext. Merkmale sind: geringer Umfang, fehlende Einleitung, offener Schluss, Wendepunkt, Protagonisten sind normale Menschen, alltägliche Geschehnisse, oft Konfliktsituation.

Lead-Stil: der typische Aufbau eines Zeitungsberichts: Zunächst wird über das Wichtigste informiert (*Wer? Wo? Was? Wann?*), danach folgenden weitere Einzelheiten (*Wie? Warum?*), und zwar nach abnehmender Wichtigkeit.

Legende: erklärende Angaben in einem → Diagramm.

Lehnwort: ein Wort, das ursprünglich aus einer anderen Sprache stammt, das sich aber in Schreibweise und grammatischer Verwendung so an die deutsche Sprache angepasst hat, dass man seine fremde Herkunft nicht mehr erkennt.
Beispiele: Fenster (von lat. fenestra), *Keks* (von engl. cake)

Leserbrief: ein Brief, den jemand an eine Zeitung schreibt, um gegenüber anderen Lesern seine Meinung kundzutun.

Literarischer Text: ein Text, dessen Inhalt sich der Verfasser ausgedacht hat und den er kunstvoll gestaltet hat, um seine Leser zu unterhalten oder zum Nachdenken anzuregen.
Beispiel: → Roman, → Gedicht

Lyrik: Die Gesamtheit aller Texte, die in Form eines → Gedichts geschrieben sind.

Metapher: ein → Sprachbild. Das Gemeinte und das, was als Bild darauf bezogen wird, sind zu einer Einheit verschmolzen.
Beispiel: Die Großstadt war ein Dschungel.

Metrum: (auch → Versmaß): die Abfolge von betonten und unbetonten Silben in einem Gedicht.

Modus des Verbs: → Indikativ, → Konjunktiv oder → Imperativ

Naturalismus: S. 37

Nebensatz: ein Satz, der einem → Hauptsatz untergeordnet ist.

Beispiel: Ich freue mich, *wenn du kommst.*

Nichtlinearer Text: ein Text, in dem die Informationen nicht in aufeinanderfolgenden Sätzen dargestellt sind, sondern in Form eines → Diagramms oder einer Tabelle.

Nominalisierung: ein Wort, das laut Wörterbuch kein Nomen ist, im Satz aber als Nomen verwendet wird.
Beispiele: das Blau deiner Augen, *dein Gähnen*

Novelle: S. 22

Paarreim: ein → Reimschema: a a b b

Palindrom: ein Wort, das von vorn und hinten gelesen gleich klingt. Es gibt auch Satzpalindrome.
Beispiele: Anna, Otto, Eine Horde bedrohe nie!

Parabel: S. 100

Partizip: S. 157

Passiv: ein → Genus des Verbs. Damit wird ausgesagt, dass etwas getan wird.
Beispiel: Die Pakete *werden gebracht.*

Personaler Erzähler: ein Er-Erzähler, der bei der Darstellung des Geschehens die Sicht einer beteiligten Figur einnimmt.

Personalpronomen: eine → Wortart.
Beispiele: ich, du, er/sie/es, wir, ihr, sie

Personifikation: ein → Sprachbild. Dabei werden einem unbelebten Ding oder einem Tier menschliche Eigenschaften oder Verhaltensweisen zugeschrieben.
Beispiel: Der Wind *flüsterte.*

Perspektive: der Blick einer Person auf ein Geschehen (vgl. S. 114).

Poetischer Realismus: S. 23

Political Correctness: S. 139, 140

Possessivpronomen: eine → Wortart (besitzanzeigendes Fürwort).
Beispiele: mein, dein, sein, unser, euer, ihr

Prädikat: ein → Satzglied. Es bezeichnet die Handlung.
Beispiel: Die Frau *ruft* ihre Tochter.

Präfix: Wortbestandteil, der dem Stammwort vorangestellt wird.
Beispiele: auf|wachen, *über*|sehen

Pronomen: eine → Wortart. Ein Pronomen ist Stellvertreter oder Begleiter eines Nomens oder einer Wortgruppe.
Beispiele: der Junge – *er* (Stellvertreter); *dieser* Junge (Begleiter)

Prosatext: ein Text, der in ungebundener Sprache verfasst ist, also nicht durch Reim, Vers oder Metrum gekennzeichnet ist (vgl. S. 46, 161).

Protagonist: die Hauptfigur in einem literarischen Text.

Redewiedergabe: die Art und Weise, wie gesprochene Worte einer Figur wiedergegeben werden: entweder in → direkter Rede oder in → indirekter Rede.

Reflexivpronomen: eine Art von → Pronomen.
Beispiele: mich, dich, sich, uns, euch

Regieanweisung: Teil eines → Dramas. Damit wird dem Schauspieler gezeigt, wie er seine Rolle auf der Bühne gestalten soll.
Beispiele: erschrocken, weicht zurück

Reim: ein → Stilmittel. Abfolge von Wörtern mit gleichem Klang.
Beispiel: Sonne – Wonne, Bild – mild

Reimschema: die Art und Weise, wie die → Reime in einem → Gedicht angelegt sind, z. B. als → Kreuzreim oder als → Paarreim (vgl. S. 76).

Reportage: eine journalistische → Textsorte. Sie informiert auf anschauliche und unterhaltsame Weise über ein aktuelles Thema.

Roman: ein längerer → Prosatext, in dem ausführlich aus dem Leben der Hauptfigur erzählt wird. Es ist zu erkennen, dass der → Protagonist eine Entwicklung durchmacht.

Romantik: S. 66

Sachtext: ein informativer Text über Dinge, die es wirklich gibt oder einmal gegeben hat (vgl. S. 13).

Satzgefüge: eine Verknüpfung aus Hauptsatz und Nebensatz.
Beispiel: Wenn die Tage kürzer werden (NS), geht das Jahr seinem Ende entgegen (HS).

Satzglied: ein Wort oder eine Wortgruppe, die in einem Satz eine bestimmte Rolle einnimmt. Es gibt vier Arten von Satzgliedern: Subjekt, → Prädikat, Objekt, → Adverbiale.

Satzreihe: Zwei oder mehr aufeinanderfolgende → Hauptsätze.

Schlüsselstelle: eine Textstelle, die für das Verständnis eines Textes von besonderer Bedeutung ist. Wenn es sich dabei nur um ein einzelnes Wort handelt, bezeichnet man es als Schlüsselwort.

Semikolon: ein → Satzzeichen, auch „Strichpunkt" genannt (vgl. S. 111).

Silbe: kleinster Wortbaustein. Jede Silbe besteht im Kern aus einem Vokal.
Beispiel: Wun-der-ker-ze

Sonett: S. 68

Sprachbild: S. 55

Sprachwandel: S. 142

Sprachvarietät: S. 141

Sprichwort: eine Aussage, die eine Lebensweisheit oder Lehre und ein → Sprachbild enthält.
Beispiel: Gebranntes Kind scheut das Feuer.

Standardsprache: die offizielle Sprache, die als korrekt gilt und deren Regeln in Wörterbüchern schriftlich festgehalten sind (vgl. S. 141).

Stilmittel: ein sprachliches Mittel, das benutzt wird, um einen Text zu gestalten.
Beispiele: → Sprachbild → Alliteration → Anapher

Strophe: ein Absatz in einem → Gedicht.

Suffix: Endung am Schluss eines Wortes.
Beispiele: Gleich*heit*, Ereig*nis*, halt*bar*

Superlativ: die zweite Steigerungsform eines Adjektivs. Man bildet den Superlativ, indem man die Endung *-st* (+ *-e/-er*) hinzufügt (vgl. S. 107).
Beispiele: bitter – *bitterste*, dick – *dickste* traurig – *traurigste*

Synonym: ein Wort, das die gleiche (oder fast gleiche) Bedeutung hat wie ein anderes Wort.

Temporaladverbiale: ein → Satzglied. Es nennt den Ort einer Handlung.
Beispiel: In der Stadt wird demonstriert.

Tempus (Plural: Tempora): Zeitform des Verbs (vgl. S. 156).

Textsorte: eine Art von Text. Texte, die einer Textsorte zugeordnet werden können, weisen gemeinsame Merkmale auf.
Beispiele: → Bericht, → Reportage, → Essay, → Kurzgeschichte

These: S. 51

Tragödie: eine Art von → Drama: ein Trauerspiel.

Trochäus: ein → Versmaß (auch → Metrum): betont – unbetont – betont – unbetont.

Umarmender Reim: ein → Reimschema: a b b a.

Umgangssprache: die Sprache, die man im Alltag verwendet. Umgangssprache wird meist mündlich verwendet (vgl. S. 141).

Verlängerungsprobe: eine → Rechtschreibstrategie. Man verlängert ein Wort, um die richtige Schreibweise hören zu können.
Beispiel: Bank – Bän<u>ke</u>

Vers: eine Zeile in einem → Gedicht (vgl. S. 76).

Versmaß: → Metrum

Volksstück: S. 117

Vorgangspassiv: die übliche Verwendung des → Passivs. Die Tat, die vollzogen wird, ist noch im Gange (vgl. S. 94).
Beispiel: Die Tür *wird geschlossen.*

Wortart: die Art, der sich Wörter aufgrund gemeinsamer Besonderheiten zuordnen lassen.
Beispiele: Nomen, Verben, Adjektive

Wortfamilie: eine Gruppe von Wörtern, die miteinander verwandt sind und deren → Wortstamm stets gleich geschrieben wird.
Beispiel: Fahren, Gefahr, Gefährdung

Wortfeld: Wörter, die etwas Ähnliches bezeichnen.
Beispiel: Wortfeld sagen: *sprechen, rufen, meinen, flüstern, antworten …*

Wörtliche Rede: → direkte Rede

Wortstamm: der Kern eines Wortes, Wörter, die auf den gleichen Wortstamm zurückgehen, bilden eine → Wortfamilie.

Zeilensprung → Enjambement

Zitat: die wortwörtliche Wiedergabe einer Textstelle oder der Äußerung einer Person.

Zusammensetzung: → Kompositum

Zustandspassiv: eine besondere Form des → Passivs. Die Handlung ist bereits vollzogen, und es ist ein Zustand erreicht (vgl. S. 94).
Beispiel: Die Tür *ist geschlossen.*

Text- und Bildnachweis

Texte

S. 1: Miriam Meckel: Das Glück der Unerreichbarkeit. Wege aus der Kommunikationsfalle, Murmann Verlag, Hamburg 2007, 3. Auflage, S. 9–11

S. 19: Theodor Fontane: Grete Minde. Mit einem Nachwort von Peter Demetz, Insel Taschenbuch Verlag, Frankfurt am Main 1989

S. 35: Gerhart Hauptmann: Bahnwärter Thiel und andere frühe Meistererzählungen, Ullstein Buchverlage, Berlin 2006

S. 47: SPIEGEL.de, Peter Wagner: Wo bist du nur, perfekter Job?, 26. 01. 2014, im Internet unter: *http://www.spiegel.de/karriere/berufsfindung-wie-finde-ich-den-perfekten-job-a-936320.html* (aus didaktischen Gründen stellenweise gekürzt und leicht geändert)

S. 65: Joseph von Eichendorff: Werke in einem Band. Hanser Verlag, München/Wien 1984, 3. Auflage, S. 425

S. 65: Oskar Loerke: Blauer Abend in Berlin, in: Oskar Loerke. Die Gedichte, Suhrkamp Taschenbuch Verlag, Berlin 1999

S. 83: Christian Endt: Verpackungsfrei einkaufen, erschienen auf Zeit Online am 07. 04. 2014, im Internet unter: *http://www.zeit.de/wirtschaft/unternehmen/2014-04/lebensmittel-einzelhandel-konsum-nachhaltig*

S. 99: Quelle: Franz Kafka: Eine kaiserliche Botschaft, in: Ders.: Gesammelte Werke, hrsg. von Max Brod, Erzählungen, Frankfurt am Main: S. Fischer Verlag 1946, S. 169 f.

S. 115: Franz Xaver Kroetz: Geisterbahn, in: Ders.: Stallerhof. Geisterbahn. Lieber Fritz. Wunschkonzert. Vier Stücke, Edition Suhrkamp, Frankfurt am Main 1972, S. 44–45

S. 131: Harald Martenstein: Über korrekte Wortwahl, DIE ZEIT 22/2013 (23. 05. 2013), im Internet unter: *http://www.zeit.de/2013/22/harald-martenstein-wortwahl*

S. 143: Martin Luther: Vom Raben vnd Fuchse, im Internet unter: *http://www.zeno.org/Literatur/M/Luther,+Martin/Fabeln/Etliche+Fabeln+aus+Esopo+verdeutscht/14./Vom+Raben+vnd+Fuchse*

S. 147: Bertolt Brecht: Der Soldat von La Ciotat, in: Ders.: Werke, Band 5: Prosa, Suhrkamp Verlag, Frankfurt am Main 1997, S. 187 f.

S. 163: Oliver Wolff: Auf dem Weg nach Robonien – Besserer Mensch oder perfekte Maschine?, erschienen auf politik-digital.de am 01. 07. 2016, im Internet unter: *http://politik-digital.de/news/roboter-als-teil-unserer-gesellschaft-149643*

Bilder

Umschlagbild: © ArtistGNDphotography/iStockphoto
S. 1: © Piotr Marcinski – Fotolia.com
S. 3: © Renewer.Shutterstock
S. 7: © 123rf.com
S. 8 © blvdone.Shutterstock
S. 9: © Gyvafoto.Shutterstock
S. 13: © Syda Productions – Fotolia.com
S. 14: © Syda Productions – Fotolia.com
S. 19: © Ornitolog82 – Fotolia.com
S. 20: © David Davis.Shutterstock

S. 21: © antpkr.Shutterstock
S. 25: aus: Das Märchen vom Machandelbaum, in: Kinder- und Hausmärchen der Brüder Grimm, Band 1, 1. Auflage (1812), KHM 47
S. 27: © Floriana – Fotolia.com
S. 35: Library of Congress
S. 38: Fotografie von Charles Scolik, Österreichische Nationalbibliothek, Bildarchiv Austria
S. 43: © photocell.Shutterstock
S. 45: © Zacarias Pereira da Mata.Shutterstock
S. 47: © Stark Verlag
S. 50: © Rafal Olechowski.Shutterstock
S. 57: © Syda Productions – Fotolia.com
S. 60: © industrieblick – Fotolia.com
S. 61: © Goodluz.Shutterstock
S. 64: © Piksel – Dreamstime.com
S. 65: oben: Nationalmuseum Warschau
unten: Ernst Ludwig Kirchner (1881-1938): Der Rote Turm in Halle, 1915, Museum Folkwang Essen
S. 68: Oskar Loerke: © bpk
S. 74: Ernst Ludwig Kirchner (1881-1938): Straße mit Passanten bei Nachtbeleuchtung, 1926, Museum Frieder Burda, Baden-Baden
S. 76: Ernst Ludwig Kirchner (1881-1938): Der Rote Turm in Halle, 1915, Museum Folkwang Essen
S. 83: © Production Perig – Fotolia.com
S. 84: © JackF – Fotolia.com
S. 89: © 123rf.com
S. 90: © Joy Brown.Shutterstock
S. 92: © Markus Bormann – Fotolia.com
S. 98: © mankale – Fotolia.com
S. 99: © Mollie Hosmer-Dillard
S. 118: © picture alliance / dpa | Tobias Hase
S. 131: © Syda Productions – Fotolia.com
S. 133: © anweber.Shutterstock
S. 139: © electriceye – Fotolia.com
S. 143: Codex; CC-BY-SA 3.0
S. 151: Bundesarchiv, Bild 183-W0409-300 / Jürgen Kolbe / 1954; CC-BY-SA 3.0
S. 163: Manfred Werner, CC BY-SA 3.0
S. 166: Peter Schulz, CC-BY-SA 4.0
S. 172: © kirill_makarov – Fotolia.com
S. 176: © kirill_makarov – Fotolia.com